Taschenbücher für die Wirtschaft
Band 30

Die Stellenbeschreibung

Mit Speziallexikon

von

Dr. Heinz Knebel
Hamburg

und

Prof. Dr. Helmut Schneider
Konstanz

7., überarbeitete Auflage 2000

Mit 53 Abbildungen, Tabellen und Formularen

I. H. Sauer-Verlag GmbH
Heidelberg

1. Auflage 1976 – ISBN 3-7938-7621-7
2. Auflage 1978 – ISBN 3-7938-7643-8
3. Auflage 1985 – ISBN 3-7938-7733-7
4. Auflage 1991 – ISBN 3-7938-7046-4
5. Auflage 1993 – ISBN 3-7938-7099-5
6. Auflage 1997 – ISBN 3-7938-7173-8
7. Auflage 2000 – ISBN 3-7938-7234-3

Die Deutsche Bibliothek – CIP-Einheitsaufnahme

Knebel, Heinz:
Die Stellenbeschreibung : mit Speziallexikon ; mit Tabellen und Formularen / von Heinz Knebel und Helmut Schneider. – 7., überarb. Aufl. – Heidelberg : Sauer, 2000

(Taschenbücher für die Wirtschaft ; Bd. 30)
ISBN 3-7938-7234-3

ISBN 3-7938-7234-3

Satz: Lichtsatz Michael Glaese GmbH, 69502 Hemsbach

Druck und Verarbeitung: Wilhelm & Adam, Werbe- und Verlagsdruck GmbH, 63150 Heusenstamm

Umschlagentwurf: Horst König, 67067 Ludwigshafen

♾ Gedruckt auf säurefreiem, alterungsbeständigem Papier, hergestellt aus chlorfrei gebleichtem Zellstoff (TCF-Norm)

Printed in Germany

Vorwort

Stellenbeschreibungen sind, sofern sie über ihre organisatorische und führungstechnische Zwecksetzung hinaus auch aktuell, dynamisch und flexibel gestaltet und gehandhabt werden, in den meisten Unternehmen und öffentlichen Verwaltungen selbstverständlich und unverzichtbar geworden. Keineswegs gibt es – auch im Zuge der Veränderung der Führungskulturen – einen Anlaß, am Weiterbestehen von Stellenbeschreibungen zu zweifeln, wie schon seit über einem Jahrzehnt manche Management-Gurus gemeint haben. Vielmehr verhält es sich so, daß dieses Führungsinstrument, abgesehen vom fortgesetzten Angebot als Seminarthema in nachhaltig erfolgreichen Weiterbildungsprogrammen, zunehmend in neue Anwendungsfelder eingedrungen ist: sowohl in den Bereich der rasant wachsenden Informationstechnologie wie auch in den Bereich des Pflegedienstes der sich ausdehnenden Institutionen Klinik, Rehabilitationszentrum und Altenheim.

Dieser begrüßenswerten Entwicklung und Ausweitung der Verwendbarkeit von Stellenbeschreibungen entsprechend, ist der Inhalt dieses Buches wiederum überarbeitet, aktualisiert und ergänzt worden, auch um ein Stichwortverzeichnis. Es kann somit seine bewährte Funktion für den Praktiker, kompetenter Ratgeber und Argumentationshilfe bei der Durchsetzung und Durchführung des Projekts „Stellenbeschreibung“ zu sein, noch intensiver und anwendungsbezogener erfüllen.

Aus dem Vorwort zur 6. Auflage (1997): Die bisherigen 20 Kapitel sind von den Autoren durch die Darstellung jüngster Erfahrungen und Erkenntnisse sowie durch die Einfügung neuester (von der Hamburger Unternehmensberatungs-Gesellschaft CONSULECTRA zur Verfügung gestellter) „Beispiele für praktizierte Einführung von Stellenbeschreibungen“ auf den aktuellen Stand von Praxis und Forschung gebracht worden. Zugleich finden neue Trends in der Führungs- und Arbeitsorganisation durch die Anreicherung des Textes um ein Kapitel „Stellenbeschreibung für ein Team“ Berücksichtigung. Das „Speziallexikon zur Stellenbeschreibung“ bleibt mit den überarbeiteten, durchforsteten und erneut ergänzten Stichwörtern eine Fundgrube für Hintergrundwissen und Auskünfte zu den beim Einführungsvorgang zwangsläufig auftretenden theoretischen und praktischen Streitfragen bzw. Zweifelsfällen.

Aus dem Vorwort zur 5. Auflage (1993): Stellenbeschreibung ist ein Thema, das nach wie vor und erst recht unter dem Druck der aktuellen Umstrukturierungsprozesse auf ein breites Interesse stößt. Und dies sowohl bei Industrie-Unternehmen aller Größenordnungen, die um die Erhaltung ihrer Wettbewerbsfähigkeit kämpfen, wie auch beim weitgefächerten Dienstleistungssektor (Forschungsinstitute, kirchliche und berufsständische Einrichtungen, Ministerial- und Hochschulverwaltungen, Verbandsorganisationen, Bank-, Verkehrs- und Handelsunternehmen) und ganz gleich, ob in Deutschland, in Österreich, in der Schweiz oder in Liechtenstein.

Es hat sich gezeigt, daß man auf die neuen großen Herausforderungen nur effizient antworten kann, indem man die Kosten sinnvoll reduziert, die betrieblichen Strukturen und Prozesse ständig verbessert, die Organisation auf eine bestmögliche Ausschöpfung der Ressourcen einstellt, Verschwendungen und nichtwertschöpfende Tätigkeiten vermeidet, die aufgeblähten „Wasserköpfe" im Management abbaut und – im Hinblick auf die Auslastung der Personalkapazität – z. B. einmal für den einzelnen Arbeitsplatz die Frage aufwirft: Wofür wird der Stelleninhaber bezahlt?

Dreh- und Angelpunkt ist, daß der Stelleninhaber durch die schriftliche Festlegung seiner Kernaufgaben und Routineaktivitäten sowie durch die verbindliche Definition der wesentlichen Kompetenzen und Verantwortlichkeiten nicht allein das Bedürfnis nach Orientierung in seinem Tätigkeitsfeld befriedigt sieht, sondern daß dadurch ein stark leistungshemmender Faktor beseitigt ist, wenn und weil er als Mitarbeiter frei wird von Angst vor willkürlichem, oft intrigantem Kompetenzentzug, aber zugleich frei dafür, seine Bereitschaft für Initiative und arbeitsplatzübergreifende Zusammenarbeit, für Kreativität und innovative Lösungsbeiträge zu konkretisieren.

Aus dem Vorwort zur 4. Auflage (1990): Unternehmen können auf die Dauer nicht mit einem „hohen Saustall-Koeffizienten", d. h. mit überdurchschnittlich vielen Schwachstellen in der Organisationsstruktur, bestehen. Aus Analysen, Erfahrungen und

Gestaltungsempfehlungen geht hervor, daß vor allem unter folgenden Bedingungen von einer funktionstüchtigen und leistungsstarken Organisation gesprochen werden kann: In ihr weisen die einzelnen Stellen eine konkrete, hinreichend detaillierte und Durchblick gewährende Zielformulierung auf; sie hat darüber hinaus eine eindeutige Festlegung und sinnvolle Abgrenzung der Aufgaben, Kompetenzen und Verantwortlichkeiten vollzogen, der unteren Ebene hinreichend großen Handlungsspielraum zugebilligt und die nötigen Entscheidungsbefugnisse übertragen; sie hat ferner ein wirksames Informations- und Kommunikationssystem errichtet; schließlich ist dafür gesorgt, daß ihr Formalisierungsgrad zwar so hoch wie nötig, aber so niedrig wie möglich ist, um das vorhandene kreative und innovative Potential der Mitarbeiter für Problemlösungsbeiträge zu aktivieren.

So gesehen darf Organisationsarbeit nicht, wie es „Parkinsons Gesetz“ darstellt, um ihrer selbst willen getrieben werden, und die Stellenbeschreibung, als wichtiger Teil davon, darf nicht etwa Selbstzweck sein, vielmehr hat sie als integriertes Organisationsinstrument zu dienen.

Im Mai 2000

H. Knebel und *H. Schneider*

Inhaltsverzeichnis

I. Die Stellenbeschreibung als Organisations- und Führungsmittel in der Praxis

Stellenbeschreibungen existieren in vielen Unternehmen. Und manche Tarifverträge machen die Einführung von Stellenbeschreibungen zur Arbeitgeberpflicht. Auch das Betriebsverfassungsgesetz verpflichtet die Arbeitgeber, die Beschäftigten über ihre Aufgabe und Verantwortung sowie über die Art ihrer Tätigkeit und deren Einordnung in den Arbeitsablauf des Betriebes zu unterrichten. Entsprechende Formulierungen legen nahe, daß das Gesetz nur mit Hilfe neuer organisatorischer Regelungen von der Art der Stellenbeschreibungen zu erfüllen ist. Aufgeklärte Bewerber fragen bei Vorstellungsgesprächen nach Stellenbeschreibungen für den ausgeschriebenen Arbeitsplatz. In Stellenanzeigen und in *„Führungsgrundsätzen"* weisen fortschrittlich geführte Unternehmen mit Stolz auf das Vorhandensein von Stellenbeschreibungen als Instrument zur erleichterten Führung und zur Förderung der Mitarbeiter hin. Über Stellenbeschreibungen wird im Jahre 1996 nicht mehr viel diskutiert. Man hat sie einfach, obwohl man mit manchen nicht so glücklich ist. Heute sind es die mittelständischen Unternehmen, die bei Unternehmensberatungen nach Stellenbeschreibungen fragen.

Obgleich sich die *Zielsetzungen* bei der Einführung von Stellenbeschreibungen von Unternehmen zu Unternehmen nicht wesentlich unterscheiden, sind doch die *Verfahren* sehr unterschiedlich. Sowohl der Aufbau der *Stellenbeschreibungsformulare* und dementsprechend der *Inhalt* unterscheiden sich von Unternehmen zu Unternehmen, weil jeder meint, daß die vorliegenden Beispiele anderer Unternehmen für die eigene Situation nicht geeignet seien. Personalfachleute und Organisationsleiter haben den Ehrgeiz, eigene Modelle zu entwickeln und dabei die besondere betriebliche Situation zu berücksichtigen. Auch das hat seine Vorteile. Mit selbstentwickelten Systemen und Verfahren können sich Führungskräfte und Mitarbeiter stärker identifizieren. Letztlich hängt auch hier eine erfolgreiche Durchführung von der Überzeugung ab, welche die Verantwortlichen selbst von ihrem Vorhaben haben und zeigen.

Neben den Unterschieden im Verfahren bestehen auch von Unternehmen zu Unternehmen erhebliche Unterschiede in der *praktischen Durchführung*. Jeder hat unterschiedliche Vorstellungen aufgrund seiner eigenen Erfahrungen und sucht den Weg, der für die jeweilige betriebliche Situation der geeignetste

Tabelle 1: Zielsetzungen und Anwendungsmöglichkeiten von Stellenbeschreibungen

- Personalsuche/-auswahl
- Ausschreibung von Stellen, auch innerbetrieblich
- Vorstellungsgespräch
- Arbeitsvertragsgestaltung
- Einarbeitung und Eingliederung neuer Mitarbeiter
- Mitarbeiterförderung/-qualifizierung
- Personalplanung
- Ableitung von Anforderungsprofilen
- Arbeits-/Stellenbewertung und Eingruppierung
- Durchführen von Lohn- und Gehaltsvergleichen
- Ableitung von Leistungsstandards
- Ableitung von periodischen Zielvereinbarungen
- Leistungsbeurteilung
- Personaleinsatz
- Einsatz von älteren und behinderten Mitarbeitern
- Durchführen von Arbeitsschutzmaßnahmen
- Versachlichung der Mitarbeitergespräche
- Optimierung der Aufgabenverteilung
- Aufgabeninventur
- Humanisierung der Arbeit (z. B. Job enrichment)
- Optimierung der Aufbau- und Ablauforganisation
- Regelung der Stellvertretung
- Zeugnisabfassung

ist. Insbesondere ergeben sich recht große Unterschiede bei der *Erfassung der Tätigkeiten* für die Stellenbeschreibung. Der Umfang der Mitwirkung von Stelleninhabern und Vorgesetzten wird je nach Führungsstil im Unternehmen unterschiedlich gehandhabt. Auch die Einschaltung des Betriebsrats in das Verfahren ist nicht einheitlich, obwohl hier nach dem Betriebsverfassungsgesetz bestimmte Vorgaben vorhanden sind.

Viele Unternehmen nutzen die Einführung von Stellenbeschreibungen zu einer Durchleuchtung der organisatorischen Situation mit dem großen Vorteil, daß die Arbeitsabläufe und Arbeitsverteilungen optimiert werden. Das hat für das Unternehmen sowohl betriebswirtschaftliche als auch personalpolitische Vorteile. Möglicherweise können so die mit der Einführung von Stellenbeschreibungen entstehenden Kosten sofort wieder ausgeglichen werden. Die Stellenbeschreibungen werden für die

Mitarbeiterführung von den Personalabteilungen und Vorgesetzten unterschiedlich eingesetzt, je nach dem gewünschten Führungsstil im Unternehmen. In manchen Personalabteilungen ist die Stellenbeschreibung in Verbindung mit Personalplanung, Stellenausschreibung und Einführung neuer Mitarbeiter gar nicht mehr wegzudenken. Andere Firmen gehen dabei nicht so weit.

Bei kritischer Betrachtung der vorhandenen Unterschiede in Aufbau und Anwendung von Stellenbeschreibungen zwischen den verschiedenen Unternehmen stellt sich jedoch sehr rasch heraus, daß sich bestimmte Merkmale im Laufe der Zeit durchsetzen, weil sie sich als besonders vorteilhaft erwiesen haben. Auch in den Diskussionen zwischen den Verantwortlichen verschiedener Unternehmen bei Fachtagungen oder Seminaren ist recht schnell eine Übereinstimmung in den wesentlichen Fragen zu erzielen. Übereinstimmung dahingehend, wie es sein sollte, was nicht gleichzeitig heißt, daß sich in einem Unternehmen die Möglichkeit zur Durchführung unbedingt ergeben muß.

Die Entwicklung in den nächsten Jahren wird mit Sicherheit zu einer noch stärkeren Übereinstimmung der Auffassungen über den Aufbau von Stellenbeschreibungen und über die Vorgehensweise in der betrieblichen Praxis führen. Stellenbeschreibungen werden zunehmend gleichermaßen ihren Nutzen für die Unternehmen und Mitarbeiter beweisen, doch nur, wenn der „wunde Punkt“ dieses vorzüglichen Organisations- und Führungsmittels erkannt und entsprechende Gegenmaßnahmen von Beginn an eingeleitet werden: eine rationelle Organisation des Änderungsdienstes – möglicherweise durch die Übernahme der Inhalte in EDV-Textsysteme –, um die Aktualität zu wahren.

1. Die Bedeutung der Stellenbeschreibung für die Förderung größerer Selbständigkeit der Mitarbeiter

Gemeinsamer Nenner aller Stellenbeschreibungen ist der Versuch,

- die funktionale und disziplinarische Stellung des Mitarbeiters in der betrieblichen Organisation zu definieren,
- seine konkreten Aufgaben zu beschreiben,
- seine Kompetenzen abzustecken, also insgesamt seine Selbständigkeit und Eigeninitiative bei der Arbeit zu fördern.

Neben der Zielsetzung, Tätigkeiten und Kompetenzen schriftlich festzuhalten, muß im Rahmen einer modernen Führungskonzeption bei dem Erstellen von Stellenbeschreibungen zwangsläufig die Delegation von Aufgaben, Kompetenzen und Verantwortung allgemein die wesentliche Rolle spielen. Vom Ziel her ist heute nicht mehr umstritten, daß Mitarbeiter nicht mehr durch einzelne Aufträge vom Vorgesetzten geführt werden. Sie haben vielmehr einen bestimmten Bereich, in dem sie selbständig handeln und entscheiden können. Die Verantwortung ist nicht mehr auf die oberste Spitze allein konzentriert. Ein Teil der Verantwortung wird vielmehr zusammen mit den Aufgaben und den dazugehörenden Kompetenzen auf die Ebene übertragen, die sich ihrem Wesen nach damit zu beschäftigen hat.

Dies alles zielt darauf hin, Bedürfnisse der Mitarbeiter innerhalb des Unternehmens zu erfüllen und gleichzeitig die Effizienz der Leistung im Unternehmen zu verbessern. *Herzberg* kommt aufgrund seiner Untersuchungen und Erfahrungen zu dem Ergebnis, daß die Merkmale einer „guten (i. S. v. optimalen, herausfordernden, inhaltsreicheren, interessanteren) Arbeit“ sind:

- unmittelbare Rückmeldung
- jeden wissen lassen, für wen er arbeitet
- hinzulernen können
- seine Arbeit selbst einteilen können
- sich wenigstens in bestimmten Teilgebieten als alleiniger Fachmann fühlen können
- selbst über bestimmte Mittel verfügen können

- sich unmittelbar an andere wenden können
- sich persönlich verantwortlich fühlen können

Wo dieses Ziel nicht bereits erreicht ist, muß im Rahmen einer Überprüfung der Arbeitsverteilung durch neue *Delegation von Aufgaben, Kompetenzen und Verantwortung* versucht werden, dieser Idealvorstellung etwas näher zu kommen. Gerade dazu sind Stellenbeschreibungen und die dazu notwendige Vorarbeit das beste denkbare Mittel. Die Forderung spricht sich leicht aus, jedoch ist die Durchsetzung in der Praxis viel schwieriger als angenommen. Kompetenzen, die man sich lange Zeit aufgrund ihrer besonderen Bedeutung vorbehalten hatte, sind nur sehr schwer in kürzester Zeit auf nachgeordnete Stellen zu übertragen. Jedes Delegieren bedeutet ein Risiko. Doch ohne Risiko kein Delegieren und ohne Risiko keine größere Selbständigkeit bei den Mitarbeitern. Es ist daher ein längerer Zeitraum notwendig, um ein Umdenken bei den Vorgesetzten zu erreichen.

Jeder Mensch hat Erfahrungen erst dadurch sammeln können, daß er vor Entscheidungen gestellt wurde. Oft haben erst eigene bittere Erlebnisse die Qualifikation gebracht, Aufgaben zuverlässig und sorgfältig zu erledigen. Dazwischen liegt ein Lernprozeß, den viele Mitarbeiter bewältigen müssen, damit ihnen zusätzliche Aufgaben und Kompetenzen auf Dauer übertragen werden können.

Die moderne Führungskonzeption verlangt deshalb neben einer *Risikobereitschaft des Vorgesetzten* auch ein *behutsames Vorgehen* bei der Übertragung von zusätzlichen Aufgaben und Kompetenzen auf andere Stellen.

Erfahrungsgemäß reicht dazu ein gelegentliches Gespräch, worin die neuen Aufgaben dem Mitarbeiter erklärt und übertragen werden sollen, nicht aus. Solches Vorgehen birgt die große Gefahr in sich, daß der Vorgesetzte je nach Situation und Laune Aufgaben und Kompetenzen wieder zurücknimmt, ohne sich zu erinnnern, daß er sie an den Mitarbeiter bereits delegiert oder verantwortlich übertragen hat. Das *schriftliche Festhalten* der delegierten Aufgaben und Kompetenzen ist deshalb eine der wichtigsten Voraussetzungen für ein Funktionieren der Delegation von Aufgaben und Kompetenzen im Sinne moderner Führungssysteme.

Die *Schriftform* der Verteilung von Aufgaben und Kompetenzen führt meist zu folgender Konsequenz in der Wechselbeziehung zwischen Vorgesetzten und Mitarbeitern:

> Dem Mitarbeiter wird sichtbar gemacht, daß ihm bestimmte Aufgaben und Kompetenzen übertragen sind und daß der Vorgesetzte damit die selbständige Erledigung dieser Aufgaben unter Ausschöpfung der Kompetenzen erwartet. Daraus erwächst das Verantwortungsbewußtsein des Mitarbeiters; denn er sieht die Aufgabe nun als *seine* Aufgabe an und wird sich ganz dafür einsetzen, sie so erfolgreich wie möglich zu erledigen. Er möchte das in ihn gesetzte Vertrauen rechtfertigen.

Das schriftliche Formulieren der übertragenen Aufgaben und Kompetenzen soll andererseits dem *Vorgesetzten* deutlich machen, daß er sich nicht ohne besonderen Anlaß in die Aufgabenerledigung seiner Mitarbeiter einzumischen hat, da dies in jedem Falle als Mißtrauensbeweis angesehen werden muß. Er wird sich insoweit bei einem Eingreifen immer rechtfertigen müssen; das wird ihn dazu veranlassen, bei einem eingearbeiteten Mitarbeiter nur in ganz besonderen Situationen einzugreifen und sich dies vorher genau zu überlegen. Diese Feststellung ist weniger aus juristischen Überlegungen interessant, wonach sich der Vorgesetzte in solchen Fällen auch bei Fehlentscheidungen oder Fehlhandlungen seiner Mitarbeiter freisprechen kann, wenn er den „richtigen Mann" ausgesucht und diesen genügend eingearbeitet und kontrolliert hat. Viel bedeutsamer für die betriebliche Praxis ist die psychologische Wirkung der schriftlichen Übertragung von Aufgaben und Kompetenzen für den Stelleninhaber, in der die ernste Absicht zu delegieren zum Ausdruck kommt, während mündliche Erklärungen dieser Art meist nur gute Vorsätze bleiben.

2. Stellenbeschreibung als Impulsgeber für mehr Dynamik und Innovation im Arbeitsprozeß

Stellenbeschreibungen haben formalistischen Charakter. Das ist nicht zu verhindern, weil eben Formulare verwendet und ausgefüllt werden müssen, was formalistisch erscheint. Stellenbeschreibungen erhalten dadurch oftmals ein negatives Image wie eine Steuererklärung, obwohl auch diese ihren berechtigten Nutzen hat.

Stellenbeschreibungen werden deshalb mancherorts kritisiert. Sie seien zu starr als Arbeitsmittel. Sie behinderten Flexibilität und Innovation bei Mitarbeitern, lähmten den Arbeitsprozeß, verführten zum „Kästchendenken" und bremsten notwendige Organisations- und Entwicklungsinitiativen. Und sie seien zu aufwendig.

Gewiß, Stellenbeschreibungen können eine solche Wirkung haben. Viele Organisations- und Führungsmittel haben die beschriebene Wirkung, wenn sie nicht zweckgerichtet gehandhabt werden. Auch die schriftlichen Beurteilungen von Mitarbeiterleistungen, die Arbeitsbewertung und der mit der kooperativen Führung zwangsläufig verbundene umfangreiche Gesprächs- und Abstimmungsprozeß können sich bremsend auswirken, anstatt Innovation und Flexibilität zu fördern. Wir können alles aber auch anders behandeln.

Stellenbeschreibungen sind nämlich nicht Selbstzweck. Bei richtiger Handhabung sind sie eher Impulsgeber für eine Reihe notwendiger permanenter betrieblicher Aktivitäten, wie beispielsweise vernünftiger Organisation, Kommunikation, Transparenz von Beziehungen und Zielen, sachlicher Auseinandersetzung über Verbesserungen. *In der Praxis sind Stellenbeschreibungen meist Aufhänger und Anlaß, um andere wichtige Ziele fortschrittlicher Mitarbeiterführung zu realisieren.* Mit der Stellenbeschreibung werden nicht einseitige, sondern besonders vielfältige Ziele verfolgt und erreicht.

Stellenbeschreibungen haben nachweislich auch ein *dynamisches Element, denn sie fördern deutlich Flexibilität und Inno-*

vation infolge der Auseinandersetzung über zweckmäßige Arbeitsverteilung, Arbeitsinhalte, Arbeitsziele und Arbeitsanforderungen in vielen Gesprächen und Workshops. Die besten Ideen für die Verbesserung der Arbeit und der Arbeitsbedingungen sind bei den betroffenen Mitarbeitern vorhanden. Diese *praktische Intelligenz vor Ort* gilt es zu nutzen. Und jede Einführung und Änderung von Stellenbeschreibungen ist für einen *solchen Prozeß Impulsgeber und zugleich Prozeßbegleiter.* Das Formular „Stellenbeschreibung" ist dabei ein nützliches Nebenprodukt für die Personal- und Organisationsarbeit.

Tabelle 2: Bedrohungen und Ängste, wie sie von Mitarbeitern und Führungskräften vor der Einführung von Stellenbeschreibungen geäußert werden

- Beschreibung interpretierbar
- Weigerung der Mitarbeiter, andere Aufgaben zu übernehmen
- personalkostenfördernd
- stärkt die Position des Betriebsrats
- flexibilitätshemmend
- Kästchen-Denken wird gefördert
- Entpersönlichung der Arbeit
- Bevormundung des Mitarbeiters
- kooperationsfeindlich
- bürokratiefördernd
- entwicklungshemmend
- fördert „Scheuklappen-Denken"
- Druckmittel für Gehaltssteigerung
- zusätzliche Arbeit für Führungskräfte
- fördert ggf. Gehaltsabbau
- deckt Intimsphäre des Mitarbeiters auf
- Kompetenzgerangel entsteht
- Aufgaben sind verbal nicht faßbar
- Unklarheit über Zielsetzung
- Arbeitsreserven werden aufgedeckt und beseitigt
- die Leistungsdichte wird erhöht

Was bedeutet dies für die Praxis, für die praktische Handhabung?

1. Alle mit der Einführung von Stellenbeschreibungen verbundenen Ängste bei den Betroffenen müssen abgebaut werden.

Die Stellenbeschreibung muß von Führungskräften und Mitarbeitern akzeptiert werden.

2. Die Stellenbeschreibung muß formal und formulartechnisch alle Anforderungen an ein flexibles Arbeitsmittel erfüllen, das heißt, sie muß mit wenig Zeit- und Schreibaufwand geändert werden können und dabei ihre notwendige Aussagefähigkeit behalten.

Deshalb kommt es besonders darauf an, Umfang und Inhaltsangaben auf das unbedingt Erforderliche zu begrenzen. Das bedeutet: *keine Arbeitsablaufbeschreibung, keine detaillierten Arbeitsdurchführungsbeschreibungen, keine Arbeitsbeschreibung, keine Forderung nach mehr Arbeitsteilung, sondern mehr Instrument zur Gestaltung und Wiedergabe von ganzen Arbeitssystemen zur Arbeitsanreicherung und zur Organisation und Förderung von vielseitigerem Einsatz der Mitarbeiter in einem größeren Arbeitsbereich.*

Arbeitsanalytiker und Stellenbeschreibungsbeauftragte dürfen nicht einem Hang zum wirklichkeitsfremden Perfektionismus unterliegen, sondern müssen den Mut zur „Lücke" haben. Stellenbeschreibungen müssen und dürfen nicht 100%ig vollständig sein, vielmehr sollten sie nur die wesentlichen, die charakteristischen Aufgaben und Kompetenzen der jeweiligen Stelle wiedergeben; 80 bis 90% sind das Optimum, der Rest ist Anpassungsmarge.

3. Stellenbeschreibungen für die Mitarbeiter jeder Ebene

Häufig führen Unternehmen Stellenbeschreibungen nur für den tariflich entlohnten Personenkreis ein, weil hier die Stellenbeschreibung gleichzeitig Grundlage für eine Arbeitsbewertung sein soll. Oft werden solche Stellenbeschreibungen dann auch Arbeitsbeschreibungen oder Tätigkeitsbeschreibungen genannt.

Für außertarifliche Tätigkeiten gibt es Stellenbeschreibungen und Arbeitsbewertungen noch nicht so häufig, weil man der Auffassung ist, daß hier die Originalität der Leistung bestimmend ist und die Aufgaben und Kompetenzen wesentlich von der Person an dem Arbeitsplatz abhängen. Es wird auch manchmal als unangemessen empfunden, qualifizierte Führungskräfte in einen „Rahmen zu pressen" und dadurch evtl. Unzufriedenheit zu erzeugen.

Es gibt wiederum andere Unternehmen, die ausschließlich Stellenbeschreibungen für qualifizierte Mitarbeiter und Führungskräfte anfertigen und auf der Ebene der ausführenden Tätigkeiten auf Stellenbeschreibungen verzichten, und dies manchmal aus nicht vertretbaren Gründen. Andererseits liegt häufig ein Ansatz zur Einführung von Stellenbeschreibungen für Führungskräfte in der Zielsetzung, als Baustein für Führungskräfteauswahl und -entwicklung zu dienen.

Ein Kaufhausunternehmen führte Stellenbeschreibungen z. B. nur bis zur Ebene der Substituten ein. Auf Stellenbeschreibungen für die Verkäufer wurde verzichtet, da diese angeblich nach unten hin nivellieren. Die Mitarbeiter auf der untersten Stufe hätten keinen eigenen Verantwortungsbereich, der Initiative erfordert. Für Verkäufer Stellenbeschreibungen einzuführen, erschiene auch unter tariflichen Gesichtspunkten bedenklich. Wenn man ihnen einen eigenen Verantwortungsbereich gäbe, würden sie eventuell zwei Gehaltsstufen höher rutschen.

Heute zeigt es sich, daß beide Vorgehensweisen unzulänglich sind. Immer mehr Unternehmen gehen dazu über, für *alle* Ebenen des Unternehmens Stellenbeschreibungen einzuführen. Es reicht eben nicht aus, Stellenbeschreibungen nur auf der unteren

Ebene durchzuführen. Bekanntlich ergeben sich die größten unerwünschten Überschneidungen in der Aufgabenstellung und bei den Kompetenzen in den mittleren und oberen Führungsbereichen. Besonders dynamische und durchsetzungsfähige Führungskräfte kommen nicht selten in Versuchung, bestehende Kompetenzen zu überschreiten. Das kann mitunter zu beachtlichen Nachteilen für das Unternehmen führen.

Es gibt aber auch keine stichhaltigen Argumente, auf Stellenbeschreibungen für die Mitarbeiter der unteren Ebene zu verzichten. Darüber hinaus ist es psychologisch ungünstig, Mitarbeiter verschiedener Ebenen grundsätzlich unterschiedlich zu behandeln. Die Unterschiedlichkeit muß und soll in der unterschiedlichen Entlohnung entsprechend unterschiedlicher Anforderungen und Leistungen liegen. Der Ansatzpunkt dafür liegt jedoch in der verschiedenen Aufgabenstellung und Verantwortung. Mitarbeiter mit rein ausführenden Tätigkeiten wollen nicht anders behandelt werden als Führungskräfte, und sie begrüßen es sehr, wenn für sie ebenfalls Stellenbeschreibungen angefertigt werden.

Hier spielt auch das psychologische Moment eine nicht unbedeutende Rolle. Natürlich, die Konsequenzen aus der Stellenbeschreibung wachsen mit dem Umfang des dispositiven Aufgabenteils. Aber alle Mitarbeiter im Unternehmen haben dennoch Aufgaben und Kompetenzen, auch der Verkäufer oder die Phonotypistin. Sie haben Funktionen, für deren ordnungsgemäße Erledigung sie verantwortlich sind. Diese gehören in eine Stellenbeschreibung, die für alle gleichen Arbeitsplätze identisch sein muß und deshalb auch nur einmal angefertigt zu werden braucht.

4. Inhalt und Umfang von Stellenbeschreibungen

Es gibt kein einheitliches Formular für Stellenbeschreibungen, das von den verschiedenartigen Unternehmen verwendet wird. Wohl gibt es Vorschläge für einheitliche Konzeptionen, die insbesondere von Instituten ausgearbeitet worden sind, die mit dem Verkaufen von Formularen für Personalorganisationen Geld verdienen. Doch die Anwendbarkeit derartiger Formulare ist in der Praxis beschränkt. Wir finden in jedem Unternehmen ein eigenes *betriebsbezogenes* Formular.

Einzigartig steht im Vergleich zu anderen Darstellungen REFA (1977) mit der Beschreibung des Arbeitsablaufs: „Der Arbeitsablauf ist die räumliche und zeitliche Folge des Zusammenwirkens von Mensch und Betriebsmittel mit der Eingabe, um diese gemäß der Arbeitsaufgabe zu verändern oder zu verwenden". Die Darstellung des Arbeitsablaufs als Kernstück der Stellenbeschreibung ist jedoch abzulehnen, denn sie führt zu einer sehr umfangreichen Arbeitsbeschreibung. Der damit verbundene Änderungsdienst muß zwangsläufig zu einer nur sehr kurzfristigen Lebensdauer der „REFA-Stellenbeschreibung" führen.

Auch die Stellenbeschreibung der *Akademie für Führungskräfte der Wirtschaft* in Bad Harzburg war sehr umfassend. Auf mehreren Seiten wurden die einzelnen Aufgaben und Kompetenzen detailliert wiedergegeben.

Eine Besonderheit, die von *Harzburg* ausging und sich in manchen anderen Stellenbeschreibungen der Unternehmen heute wiederfindet, ist die Untergliederung der fachlichen Aufgaben nach der jeweiligen Funktion. So wird unterschieden nach:

a) Linienfunktion
   er entscheidet...
   er bestimmt...
   er ordnet an...
   er legt fest...
   er genehmigt...

b) Stabsfunktion
   er berät...
   er schlägt vor...
   er arbeitet aus...
   er informiert...
c) Dienstleistungsfunktion
   er führt aus...
   er erledigt...
   er holt ab... usw.

Die Praxis der Durchführung von Stellenbeschreibungen zeigt zweifelsfrei, daß eine solche klare Trennung von Funktionen die genaue Untersuchung der Verantwortlichkeit des Stelleninhabers erzwingt, was letztlich in diesem Zusammenhang auch beabsichtigt ist. Insbesondere diejenigen Verantwortlichkeiten, die dem Stelleninhaber allein zukommen, in denen *er* also ganz allein entscheidet und kein anderer, werden hier genau herausgearbeitet (s. dazu auch das Beispiel „Stellenbeschreibung" auf S. 25–27).

Desgleichen kann durch eine solche differenzierte Darstellung erreicht werden, daß die Beratungsfunktionen festgelegt werden und die jeweilige entscheidungsbefugte Stelle gleichermaßen verpflichtet wird, sich dieser Beratung vor den eigenen Entscheidungen zu bedienen. Doch nicht überall findet diese differenzierte Form des Aufbaus von Stellenbeschreibungen Anklang. Wir finden in der Praxis viele Beispiele dafür, daß Unternehmen ihre Stellenbeschreibungen im Aufbau bewußt sehr einfach halten und durch eine Begrenzung der notwendigen Aufgaben den Umfang der Stellenbeschreibung kurz halten wollen. Manche Firmen gehen aufgrund der gemachten Erfahrung sogar den Weg von einer sehr ausführlichen wieder zurück zu einer verkürzten Stellenbeschreibung *(„Stellenkurzbeschreibung")*. Die Konzeption des Management-Systems eines Instituts in Deutschland enthält im Rahmen der Stellenbeschreibung folgenden Grundsatz:

> „Bei der Formulierung von Stellenbeschreibungen sollte Napoleons Grundsatz beherzigt werden, wonach Richtlinien kurz und ungenau sein sollen; damit nämlich die Offiziere – die Stelleninhaber – in eigener Initiative gemäß der zu bewältigenden Situation entscheiden, anstatt sich vielleicht

Stellenbeschreibung

<table>
<tr><td colspan="2">Abteilung:
Stelle: Betrieblicher Datenschutzbeauftragter (DSB)</td><td>Nr.:</td></tr>
<tr><td>untersteht:
unmittelbar der
Geschäftsleitung</td><td colspan="2">unterstellt sind:</td></tr>
<tr><td>wird vertreten von:</td><td colspan="2">vertritt:</td></tr>
<tr><td colspan="2">Zielsetzung/Hauptaufgabe:
Der DSB ist verantwortlich für die Durchführung und Einhaltung der Bestimmungen des Bundesdatenschutzgesetzes (BDSG). Er hat die Belange der Betroffenen wahrzunehmen. Bei der Erfüllung seiner gesetzlichen Aufgaben soll er die wirtschaftlichsten Methoden anwenden.

Einzelaufgaben:
1. Allgemeine Aufgaben:
– Einarbeiten in die Datenschutzgesetzgebung und die angrenzenden Rechtsgebiete, insbesondere in die für das Unternehmen relevanten vorrangigen Rechtsvorschriften
– Ergänzung des Wissens
– Umsetzen der relevanten gesetzlichen Bestimmungen in die betriebsinterne Terminologie (mit instruktiven Beispielen)

2. Realisierung von Datenschutz und Datensicherheit
– Erhebung des Ist-Zustandes hinsichtlich Datenschutz und Datensicherheit einschl. der Analyse des Ist-Zustandes auf der Basis des BDSG
– Konzeption und Erstellung eines Datenschutzhandbuches (DSHB)
– Dokumentieren des Ist-Zustandes und der Analyse im DSHB
– Konzeption eines Datenschutz- und Datensicherungssystems, soweit es sich bei den Datensicherungsmoduln um die Erfüllung der Vorschriften aus der Anlage zum § 6 handelt.
– Festlegen zusätzlicher Maßnahmen aus betrieblicher Sicht und Integration dieser Maßnahmen in die Konzeption</td><td>Anweisungs-Nr.
Arbeitsgang:</td></tr>
<tr><td colspan="2" rowspan="2">Befugnisse:
siehe Blatt 3</td><td>Einstufung:</td></tr>
<tr><td>Datum:
Organisator:
Genehmigung:</td></tr>
</table>

Stellenbeschreibung (Fortsetzung)

Abteilung: Stelle: Betrieblicher Datenschutzbeauftragter (DSB)	Blatt 2 Nr.:
– Abwägen von Risiken und Maßnahmen im Hinblick auf den angemessenen Aufwand – Übernahme der Projektverantwortlichkeit bei der Realisierung des Datenschutz- und Datensicherungssystems – Dokumentation des Systems im DSHB – Erstellen von Arbeitsanweisungen, Richtlinien etc. zur Handhabung und Einhaltung des Datenschutz- und Datensicherungssystems 3. Laufende Sachaufgaben – Sicherstellen der Auskunftsbereitschaft gegenüber Betroffenen (Dateneigentümern) – Nachweisführung nach § 29 BDSG – Verpflichten der Mitarbeiter zur Beachtung und Einhaltung der Vorschriften nach dem BDSG – Sicherstellen der Benachrichtigung der Dateneigentümer – Mitwirken bei der Auswahl von Mitarbeitern, die mit der Verarbeitung personenbezogener Daten beschäftigt sind – Veranlassen von Berichtigungen, Sperrungen/Löschungen personenbezogener Daten – Abwickeln von Anfragen, Beschwerden etc., die hinsichtlich Datenschutz an das Unternehmen herangetragen werden – Wartung des DSHB 4. Kontrollaufgaben – Überprüfung der Ordnungsmäßigkeit bei der Verarbeitung personenbezogener Daten – Durchführen von Fallprüfungen hinsichtlich der Einhaltung von Richtlinien etc. durch Verfolgung und Auswertung von Verletzung des Datenschutzsystems – Durchführen von Systemprüfungen 5. Schulungsaufgaben – Erstellen geeigneter Schulungsunterlagen – Schulung der Mitarbeiter, die personenbezogene Daten verarbeiten, über die Anforderungen des BDSG	

Stellenbeschreibung (Fortsetzung)

Abteilung: Stelle: Betrieblicher Datenschutzbeauftragter (DSB)	Blatt 3 Nr.:
Besondere Befugnisse: 1. Im Innenverhältnis – Weisungsbefugnis im Rahmen seiner Funktion gegenüber anderen Stellen, die mit personenbezogenen Daten arbeiten – Weisungsfrei im Rahmen seiner Funktion – Berechtigung, Revisionsmaßnahmen zu veranlassen – Einberufung außerordentlicher Sitzungen des Datensicherheits-Ausschusses 2. Im Außenverhältnis – Vertretung des Unternehmens in Belangen des Datenschutzes nach außen – Schaffung und Erhaltung von Kontakten zu Landes- und Bundesbehörden – Anrufung externer Datenschutzinstanzen (Aufsichtsbehörde) *Informationen:* – Beschaffung aller für sein Fachgebiet relevanten externen Unterlagen, Veröffentlichungen etc. – Erhält alle innerbetrieblichen Informationen, die seinen Aufgabenbereich betreffen – Erstellung eines jährlichen Datenschutzberichts für die Geschäftsleitung *Zusammenarbeit mit anderen Stellen:* – Mitarbeit im Datensicherheits-Ausschuß – Kontaktpflege zu EDV, Organisation, Revision, Werkschutz und Rechtsabteilung – Zusammenarbeit mit allen Stellen im Unternehmen, die mit personenbezogenen Daten arbeiten	

Quelle: Handbuch des Datenschutzes, Hrsg. *H. Heilmann*, München, 1977

entschuldigend und rechtfertigend auf die Richtlinien zu berufen. Außerdem führen zu detaillierte Stellen- und Aufgabenbeschreibungen zu einem viel zu aufwendigen und mühseligen Änderungsdienst – sie beinhalten die Gefahr einer zu engen Stellenauffassung auf seiten der Mitarbeiter."

Welcher Umfang der Stellenbeschreibung eignet sich am besten für unsere arbeitsteilige und dynamische Wirtschaft? Die Stellenbeschreibung wird bei richtiger Durchführung zu einem der wichtigsten Organisations- und Führungsmittel im Unternehmen. Je nach Zielsetzung verlangt die Stellenbeschreibung einen Inhalt, der die Erreichung der Ziele begünstigt. Ein herausragendes Organisations- und Führungsmittel kann die Stellenbeschreibung natürlich nur sein, wenn sie recht viele Aussagen macht, ohne dabei ihre Handlichkeit und damit ihre Praktizierbarkeit durch allzu großen Aufwand zu verlieren.

Unabhängig vom Umfang kann die Stellenbeschreibung auf *bestimmte Angaben* nicht verzichten, wenn sie den beschriebenen Zweck erfüllen soll:

- Stellenbezeichnung
- Stellenbezeichnung des unmittelbaren Vorgesetzten
- Stellenbezeichnung der direkt unterstellten Mitarbeiter
- Stellenbezeichnung des Vertreters und der zu vertretenden Stelle
- Beschreibung der Tätigkeiten, die der Stelleninhaber auszuführen hat
- Wiedergabe der Kompetenzen, die damit verbunden sind

Weitere Merkmale können zusätzlich in Stellenbeschreibungen aufgenommen werden:

- Ziel der Stelle
- Rang der Stelle
- Führungsspanne (direkt unterstellte Mitarbeiter nach Anzahl und Funktion)
- indirekt unterstellte Mitarbeiter nach Anzahl und Funktion
- fachliche Weisungsbefugnisse und Personalverantwortung
- Einzelaufträge oder Sonderaufgaben
- technisch-organisatorische Angaben
- Ausführungen über die Zusammenarbeit mit anderen Stellen (Informationspflichten)
- Mitarbeit in Gremien, Arbeitskreisen, Institutionen

Wie die Beispiele der Praxis zeigen, ist jedoch mit diesen Angaben das Bedürfnis mancher Unternehmen noch nicht erfüllt.

Unternehmen, die Stellenbeschreibungen einführen wollen, stehen daher bei ihrer Entscheidung über den zweckmäßigen Aufbau der Stellenbeschreibungsformulare vor der Aufgabe, zwischen *zwei Forderungen* zu entscheiden, *die sich gegenseitig widersprechen:*

- dem Wunsch, durch eine sehr ausführliche, detaillierte und exakte Bestandsaufnahme der Arbeit und Organisation eine sehr ausführliche Beschreibung des Arbeitsplatzes zu erreichen und damit ein möglichst umfassendes Bild einer exakten Aufgaben- und Kompetenzverteilung zu erhalten. Der Aufwand dafür ist beträchtlich.
- dem Verlangen, Stellenbeschreibungen zu haben, die wenig bürokratischen Aufwand erfordern, also Stellenbeschreibungen, die globaler gefaßt sind und deshalb nicht schon bei geringfügigen Änderungen des Arbeitsablaufes größeren Arbeitsaufwand für die Änderung benötigen.

Aus dem Wunsch nach möglichst ausführlicher Beschreibung und der Forderung nach Übersichtlichkeit und unbürokratischer Handhabung – auch bei Änderungen – ergibt sich ein Konflikt, den jedes Unternehmen für sich selbst lösen muß. Praktiker fordern allerdings im Zweifelsfall *unkomplizierte*, aber zu jeder Zeit *mit dem Arbeitssoll übereinstimmende Beschreibungen*, da sonst die dynamische Leitungstätigkeit der Vorgesetzten gebremst und insbesondere die Änderungen nicht zügig genug umgesetzt werden. Daß 10- und mehrseitige Stellenbeschreibungen dieses Gebot verletzen, wird jeder einsehen.

Erfahrungsgemäß haben sich kurze Stellenbeschreibungen bewährt. Besser sollte das Pareto-Prinzip oder die 20:80-Regel gelten. Dies besagt, daß 20% der Aufgaben einer Stelle 80% der Leistung abdecken. Es kommt deshalb auf die Festschreibung dieser 20% an. Die restlichen 80% Aufgaben, die nur 20% der Leistung abdecken, müssen sich aus dem Geist der Regelungen und des Führungssystems ergeben. So steht z. B. in der Stellenbeschreibung des Technischen Leiters nicht: „Er legt die Ordnung für die Ablage der Akten in seinem Bereich fest", obwohl er das sicher tut und es auch seine Aufgabe ist. Diese Aufgabe ergibt sich aus der Organisationspflicht der Vorgesetzten, die in Führungsgrundsätzen festgehalten werden kann. Manche Unternehmen denken übrigens auch an ein Verhältnis von 10:90.

Der Umfang von Stellenbeschreibungen und damit auch der Aufwand kann beträchtlich reduziert werden bei Verwendung von *funktionsgruppenorientierten Stellenbeschreibungen*, wobei die typischen Tätigkeiten in einem sog. „Sockel" einheitlich vorgegeben sind. Benutzt man dazu ein vorgedrucktes Formular, lassen sich die Eintragungen mit wenig Aufwand durch Ankreuzen festhalten. Sehr geschickt sind die Bemühungen einiger Firmen (z. B. Veba Oil), Stellenbeschreibungen grundsätzlich aus der *Abteilungsbeschreibung* abzuleiten.

Andere Unternehmen (z. B. Veba Kraftwerke Ruhr AG) reduzieren den Aufwand und verbessern die Vergleichbarkeit durch sog. Musterklauseln. Das bietet sowohl ebenen- wie auch funktionsspezifische Vergleichbarkeit (vgl. *Bembenek*, 1993).

Weitere Aufwandsminderungen lassen sich – zumindest in Großunternehmen – durch die Verwendung von DV-Textverarbeitung erreichen. Hierbei werden für alle typischen Tätigkeiten, die sich an verschiedenen Stellen im Unternehmen wiederholen (z. B. Schriftwechsel), Textbausteine erstellt.

Die *äußere Gestaltung* aller Stellenbeschreibungen eines Unternehmens soll einheitlich sein. Die Beschreibung wird nicht auf den Namen des Stelleninhabers ausgestellt, damit die Unabhängigkeit der Stelle von der Person zum Ausdruck gebracht wird. Die Verbindung zwischen Stelle und der sie besetzenden Person stellt der Arbeitsvertrag her, der u. a. die Stellenbezeichnung enthält. Die einmal als zweckmäßig erkannte Gliederung sollte als Grundschema für sämtliche Stellenbeschreibungen im Unternehmen beibehalten werden.

Änderungswünsche werden sich in der Praxis recht bald ergeben; sie dürften jedoch erst dann realisiert werden, wenn alle mit dem bestehenden Verfahren erst einmal ein paar Jahre „gelebt" haben. Nach spätestens drei Jahren wird ein Überdenken und Verbessern der Praktikabilität sinnvoll sein. Unabhängig von dem während dieser Zeit laufenden Änderungsdienst wird ein Unternehmen in längeren Abständen grundsätzlich organisatorische Veränderungen durchmachen, die dann Anlaß für eine Korrektur des Verfahrens sein könnten.

Ein Beispiel für ein knappes – aber dennoch ausreichend aussagefähiges – Stellenbeschreibungsformular ist nachstehend dargestellt. Es wird seit mehreren Jahren mit Erfolg für alle Ebenen dieses Unternehmens praktiziert (siehe S. 33).

Funktionsgruppenorientierte Stellenbeschreibung für Schreibkräfte/Sekretärinnen (*Zimmer*)

	STELLENBESCHREIBUNG	Tätigkeit 7810, 7813, 7821, 7822, 7824

Stellenbezeichnung: Sekretärin
Name: Tausendschön
Personal-Nr.: 56767
Vorgesetzter: ______________________

Org.-Einheit: HP 123
Vorname: ______________________
Tel.: ______________________
Vorgesetzte Stelle: HP 123

Markieren oder ergänzen Sie bitte die Tätigkeiten, die bei Ihnen anfallen, und geben Sie bitte in etwa den zeitlichen %-Anteil der aufgeführten Arbeiten an. (Repräsentativer Bezugszeitraum z. B.: 3 Monate oder 1 Jahr)

Teil 1 Sockel

1.1 Büroservice
- ⊗ Postbearbeitung (Ein- und Ausgang)
- ⊗ Kopieren/Vervielfältigen
- ⊗ Ablage/Registratur
- ⊗ Terminkalender führen/Telefondienst
- ⊗ Büromaterialverwaltung
- ○ Personalangelegenheiten (Stempelkarten usw.)

ca. 25%

1.2 Schreibarbeiten

Schreiben von
- ⊗ Briefen
- ⊗ Mitteilungen
- ○ Berichten
- ○ ______________

Schreiben nach
- ○ Stichworten
- ○ Diktiergerät
- ⊗ Manuskript
- ⊗ Stenogrammen

ca. 40%

Teil 2 Ergänzung

- ○ Schreiben fremdsprachiger Texte (______________________)
- ⊗ Vorbereiten/abrechnen von Dienstreisen
- ○ Sachbearbeiter-Tätigkeit: ______________________
  Dateipflege
  ____
  ____
  ____
- ⊗ Vorbereiten von Besprechungen/Tagungen
- ⊗ Betreuen von Gästen

ca. 35%

Weitere Beispiele für die knappe, aber ausreichende Darstellung einer anspruchsvollen Tätigkeit sind die Stellenbeschreibung eines Entwicklungs- und Konstruktionschefs (siehe S. 35–36), ferner die einer Sicherheitsfachkraft (siehe S. 37–41).

Stellenbeschreibung für alle Unternehmensebenen

HEW	AT-Aufgabenbeschreibung	Kennziffer

1. Stellenbezeichnung 1. Einkäufer	2. Ersatz für
3. Stellenbezeichnung des direkten Vorges. Abteilungsleiter Einkauf	4. Stellenbezeichnung des nächsthöheren Vorges. HA-Leiter Materialwirtschaft
5. Direkt unterstellte Stellen/MA-Anzahl Hauptsachbearbeiter Einkauf 1 Sachbearbeiter Materialwirtschaft 4	6. Zusätzlich indirekt unterstellte Stellen/MA-Anzahl
7. Der Stelleninhaber vertritt	8. Der Stelleninhaber wird vertreten von Hauptsachbearbeiter Einkauf

9. Spezielle Befugnisse

Sondervollmachten RS 100

10. Aufgabenbeschreibung

Ltd. Nr.		%
1.	Leitet einen Einkaufsbereich mit kommerzieller Verantwortung für Beschaffungsvorgänge mit dem Schwerpunkt „Datenverarbeitung und Büroorganisation“ einschließlich der Gesamtverantwortung für die Disposition von Lagermaterial.	40
2.	Führt eine Gruppe von direkt unterstellten, unterschiedlichen hoch qualifizierten Mitarbeitern.	
3.	Beschafft für das Unternehmen wertmäßig bedeutsame Anlagen und Produkte in Zusammenarbeit mit den Bedarfsmeldern.	
3.1	Initiiert den Lieferantenwettbewerb durch Vergrößerung des Anfragekreises, Förderung neuer Anbieter und Erprobung neuer Produkte.	5
3.2	Verhandelt und vereinbart kommerzielle Vertragskonditionen mit direkter Auswirkung auf das Unternehmensergebnis wie z. B. – Preise, Nachlässe, Abgrenzung des Leistungsumfanges – Lieferbedingungen, Frachten, Entsorgung, Folgekosten – Zahlungsbedingungen, Bürgschaften – Gewährleistung, zugesicherte (garantierte) Eigenschaften – Termine, Vertragsstrafen	20
3.3	Bewertet die verhandelten Angebote kommerziell.	5
3.4	Trifft Vergabeentscheidungen und unterschreibt Bestellungen bis DM 100.000,– und gibt Vergabeempfehlungen an Abteilungsleiter und Hauptabteilungsleiter ab.	5

Stellenbeschreibung für alle Unternehmensebenen (Fortsetzung)

Ltd. Nr.		%
3.5	Entscheidet über die individuelle Gestaltung von Beschaffungsverträgen mit herausragender wirtschaftlicher Bedeutung unter Berücksichtigung der vertraglichen Risiken, Versorgungsrisiken und des Abwicklungsaufwandes.	10
4.	Steuert die Disposition der dem Einkaufsbereich zugeordneten Lagermaterialien, gibt hierzu Parameter für das MIDAS-Programm vor. Verantwortet Bestände und Verfügbarkeit mit dem Ziel der geringsten Kapitalbindung bei akzeptiertem Servicegrad. Führt Planungsgespräche mit Bedarfsmeldern zur Dispositionsstrategie (z. B. mit Kernkraftwerken); berücksichtigt die Möglichkeiten einer kundennahen dezentralen Abwicklung/Versorgung.	15

11. Spez. Stellenanforderungen Dipl.-Ing. (FH) oder Dipl.-Betriebswirt

11.1 Spez. Fachkenntnisse/Wissensgebiete/Erfahrungen

Einkaufsrecht (z. B. BGB, HGB, VOB, VOL, HOAI)

Wirtschaftlichkeitsrechnung

Spezielle PC-Anwendungen

1 Fremdsprache (z. B. Englisch, Französisch)

11.2 Spez. Fähigkeiten

Kontaktfähigkeit

Verhandlungsgeschick

Integrationsfähigkeit

	Direkter Vorgesetzter	Abteilungs- oder HA-Leiter	Personalwirtschaft
Datum Zeichen			

Stellenbeschreibung für den Entwicklungs- und Konstruktionschef einer Gerätefabrik mit 220 Mitarbeitern einschl. 10 Mitarbeitern im Technischen Büro und in der Entwicklungswerkstatt

<table>
<tr><td></td><td>Stellenbeschreibung
für Herrn XXX</td><td colspan="2">Name: xxx
Blatt: 1 Ges.Bl.</td></tr>
<tr><td colspan="2" rowspan="2">1. Stellenbeschreibung:
Leiter der Konstruktion Werk</td><td></td><td>Gliederung</td></tr>
<tr><td>1</td><td>Stellenbezeichnung</td></tr>
<tr><td colspan="2" rowspan="3">2. Dienstrang:
Abteilungsleiter</td><td>2</td><td>Dienstrang</td></tr>
<tr><td>3</td><td>Unterstellung</td></tr>
<tr><td>4</td><td>Überstellung</td></tr>
<tr><td colspan="2" rowspan="5">3. Unterstellung:
Geschäftsleitung</td><td>5</td><td>Ziel der Stelle</td></tr>
<tr><td>6</td><td>Stellvertretung</td></tr>
<tr><td>7</td><td>Aufgabenbereich im einzelnen</td></tr>
<tr><td>8</td><td>Sonstige Aufgaben</td></tr>
<tr><td>9</td><td>Besondere Befugnisse</td></tr>
</table>

4. Überstellung:
   Allen Mitarbeitern der Konstruktion des Werkes sowie der Entwicklungsabteilung
5. Ziel der Stelle:
   - Den neuen Stand des technischen Wissens über Verfahren und Produkte der Firma xxxx und der Mitbewerber zu gewährleisten
   - für eine bedarfsgerechte Aufbereitung technischer Neuentwicklungen und deren patentrechtlichen Schutz zu sorgen
   - Neuentwicklungen durch Wirtschaftlichkeitsrechnungen und Nutzwertanalysen abzusichern
   - den Verkauf in der Produktberatung mit technischen Informationen zu unterstützen
   - durch Wertgestaltung, Wertanalyse und Normung den Material- und Lohneinsatz zu rationalisieren
   - die eigene Konstruktionseffektivität hinsichtlich Personal und Hilfsmittel laufend zu verbessern und den neuesten Erkenntnissen anzupassen
6. Stellvertretung:
   Der Stelleninhaber wird bei Abwesenheit von Herrn xxxx vertreten.
7. Aufgabenbereich im einzelnen:
   a) Entwicklung neuer Produkte, Verfahren und Technologien nach den zu erwartenden Absatzchancen.
   b) Weiterentwicklung der vorhandenen Produkte und Rationalisierung der Verfahrensabläufe durch konstruktive Verbesserung und Verbilligung.
   c) Erarbeitung von Auslegungs-, Dimensionierungs- und Berechnungsunterlagen insbesondere für die Abwicklung von Großobjekten.
   d) Freigabeprüfung aller Konstruktionen hinsichtlich Normen, Bestimmungen, Material, Bemaßung und vorgegebenen Kundenvorschriften.
   e) Standardisierung und Vereinheitlichung des Teile- und Baugruppenspektrums. Erstellung allgemein-verbindlicher Betriebsnormen, Zeichungsrichtlinien usw. durch eine neu zu bildende Normenstelle.

Stellenbeschreibung für einen Entwicklungs- und Konstruktionschef (Fortsetzung)

f) Dokumentation des technischen „know how" mit einem Ordnungssystem nach Gleichheiten oder Ähnlichkeiten zur Bereitstellung von Informationen mit kurzen Zugriffszeiten.
g) Beratung der Verkaufsabteilungen
h) Erstellen von verkaufsfördernden Unterlagen wie Angebotszeichnungen, Ersatzteilzeichnungen usw. für den Vertrieb.

8. Sonstige Aufgaben:
a) Der Stelleninhaber erstellt bis 15. 1. jeden Jahres einen Investitionsplan als Vorschlag für die Geschäftsleitung. Hier sind neben Entwicklungs-, Konstruktions- und Versuchskosten die Kosten für Prototypen und Nullserien mitaufzuführen. Ebenso sind Investitionssummen für die eigene Ausrüstung und Ausstattung zu benennen.
b) Der Stelleninhaber ist Ausbildungsverantwortlicher für Auszubildende mit dem Berufsziel „Technischer Zeichner" oder „Technische Zeichnerin".
c) Der Stelleninhaber hat die Leistungsbereitschaft und den Leistungswillen bei seinen Mitarbeitern ständig anzuregen. Er hat zu motivieren und zu führen und trägt als Abteilungsleiter die volle Personalverantwortung.
Für Belobigungen hat er ein Vorschlagsrecht;
für erforderliche Disziplinarmaßnahmen hat er eine Informationsverpflichtung dem Techn. Geschäftsführer gegenüber.
d) Er hat ständigen Kontakt zu den übrigen Funktionsbereichen, insbesondere zum Produktkoordinator, zur Arbeitsvorbereitung und zu den Werkstätten zu halten.
e) Er hat sich ständig über die bestehenden Bau- und Abnahmevorschriften zu informieren.

9. Besondere Befugnisse:
a) Er entscheidet über
– Konstruktionsänderungen, die von der Produktion oder vom Markt her durch die Herstellungsverfahren oder die Beschaffenheit des Materials notwendig werden.
– Maßnahmen, die sich aus der Auswertung von Versuchen und Erprobungen sowie aus der Wertanalyse oder Normung ergeben.
– Inanspruchnahme von Verbesserungsvorschlägen.
b) Er hält Verbindung zu den Fachvereinigungen, besucht fachspezifische Messen, besorgt die einschlägige Literatur und wertet sie aus.
c) Er ist bei Abwesenheit des Techn. Geschäftsführers unterschriftsberechtigt für die in seinem Funktionsbereich anfallende Post und unterschreibt mit Zeichen i. V. gemäß dem Beiblatt „Unterschriftenregelung".

Die Stellenbeschreibung ist gültig:

Datum: Unterschrift Geschäftsführer:
Unterschrift Stelleninhaber:

Letzte Überprüfung: Nächste Überprüfung: Unterschrift:

Stellenbeschreibungsbeauftragter

Stellenbeschreibung für „Sicherheitsfachkraft“ *

I. Dienststellung

Der Stelleninhaber ist

Sicherheitsingenieur/-techniker/-meister

II. Unterstellung

Er untersteht unmittelbar ......

(Leiter des Betriebes)

III. Überstellung

Keine

IV. Stellvertretung

Er wird im Verhinderungsfall vertreten durch ......

V. Zielsetzung

Der Stelleninhaber hat den Unternehmer beim Arbeitsschutz und bei der Unfallverhütung in allen Fragen der Arbeitssicherheit einschließlich der menschengerechten Gestaltung der Arbeit zu unterstützen mit dem Ziel: Umfassende Sicherheit am Arbeitsplatz für jeden Mitarbeiter im Betrieb.

VI. Aufgaben (Fachbereich)

Selbständige und eigenverantwortliche Tätigkeit durch

Beratung

Der Stelleninhaber hat den Leiter des Betriebes und die sonst für den Arbeitsschutz und die Unfallverhütung verantwortlichen betrieblichen Vorgesetzten in sicherheitstechnischer Hinsicht zu beraten, insbesondere bei

- Planung, Ausführung und Unterhaltung von Betriebsanlagen und von sozialen und sanitären Einrichtungen, Maschinen und Geräten;
- Beschaffung von technischen Arbeitsmitteln und der Einführung von Arbeitsverfahren und Arbeitsstoffen;

* Quelle: *E. Siller/J. Schliephacke*, Arbeitsschutz: Muster und Modelle für die Praxis, 3. Aufl., Köln 1986

Stellenbeschreibung für „Sicherheitsfachkraft“ (Fortsetzung)

- Auswahl und Erprobung von Körperschutzmitteln;
- Gestaltung der Arbeitsplätze, des Arbeitsablaufs, der Arbeitsumgebung und in sonstigen Fragen der Ergonomie;

Überprüfung

ständig in sicherheitstechnischer Hinsicht, insbesondere bei

- Betriebsanlagen und -einrichtungen;
- technischen Arbeitsmitteln (z. B. Maschinen, Werkzeuge);
- Arbeitsverfahren;
- Maßnahmen gegen Brände und Explosionen;

Beobachtung

Durchführung des Arbeitsschutzes und der Unfallverhütung.

Insbesondere hat er

- Arbeitsstätten in regelmäßigen Abständen zu begehen und Mängel festzustellen (auch Berichte fertigen);
- Mängel dem Leiter des Betriebes oder den sonst für den Arbeitsschutz und die Unfallverhütung verantwortlichen Vorgesetzten zu melden (nach näherer Regelung);
- Maßnahmen zur Beseitigung dieser Mängel vorzuschlagen (eingehende Begründung);
- auf die Durchführung der Mängelbeseitigung hinzuwirken;
- auf die Benutzung der Körperschutzmittel zu achten;
- Ursachen von Arbeitsunfällen zu untersuchen und zu rekonstruieren;
- Untersuchungsergebnisse zu erfassen und auszuwerten (Listen, Karteien, Statistiken führen und Schlüsse ziehen);
- Maßnahmen zur Verhütung von Unfällen vorzuschlagen.

Belehrung und Unterweisung

damit sich alle Mitarbeiter den Anforderungen des Arbeitsschutzes und der Unfallverhütung entsprechend verhalten. Er hat inbesondere

- alle im Betrieb Beschäftigten über betriebsbedingte Unfall- und Gesundheitsgefahren sowie über Einrichtungen und Maßnahmen zur Abwendung dieser Gefahren zu belehren, z. B. durch Information, Schulung, Motivation, gute Beispiele, Belohnungen;
- im Rahmen der betrieblichen Aus- und Fortbildung Betriebsingenieure, Meister und andere Personen in Fragen der Arbeitssicherheit zu unterweisen;
- bei der Schulung der Sicherheitsbeauftragten mitzuwirken.

Stellenbeschreibung für „Sicherheitsfachkraft" (Fortsetzung)

Zusammenarbeit

mit anderen Stellen bei der Erfüllung der Aufgaben aus dem ASiG

- mit betrieblichen Vorgesetzten
  insbesondere indem er
  - den jeweils zuständigen Vorgesetzten in allen Fragen des Arbeitsschutzes und der Unfallverhütung in seinem Bereich unterstützt;
- mit dem Betriebsarzt
  insbesondere indem er
  - gemeinsame Betriebsbesichtigungen vornimmt;
  - überwachungspflichtige Arbeitsplätze meldet;
  - über besondere Unfälle und Berufskrankheiten unterrichtet;
  - über gemeinsame Fragen (z. B. Unfallstatistik, Organisation, Überwachung der Ersten Hilfe, Ausbildung) informiert;
  - die Durchführung von Messungen und Beurteilung von Umgebungseinflüssen am Arbeitsplatz anregt;
  - die Durchführung von Eignungs-, Vorsorge- und Überwachungs-Untersuchungen empfiehlt;
- mit dem Betriebsrat
  insbesondere indem er
  - über wichtige Angelegenheiten des Arbeitsschutzes und der Unfallverhütung unterrichtet;
  - den Inhalt von Verbesserungsvorschlägen dem Leiter des Betriebes mitteilt;
  - auf Verlangen in Angelegenheiten des Arbeitsschutzes und der Unfallverhütung berät;
- durch aktive Teilnahme an Sitzungen des Arbeitsschutzausschusses.

Sonstige Tätigkeiten

Zu seinem Aufgabengebiet gehören ferner

- laufende Information des Leiters des Betriebes und der betrieblichen Führungskräfte über erforderliche Maßnahmen und sonstige Fragen der Arbeitssicherheit und des Arbeitsschutzes;
- Stellungnahmen über Auslegung und Beurteilung von Unfallverhütungsvorschriften, Arbeitsschutzvorschriften und Regeln der Technik;
- Aufstellung und Weiterentwicklung eines betrieblichen Sicherheitsprogramms;

Stellenbeschreibung für „Sicherheitsfachkraft" (Fortsetzung)

- Vorbereitung von Aktionen für die Arbeitssicherheit (z. B. Unfallverhütungswettbewerbe und Werbeaktionen) und Vorschläge für die Durchführung;
- Mitwirkung bei der Ausarbeitung von Anweisungen, Richtlinien, Merkblättern über Sicherheit am Arbeitsplatz;
- Auswertung und Aufbereitung der sicherheitstechnischen Fachliteratur;
- Feststellung und sicherheitstechnische Beurteilung der Arbeitsumweltbedingungen;
- Mitwirkung bei der Entwicklung, Auswahl und Beschaffung geeigneter Arbeitsschutzmittel;
- Beratung, Information und Betreuung der Sicherheitsbeauftragten;
- Anforderung des werblichen Unfallverhütungsmaterials und Einsatz im Betrieb;
- Beschaffung und Verteilung von sonstigem Informationsmaterial zur Unterrichtung des Leiters des Betriebes, Belegschaft und Betriebsrat;
- Information neu eingestellter Mitarbeiter über Fragen des Arbeitsschutzes und der betrieblichen Sicherheitsarbeit;
- Terminkontrolle über sicherheitstechnische Maßnahmen;
- Durchführung von werblichen Maßnahmen für die Arbeitssicherheit im Betrieb (z. B. Arbeitssicherheitsveranstaltungen, Plakataktionen, Preisausschreiben) nach näherer Anweisung;
- Erfolgskontrolle und Beurteilung der Wirksamkeit der Sicherheitsmaßnahme;
- Aufstellung und regelmäßige Erprobung von Alarm- und Brandschutzplänen;
- Mitwirkung bei der Auswahl von Teilnehmern an Aus- und Weiterbildungskursen;
- Vorschlagsrecht für die Bestellung von Sicherheitsbeauftragten;
- Mitwirkung bei der Ausstellung von Unfallanzeigen und bei der Erfüllung der Anzeige- und Auskunftspflichten des Unternehmers;
- Sicherheitstechnische Überwachung und betriebsfremder Unternehmer, die im eigenen Betrieb tätig werden;
- Mitarbeit bei der Auswertung von Verbesserungsvorschlägen für die Arbeitssicherheit (betriebliches Vorschlagswesen);
- statistische Untersuchung und Analyse von Arbeitsunfällen und anderen berufsbedingten Krankheiten sowie Auswertung;

Stellenbeschreibung für „Sicherheitsfachkraft“ (Fortsetzung)

- Führen besonderer Karteien (z. B. Lärm, Staub, gefährliche Arbeitsstoffe) sowie Prüflisten überwachungspflichtiger Anlagen;
- Erledigung der anfallenden Korrespondenz;
- Kontakte zu außenstehenden Stellen (z. B. Berufsgenossenschaft, Gewerbeaufsichtsamt, TÜV);
- Mitwirkung bei Verhandlungen und Besprechungen mit außenstehenden Stellen über sicherheitstechnische Fragen;
- Mitwirkung bei der Betreuung und Beratung Unfallverletzter und Berufserkrankter nach näherer Anweisung.

VII. Besondere Kompetenzen

Der Stelleninhaber ist bei Anwendung der sicherheitstechnischen Fachkunde weisungsfrei.

Bei unmittelbar drohender Gefahr ist er berechtigt und verpflichtet, im Rahmen seiner Aufgabenstellung aus dem ASiG alle erforderlichen Anweisungen zu geben, um unmittelbar drohende Gefahr von den Mitarbeitern abzuwenden. Insoweit nimmt er Anordnungsgefugnisse des Leiters des Betriebes auf dem Gebiet der Arbeitssicherheit wahr. Er hat den Leiter des Betriebes unverzüglich von den getroffenen Maßnahmen zu unterrichten.

Liegt eine unmittelbar drohende Gefahr nicht vor, hat der Stelleninhaber den Leiter des Betriebes sofort zu benachrichtigen und dessen Anordnungen zu befolgen.

5. Stellenbeschreibung mit Anforderungsprofil

Wenn die Stellenbeschreibungen gleichzeitig für Personalauswahl, Anforderungsanalyse, Arbeitsbewertung sowie Personalförderung herangezogen werden sollen, werden zusätzlich Fragen zum Anforderungsprofil des Arbeitsplatzes benötigt (vgl. *Knebel/Zander,* 1989). Die Fragestellung ist besonders auf die gewählten *Anforderungsmerkmale* abgestellt, die der *Eignungsanalyse* und *Arbeitsbewertung* zugrunde liegen. So sind beispielsweise folgende Fragen für die Praxis von Bedeutung:

Ein Arbeitsanalytiker prüft die Stellenbeschreibung auf Aussagefähigkeit und stellt sich dabei folgende Fragen:

1. Art und Anzahl der Aufgabengebiete
2. Komplexität der Aufgaben aufgrund ihrer Verschiedenartigkeit, Veränderlichkeit und Kompliziertheit
   (z. B. zur Lösung der Aufgaben erforderlicher Ideenreichtum, Initiative, Kreativität, erforderliche Ausbildung bzw. spez. Kenntnisse)
3. Komplexität der Aufgaben durch Kontakte und Zusammenwirken mit internen und externen Stellen
   (z. B. Art und Anzahl der Kontakte, Konfliktstärke der Kontakte, Bedeutung der Kontakte für das Unternehmen, Interessenvertretung des Unternehmens nach innen und außen)
4. Grad der Selbständigkeit
   (z. B. Selbständigkeit der Tätigkeit, Zahl möglicher Alternativen, Unsicherheit verfügbarer Informationen, Art und Anzahl von Regelungen, Richtlinien, Grundsätzen, Anweisungen und Kontrollen der Entscheidung, Freiheitsgrad in Gestaltung des Arbeitsablaufes und der Lösungsfindung)
5. Art und Umfang der Verantwortlichkeiten
   (z. B. Einfluß seiner Entscheidungen auf Resultate anderer, Art und Umfang der Befugnisse aufgrund des Ermessensspielraumes sowie der Handlungsfreiheit, Vertraulichkeitsgrad bestimmter Tätigkeiten)
6. Kontrolle der Arbeit (Art, Umfang, Häufigkeit)
   (z. B. wessen Arbeit wird kontrolliert, von wem wird seine Arbeit kontrolliert, wem gegenüber bestehen Weisungsbefugnisse welcher Art?)

7. Art und Umfang erteilter Vollmachten
8. Art und Grad der körperlichen Belastung (wenn für den Arbeitsplatz typisch und wesentlich) (z. B. Haltung, Wege, Gewichte, eingesetzte Maschinen)
9. Art, Umfang und Häufigkeit von wahrzunehmenden Vertretungsfunktionen.

Auch in den Fällen, in denen die Stellenbeschreibung nicht zur Entgeltfestsetzung herangezogen wird, sind Angaben über die Anforderungsstruktur am Arbeitsplatz für den Einsatz im Personalbereich zweckmäßig. Ganz besonders die Angaben zur erforderlichen Qualifikation des Stelleninhabers sind notwendig, um bei der Anwerbung und dem Einsatz von Personal die Voraussetzungen dafür zu schaffen, daß der geeignete Mitarbeiter auf dem geeigneten Platz ist.

Aus diesen Gründen enthalten die meisten Anforderungsprofile Fragen

a) nach der Schul- bzw. Berufsausbildung, die üblicherweise zur Durchführung der Tätigkeit an dem Arbeitsplatz erforderlich ist,
b) nach der Berufs- bzw. Betriebserfahrung, nach Abschluß der Ausbildung, die üblicherweise notwendig ist, um die Tätigkeit am Arbeitsplatz ausführen zu können,
c) nach den Fähigkeiten für Führungspositionen.

Gute Beispiele hierzu bieten die Aufgabenbeschreibung (Stellenbeschreibung) bei einer Versicherungsgesellschaft (s. S. 44) sowie das Funktionsbild des Meisters und Vorarbeiters bei AUDI (Tabelle 3, S. 47–51) und das jeweils dazugehörige Anforderungsprofil.

Stellenbeschreibungen mit Angaben über die Anforderungen sind für die Personalabteilung auch ein ausgezeichnetes Mittel, um Schwerbehinderte oder schwer einsatzfähige Mitarbeiter, z. B. ältere Mitarbeiter, entsprechend ihrer verminderten Leistungsfähigkeit im Betrieb einsetzen zu können.

Bemerkenswert sind die durchgeführten Initiativen des *Fachnormenausschusses Ergonomie im Deutschen Institut für Normung* (DIN). Zum Zwecke der Arbeitsgestaltung wurde dort gemeinsam mit den Tarifpartnern ein *Datenerfassungsbogen* verabschiedet, der als Rahmen zugleich die Voraussetzung für eine *Anforderungsanalyse* und ein *Anforderungsprofil* darstellt

Aufgabenbeschreibung bei einer Versicherungsgesellschaft

<table>
<tr><td></td><td colspan="2">Aufgabenbeschreibung</td><td>Abteilungskürzel</td></tr>
<tr><td>Stellenbezeichnung</td><td colspan="2"></td><td>Mindesteingruppierung gemäß MTV</td></tr>
<tr><td colspan="4">Die organisatorische Einbindung dieser Stelle ist aus dem jeweils gültigen Stellenplan bzw. dem Organigramm der Abteilung ersichtlich. Der/die Stelleninhaber/in hat – soweit ihm/ihr Führungsfunktionen übertragen sind – neben den unten beschriebenen Fachaufgaben die generell festgelegten Leitungs- und Führungsaufgaben wahrzunehmen.</td></tr>
<tr><td colspan="4">Vollmachten und Befugnisse (soweit sie im Zusammenhang mit den Aufgaben dieser Stelle stehen)</td></tr>
<tr><td colspan="4">Ausstattung des Arbeitsplatzes (soweit erheblich abweichend von der Standard-Ausstattung)</td></tr>
<tr><td colspan="4">Arbeitnehmer-Schutzvorschriften und Anweisungen im Falle besonderer Aufgabenstellung
(soweit nicht bereits bei der Beschreibung der Fachaufgaben erwähnt)</td></tr>
<tr><td colspan="4">Fachaufgaben
Beschreibung der wesentlichen fachlichen Aufgaben, die der/die Stelleninhaber/in selbständig auszuführen hat. Dabei ist zu beachten, daß aus dieser Beschreibung die fachlichen und persönlichen Anforderungen abgeleitet werden können. Die Auflistung von Einzeltätigkeiten und die eingehende Darstellung der Arbeitsweise sind generell nicht erwünscht. Das Unternehmen behält sich vor, dem/der Stelleninhaber/in auch andere Aufgaben vorübergehend oder auf Dauer zu übertragen, wenn dies betrieblich notwendig ist.</td></tr>
<tr><td colspan="4"></td></tr>
</table>

Aufgabenbeschreibung bei einer Versicherungsgesellschaft
(Fortsetzung)

<table>
<tr><td></td><td>Anforderungsprofil</td><td>Ident-Nr. ______</td></tr>
<tr><td colspan="3">Hinweis:
Sofern auf der Vorderseite die Aufgaben mehrerer zusammengehöriger Arbeitsplatztypen gemeinsam beschrieben sind, ist im Anforderungsprofil deutlich zu machen, in welchen Anforderungsmerkmalen und in welchem Ausmaß sich diese Arbeitsplatztypen unterscheiden.</td></tr>
<tr><td colspan="3"><u>Fachkompetenz</u>

Ausbildung:

Kenntnisse:

Fähigkeiten und Fertigkeiten:

Erfahrung:</td></tr>
<tr><td colspan="3"><u>Zusammenarbeit</u></td></tr>
<tr><td colspan="3"><u>Arbeitsergebnisse</u></td></tr>
<tr><td colspan="3"><u>Einsatzbereitschaft</u></td></tr>
<tr><td colspan="3"><u>Problemlösungs- und Entscheidungsverhalten</u></td></tr>
</table>

	Führungskraft			Personalabteilung
Datum Zeichen				

Aufgabenbeschreibung bei einer Versicherungsgesellschaft (Fortsetzung)

<table>
<tr><td></td><td>Anforderungsprofil
Zusatzblatt für Führungsstellen</td><td>Ident-Nr. ______</td></tr>
<tr><td colspan="3">Hinweis:
Für Stellen mit Leitungs- und Führungsaufgaben (Führungsstellen) ergeben sich nachstehende Anforderungen, die zusätzlich zu den Anforderungen aus den Fachaufgaben zu erfüllen sind.</td></tr>
<tr><td colspan="3">Planung/Arbeitsorganisation
im eigenen Verantwortungsbereich</td></tr>
<tr><td colspan="3">Delegation/Kontrolle
im eigenen Verantwortungsbereich</td></tr>
<tr><td colspan="3">Mitarbeiterführung</td></tr>
<tr><td colspan="3">Zielplanung</td></tr>
</table>

(DIN 33407). Da solche Normen ggf. in Verbindung mit der *Arbeitsstättenverordnung* Richtlinie für alle Unternehmen sein können, müssen sich solche Vorschriften auch auf die Erfassungsbögen zum Zwecke der Ermittlung des Anforderungsprofils in Verbindung mit Stellenbewertung auswirken.

Stellenbeschreibungen sollen auch die Zusammenarbeit fördern, indem sie Schnittstellen oder Nahtstellen zwischen Stellen, Funktionen und Bereichen deutlich beschreiben und so Konflikte reduzieren sowie Nahtstellen verbinden. Ganz aktuelle Schnittstellen-Aufgabenbeschreibungen aus dem Bereich der Informationsverarbeitung zeigt die Darstellung auf S. 52–55. In der Dräger-Gruppe wird ein ebenso ausführliches wie vorbildliches *Anforderungsprofil* unter der Bezeichnung „Kernkriterien für die Auswahl und die Entwicklung von Führungskräften“ verwendet (siehe S. 56).

Tabelle 3: Funktionsbild Meister/Vorarbeiter bei AUDI

Aufgabenbereich	Funktion
1. Aufgabenbeschreibung	
1.1 Führungsaufgaben	
Personalauswahl	Mitwirken bei der Auswahl der Mitarbeiter, dabei Vorschläge unterbreiten
Personaleinsatz/ -disposition	Steuern des Arbeitseinsatzes der Mitarbeiter, dabei Ausleihen und Verleihen von Mitarbeitern sowie Mitwirken bei Umsetzungen und bei der Festlegung von Mehrarbeit
Unterweisung	Beraten, Unterweisen und Informieren der Mitarbeiter über Pflichten, Aufgaben, Verantwortung und Veränderungen im Arbeitsablauf
Aufgabenerfüllung (Überwachung)	Steuern und Überwachen der Aufgabenerfüllung der zugeteilten Mitarbeiter und der Einhaltung der Arbeitsordnung und sonstigen Vorschriften
Beurteilung	Mitwirken und Überwachen der Lohngruppeneinstufung und Beurteilung der Leistung
Personalentwicklung	Vorschlagen und Verfolgen von Fort- und Weiterbildungsmaßnahmen der Mitarbeiter

Tabelle 3 (Fortsetzung)

Aufgabenbereich	Funktion
Berufsausbildung	Mitwirken und Unterstützen bei der Ausbildung von Facharbeiter-Nachwuchs und Beurteilen nach Abschluß des jeweiligen Ausbildungsabschnittes
Arbeitssicherheit	Unterweisen der Mitarbeiter in Fragen der Arbeitssicherheit und Gewährleisten der Einhaltung von Sicherheitsvorschriften, Abfassen von Unfallberichten
Arbeitsbedingungen	Vorschlagen und Veranlassen von Arbeitserleichterungen durch verbesserte Arbeitsabläufe und Betriebsmittel gegenüber Vorgesetzten und Fachabteilungen
Personalverwaltung	Erledigen von Personalangelegenheiten für die Mitarbeiter, wie z. B. Führen der Anwesenheitslisten, Gewähren von Urlaub, Ausgabe von Passierscheinen, Verfolgen von Beschwerden
1.2 Fachaufgaben	
Arbeitsablaufsicherung	Terminliche und technische Überwachung und Steuern des Arbeitsablaufs im Zuständigkeitsbereich, bei erheblichen Abweichungen, Information des betrieblichen Vorgesetzten und Mitwirken bei der Behebung von Betriebsstörungen in Zusammenarbeit mit anderen Abteilungen
Einsatz von Betriebsmitteln	Veranlassen und Überwachen der Bereitstellung von Betriebsmitteln und Maschinen einschließlich deren rationellen und fachgerechten Einsatzes
Bereitstellung von Betriebsstoffen	Veranlassen und Überwachen der Bereitstellung von Betriebsstoffen (Fertigungshilfsstoffen)
Instandhaltung der Betriebsmittel	Veranlassen der Instandhaltung von Betriebsmitteln, Maschinen und Fahrzeugen und anschließende Überprüfung, ggf. Information der betrieblichen Vorgesetzten über Mängel und deren Beseitigung
Qualitätssicherung	Ermitteln von Fehlerquellen bzw. Abweichursachen und Veranlassen der Beseitigung zur Qualitätssicherung (ggf. Führen einer Fehlerquellenstatistik)
Wirtschaftlichkeit	Prüfen des Materialeinsatzes und des Arbeitsablaufs unter wirtschaftlichen Gesichtspunkten sowie Vorschlagen und Veranlassen von Maßnahmen
Fachbezogene Verwaltungsaufgaben	Innerhalb der dafür vorgesehenen Verwaltungsvorgänge (z. B. Werkaufträge, Betriebsmittelbestellungen, Schichtbücher, Materialentnahmescheine) Daten erfassen, überprüfen und Anforderungen unterschreiben

Tabelle 3 (Fortsetzung)

Aufgabenbereich	Funktion
2. Allgemeine Voraussetzungen	
	Der Meister muß bereit und in der Lage sein,
	☐ seine Aufgabe als betriebliche Führungskraft bewußt wahrzunehmen und dabei durch seinen Einsatz zur Erreichung der Unternehmensziele beizutragen,
	☐ sich auf fachlichem und technischem Gebiet laufend fortzubilden und mit neuen Verfahren vertraut zu machen sowie
	☐ die Grundsätze des AUDI-Führungssystems in seinem Bereich anzuwenden.
3. Persönliche Voraussetzungen	
Alter	Das Alter sollte zum Zeitpunkt der Ernennung nur in begründeten Fällen über 40–45 Jahren liegen.
Betriebliche Erfahrung	Der bisherige Einsatz sollte erkennen lassen, daß der Bewerber die betrieblichen Zusammenhänge überblickt und in seiner künftigen Funktion danach handeln kann.
Betriebliches Verhalten	Das bisherige betriebliche Verhalten muß erkennen lassen, daß der Meister als betriebliche Führungskraft anerkannt wird.
4. Fachliche Zugangsvoraussetzungen	
Einsatzbereich	
Fachbereiche, z. B. Werkinstandhaltung; Werkzeugbau; Inspektion (z. B. Meßraum); Technische Entwicklung; Bildungswesen	In der Regel entsprechende Berufsausbildung; zusätzlich Industrie-/Handwerksmeister, Techniker (in Sonderfällen: langjährige funktionsspezifische Berufserfahrung)
Übrige Bereiche, z. B. Inspektion (Produktion); Preßwerk; Rohbau; Mechanische Fertigung; Lackiererei: Montage; Lagern	In der Regel eine für den Einsatzbereich geeignete Berufsausbildung

Tabelle 3 (Fortsetzung)

5. Überfachliche Anforderungen

Bei der Auswahl/Ernennung von Bewerbern sollte darauf geachtet werden, daß die folgenden überfachlichen Anforderungen an das Führungsverhalten in den einzelnen Merkmalen vom Bewerber erfüllt werden können:

Merkmal	Anforderungen
Informationsverhalten	Der Meister muß befähigt sein, die Gesamtzusammenhänge der zu empfangenden bzw. weiterzugebenden Informationen gut zu erkennen, auf einen schnellen Informationsfluß zu achten und die dafür richtigen Mittel einzusetzen. Auch nicht besonders aufbereitete Informationen müssen in geeigneter Form weitergegeben werden.
Steuerung der Zusammenarbeit	Vom Meister werden Bereitschaft und Fähigkeit zur positiven Einflußnahme auf die Zusammenarbeit und das Ergebnis seiner Gruppe(n) verlangt. Er muß sie sicher leiten und auch Anregungen und Kritik geben, entgegennehmen und verarbeiten können.
Delegation	Die Übertragung von Aufgaben erfordert einen Überblick über Kompetenzen und über die Eignung von Mitarbeitern zur Übernahme der einzelnen Aufgaben, bei deren Erfüllung auch Hilfestellung geleistet werden muß.
Zielsetzung/ Beurteilungsfähigkeit	Der Meister muß befähigt sein, im Rahmen seiner und der übergeordneten Aufgaben klare Ziele zu setzen und diese in angemessener Zeit zu erreichen. Dabei muß er dafür sorgen, daß die Mitarbeiter seines Bereiches auf ihre Aufgaben entsprechend vorbereitet und durch ein gutes Führungsverhalten zur Erfüllung angehalten werden.
Personalentwicklung/-förderung	Notwendig ist die Fähigkeit, Entwicklungsmöglichkeiten von Mitarbeitern zu erkennen und Nachwuchskräfte entsprechend für Förderungsmaßnahmen vorzuschlagen.
Initiative	Vorausgesetzt ist eine ausgeprägte Fähigkeit, gute Ideen zu entwickeln, realistische Anregungen aufzugreifen und zügig und überzeugend voranzutreiben.

Tabelle 3 (Fortsetzung)

Merkmal	Anforderungen
	(In schwierigen Situationen muß er schnell und sicher entscheiden bzw. eine Entscheidung herbeiführen können.)
Entscheidungsbereitschaft/ -fähigkeit	Der Meister muß geeignet sein, die Daten und Informationen zur Lösung von schwierigen Problemen sinnvoll zu sammeln und eine rasche und richtige Entscheidung unter Berücksichtigung von Anregungen und qualifizierten Hinweisen zu treffen.
Verantwortungsbereitschaft	Vorausgesetzt wird die Bereitschaft, für die einzelnen Teilbereiche des unmittelbaren Aufgabengebietes Verantwortung zu übernehmen, die getroffenen Entscheidungen sachlich zu vertreten und die entsprechenden Konsequenzen zu tragen.
6. Meisterschulung	
Ziel	Die Techniken und Mittel zur Wahrnehmung der fachlichen und überfachlichen Aufgaben eines Meisters kennenlernen und anwenden können.
Methode	In Vorträgen, Diskussionen, Filmen, Rollenspielen und Gruppenarbeiten erhalten die Teilnehmer über die Vorarbeiterschulung hinausgehende Informationen. Sie vertiefen die Kenntnisse über das Führungssystem und werten bisherige Erfahrungen aus.

Aufgaben der IV-Verbindungsperson

1. Abgrenzung

Die IV-Verbindungsperson ist zuständig für die Host-Anwendungen in dem von ihr betreuten Fachbereich.

Diese Aufgabenbeschreibung bezieht sich auf die *Rolle* der IV-Verbindungsperson. Der Aufwand für diese Rolle ist abhängig von den zu betreuenden Anwendern und Systemen.

2. Aufgaben

- Die Anwender des Fachbereiches bei IV-bezogenen Fragen und Problemen betreuen;
- die Anwender beraten und unterstützen bei neuen oder geänderten IV-Anwendungen;
- neue Anwender in die für sie relevanten IV-Anwendungen einweisen;
- Probleme analysieren und klären, evtl. in Zusammenarbeit mit XI;
- an der Vorbereitung und Durchführung von Schulungen mitarbeiten, ggf. selber Schulungen durchführen;
- als Ansprechpartner für XI:
  - Informationen an die Anwender weitergeben über Neuerungen und Änderungen,
  - Informationen austauschen über laufende Aktivitäten in den Fachbereichen und bei XI,
  - in Problemfällen unterstützen und koordinieren;
- grobe Fehleranalyse durchführen und mitarbeiten bei der Fehlerbehebung;
- Änderungswünsche der Anwender entgegennehmen, prüfen, Vorschläge entwickeln;
- Vorschläge für Änderungen/Weiterentwicklungen der IV-Systeme mit XI abstimmen;
- fachliche Vorgaben für Weiter- und Neuentwicklungen von IV-Systemen erstellen;
- Schwachstellenanalysen durchführen, Lösungsansätze entwickeln;
- Schnittstellen zu anderen Systemen überwachen und betreuen;
- beim Test unterstützen und koordinieren:
  - Testfälle zusammenstellen und pflegen,
  - Testergebnisse auswerten, Freigabe bzw. Änderungshinweise geben;
- Wirtschaftlichkeitsberechnungen für Neuentwicklungen/Änderungen durchführen;
- Auswertungen überwachen, ggf. erstellen, die geeigneten Datenbanken benennen;
- Anlage und Nutzung dezentraler Datenbestände aus Host-Daten überwachen;
- an XI-Informationsveranstaltungen teilnehmen.

Aufgaben des RACF-Gruppenadministrators

1. Abgrenzung

Der RACF-Gruppenadministrator ist zuständig für die Zugriffsberechtigungen auf dem Host, d. h. er soll auf Anforderung und in Abstimmung mit dem verantwortlichen Abteilungsleiter die Datensicherheitsanforderungen erkennen und Zugriffsschutzmaßnahmen für Host-Anwendungen umsetzen. Dabei sind BDSG, RS50 und DV-Richtlinie 2 zu berücksichtigen.

Diese Aufgabenbeschreibung bezieht sich auf die *Rolle* des RACF-Gruppenadministrators, die von einem Mitarbeiter auch neben seiner Haupttätigkeit wahrgenommen werden kann. Der Aufwand ist abhängig von den zu betreuenden Anwendern und Systemen.

2. Aufgaben

- Benutzer-Profile einrichten, ändern und löschen;
- Berechtigungen für Transaktions-Profile einrichten, erteilen und entfernen;
- Dateiprofile für Benutzer-Dateien einrichten, Berechtigungen dafür erteilen und entfernen;
- Berechtigungs-Anweisungen revisionsgerecht verwalten;
- erteilte Berechtigungen in bezug auf Aktualität und Notwendigkeit überwachen;
- Anwender hinsichtlich der Zugriffsberechtigungen betreuen;
- Probleme klären, evtl. in Zusammenarbeit mit XI-Systemadministration.

Aufgaben des PC-Gruppenadministrators

1. Abgrenzung

Der PC-Gruppenadministrator ist für die PC-Standard-Anwendungen (Software) zuständig.

Diese Aufgabenbeschreibung bezieht sich auf die *Rolle* des PC-Gruppenadministrators, die von einem Mitarbeiter auch neben seiner Haupttätigkeit wahrgenommen werden kann. Der Aufwand ist abhängig von der Anzahl der PC-Benutzer.

2. Aufgaben

- Die PC-Benutzer bei Fragen und Problemen zu PC-Anwendungen betreuen;
- einfache bis mittlere Softwareprobleme selbständig klären;
- bei größeren Problemen eine Grobanalyse durchführen und an XI weiterleiten;
- die effiziente Nutzung der PC-Anwendungen unterstützen;
- die Einhaltung der HEW-Richtlinien und Lizenzbestimmungen überwachen, sofern vom Abteilungsleiter delegiert;
- als Ansprechpartner für XI:
  - Informationen über Neuerungen/Änderungen an die PC-Benutzer weitergeben,
  - Informationen austauschen über laufende Aktivitäten in den Fachbereichen und bei XI,
  - in Problemfällen unterstützen und koordinieren;
- an XI-Informationsveranstaltungen teilnehmen.

Aufgaben des PC-Systemkreisbetreuers

1. Abgrenzung

Der PC-Systemkreisbetreuer ist für die PC-Geräte und Standardkonfigurationen zuständig.

Diese Aufgabenbeschreibung bezieht sich auf die *Rolle* des PC-Systemkreisbetreuers, die von einem Mitarbeiter auch neben seiner Haupttätigkeit wahrgenommen werden kann. Der Aufwand ist abhängig vom Umfang des zu betreuenden PC-Inventars.

2. Aufgaben

- Die PC-Benutzer bei gerätebezogenen Fragen und Problemen betreuen;
- die Verwaltung des PC-Inventars unterstützen;
- das PC-Inventar überprüfen (z. B. im Hinblick auf die Einhaltung von Sicherheitsrichtlinien und Ergonomie, Viren-Check);
- einfache Hardware- und Systemprobleme selbständig beheben, ggf. das Problem an XI weiterleiten;
- als Ansprechpartner für XI:
  - Informationen über Neuerungen/Änderungen an die PC-Benutzer weitergeben,
  - Auskünfte über das PC-Inventar erteilen,
  - bei systembezogenen Aktivitäten unterstützen;
- an XI-Informationsveranstaltungen teilnehmen.

Anforderungsprofil für Führungskräfte*

Kernkriterien für die Auswahl und die Entwicklung von Führungskräften in der Dräger-Gruppe

Persönliche Kompetenz

1.1 Unternehmerisches Denken und Handeln
1.2 Hohe Identifikation mit den Unternehmenszielen und Unternehmensgrundsätzen
1.3 Herausragende Einsatzbereitschaft
1.4 Optimistische Einstellung, auch in schwierigen Situationen
1.5 Hohe Lernbereitschaft und Experimentierfreude
1.6 Zupackend; eher Änderungs- als Bewahrungsmentalität
1.7 Gewinnendes Auftreten

Fachliche Kompetenz

2.1 Hervorragende fachbezogene Qualifikation
2.2 Breites, fachübergreifendes Wissen

Soziale Kompetenz

3.1 Fähigkeit, Entwicklungspotential bei den Mitarbeitern zu erkennen und die Bereitschaft, diese auch zu fördern
3.2 Aufgeschlossenes Kommunikationsverhalten (Informationen geben/nehmen)
3.3 Offener, lockerer Umgang mit anderen Menschen
3.4 Bereitschaft, mit anderen zu kooperieren, statt Neigung zur Konfrontation und Abgrenzung
3.5 Fähigkeit, einzelne in einer Gruppe zu integrieren
3.6 Fähigkeit zur menschlichen Zuwendung
3.7 Fähigkeit zur Regelung von Konflikten
3.8 Fähigkeit, andere zu begeistern
3.9 Fähigkeit, sich in eine Gruppe zu integrieren, diese zu führen und Gruppengespräche zu leiten sowie Entscheidungen unter Berücksichtigung des Wissens aller Beteiligten herbeizuführen

Management-Methoden-Kompetenz

4.1 Fähigkeit, das eigene Leistungspotential sowie das der Mitarbeiter und Partner im Sinne der Bereichs- und Unternehmenszielsetzung sowie der Zielsetzung der Dräger-Gruppe zu organisieren
4.2 Fähigkeit und Bereitschaft zur Delegation von Aufgaben und Kompetenzen
4.3 Innovationskompetenz
4.4 Planerische Kompetenz
4.5 Fähigkeit zur systematischen Problemlösung und Entscheidungsfindung

* Aus: Personalführung 11/92

6. Das Erfassen des Ist-Zustandes der Organisation

Ausgangspunkt der Beschreibung der Stellen ist die Erfassung der an den einzelnen Arbeitsplätzen durchgeführten Tätigkeiten. Die im Unternehmen vorhandene Arbeitsverteilung, die bisher die Grundlage der betrieblichen Arbeit war, muß in ihrem Inhalt detailliert erfaßt werden.

Zur Aufgaben- und Kompetenzanalyse gibt es verschiedene Wege:

Hauptinformationsquellen der Arbeitsanalyse

A. Durchführende
   1. Arbeitsplatzinhaber
   2. Vorgesetzte
   3. Arbeitsanalytiker

B. Analysemethoden
   1. Beobachtung
   2. Mündliche Befragung/Interview
   3. Fragebogenerhebung
   4. Beschäftigung mit dem Arbeitsmaterial
   5. Auswertung schriftlichen Materials
   6. Arbeitsausführung durch den Arbeitsanalytiker

Für das Erfassen des Ist-Zustands der Tätigkeiten haben sich u.a. sog. „Aufnahmebogen“ in vielen Betrieben bewährt. Ein großer Elektrokonzern hat als Entwicklungsmodell einen ausführlichen Funktionsfragebogen im „Schattenlauf“ erprobt. Solche Fragebogen zur Beschreibung enthalten vielfach auch Fragen nach Verbesserungen (s. S. 58).

Wenn es gelingt, den Stelleninhaber zur ausführlichen Beantwortung der Fragen zum eigenen Arbeitsplatz zu bringen (s. dazu auch Kapitel 8), dann sind die Informationen für die auswertenden Personen meist recht aufschlußreich und bieten mannigfaltige Ansätze zu Reorganisation und besserer Arbeitsgestaltung.

Muster eines Fragebogens zur Entwicklung von Stellenbeschreibungen*

	Fragebogen	Organisations-einheit

Name des Stelleninhabers	Welche Bezeichnung hat Ihre Stelle?
Ist-Zustand	**Änderungsvorschläge**
Wem sind sie unmittelbar unterstellt?	Würde Ihrer Meinung nach eine andere Unterstellung Vorteile für Ihre Arbeit mit sich bringen? Wenn ja, welche Unterstellungsregelung schlagen Sie vor?
Wer gibt Ihnen – außer Ihrem unmittelbaren Vorgesetzten – Weisungen und welcher Art sind diese?	Welche Weisungsbefugnisse anderer Stellen Ihnen gegenüber sollten eingeschränkt oder ausgedehnt werden?
Wer ist Ihnen unmittelbar unterstellt?	Welche dieser Stellen brauchten Ihnen nicht unmittelbar zu unterstehen oder welche müßten Ihnen zusätzlich unmittelbar unterstellt sein?
Wem – außer den Ihnen unmittelbar Unterstellten – geben Sie Weisungen und welcher Art?	Gegenüber welchen Stellen sollten Ihre Weisungsrechte eingeschränkt oder ausgedehnt werden?
Wer nimmt Ihre Aufgaben bei Ihrer Abwesenheit wahr?	Sind Sie der Auffassung, daß Ihre Vertretung anders geregelt werden sollte und wenn ja, wie?
Welche speziellen Vollmachten und Berechtigungen haben Sie?	Welche speziellen Vollmachten und Berechtigungen benötigen Sie, damit Sie wirksamer arbeiten können; oder können spezielle Vollmachten und Berechtigungen entfallen?
Welche Tätigkeiten führen Sie aus? Beschreiben Sie auch, in welchen Fällen Sie entscheiden oder andere beraten.	Was müßte sich an Ihrer Tätigkeit ändern, damit Sie wirkungsvoller arbeiten können? 1. Welche Tätigkeiten, die heute an anderer Stelle erledigt werden, gehörten nach ihrer Auffassung zu Ihrem Aufgabengebiet? 2. In welchen Fällen sollte man Ihnen im Gegensatz zur bisherigen Praxis die Entscheidung überlassen oder die gegenseitige Beratung und Information verbessern 3. Welche der aufgeführten Tätigkeiten sollten zweckmäßigerweise an anderer Stelle erledigt werden? 4. Gibt es sonstige Änderungsvorschläge für einen besseren Arbeitsablauf in Ihrem Aufgabengebiet?
Datum	Stelleninhaber

* Quelle: Consulectra GmbH Hamburg

Schon bei der Aufnahme des Ist-Zustandes kommt es ganz besonders darauf an, die an den einzelnen Arbeitsplätzen wirklich vorhandenen *Kompetenzen* genau zu erfassen. Hier liegt die größte Schwierigkeit, da die Kompetenzen bisher oft nicht genau abgegrenzt und geklärt sind. Das sind wiederum Ansatzpunkte für Verbesserungen. Die Erfahrungen in Betrieben zeigen, welche große Fundgrube für Verbesserungen die Aufnahme des Ist-Zustandes darstellt. Hier stellt sich oft heraus, daß manche Mitarbeiter im Glauben sind, zwei Vorgesetzte zu haben. Solche Mitarbeiter erfüllen dann immer die Anordnungen desjenigen Vorgesetzten, der die größere Durchsetzungsfähigkeit hat.

Aber auch die *besonderen Befugnisse* sind oft recht eigenartig geregelt. Mehrere Führungskräfte glauben, in gleicher Angelegenheit Weisungsbefugnisse zu haben, was nicht selten zu Reibereien führt. Auch die Regelung der *Stellvertretung* ist oft unbefriedigend. Viele Quervertretungen sind anzutreffen, in denen ein gleichrangiger Kollege während der Abwesenheit vertritt, weil den eigenen Mitarbeitern die Vertretung nicht zugetraut wird oder weil man zwischen gleichwertigen Mitarbeitern keinen bevorzugen möchte. Oft sind Stellvertretungen überhaupt nicht geregelt, so daß es erstaunlich ist, daß die Arbeit dennoch bei Abwesenheit des Stelleninhabers ordentlich erledigt wird.

Aufschlußreich sind die Angaben hinsichtlich der bevorstehenden *Vollmachten* an den einzelnen Arbeitsplätzen. Manche Mitarbeiter haben in früherer Zeit für einen bestimmten Auftrag spezielle Vollmachten erhalten und sind weiterhin der Auffassung, daß sie diese Befugnisse generell noch haben. Andere Vollmachten wurden nicht nach der Aufgabe, sondern aufgrund persönlicher Verhältnisse und Beziehungen vergeben, auch wenn eine andere sachliche Regelung der Vollmachten zweckmäßiger wäre. Viele Vollmachten werden vom Mitarbeiter beibehalten, selbst wenn er inzwischen andere Aufgaben bekommen hat.

Auch hinsichtlich der *Aufgabendurchführung* ergeben die Ist-Aufnahmen Überraschungen. Manchmal stellt sich dabei heraus, daß Mitarbeiter noch Tätigkeiten ausüben, die ihr Vorgesetzter längst nicht mehr für notwendig hält. So kann z. B. vor Jahren eine Statistik eingerichtet worden sein, die schon lange entbehrlich ist und dennoch von dem Mitarbeiter immer noch weitergeführt wird. Aber auch andere Aufgaben, die eigentlich

Tabelle 4: Analysefragen

Die mit Hilfe der Techniken des Organisierens gewonnenen Daten bedürfen der Analyse. Mögliche Fragen für eine solche Analyse sind im folgenden zusammengestellt.

- Welche Tätigkeiten/Entscheidungen sind erforderlich, um das angestrebte Arbeitsergebnis zu erreichen?
- Was soll erreicht werden (Ziel der Tätigkeit)?
- Werden Tätigkeiten verrichtet, die zur Erreichung des Arbeitsauftrages nicht erforderlich sind?
- Können einzelne Tätigkeiten durch sekundäre Arbeitsträger (selbsttätige Arbeitsmittel) erledigt werden?
- Welche sonstigen Arbeitsmittel werden benötigt?
- Ist die zeitliche und räumliche Reihenfolge der Tätigkeiten zweckmäßig?
- Sind die Arbeitsplätze im Hinblick auf die Kommunikation zwischen ihnen richtig angeordnet?
- Wie lange dauert die Erledigung eines Vorgangs?
- Welche Zeit wird für die Ausführung einzelner Tätigkeiten im Durchschnitt benötigt (mittlere Bearbeitungszeit)?
- Wie lange wird an einem Vorgang gearbeitet, wie lange liegt er nur?
- Wer arbeitet an einem Vorgang?
- Welche störenden Umwelteinflüsse gibt es?
- Wer macht was in der Verwaltung?
- Welche Arbeitsmenge fällt je Tätigkeit an?
- Wann fallen bestimmte Tätigkeiten an?
- Gibt es Arbeitsmengenschwankungen?
- Entspricht der Leistungsgrad der Mitarbeiter der erwarteten Leistung?
- Entspricht der Arbeitsausfall einer Organisationseinheit durch Krankheit und Kuren dem Durchschnitt?
- Liegt der persönlich bedingte Arbeitsausfall im üblichen Rahmen?
- Welchen Arbeitswert haben die Tätigkeiten?

Tabelle 4 (Fortsetzung)

- Entfallen auf die einzelnen Mitarbeiter zu viele verschiedenartige Tätigkeiten, so daß der glatte Arbeitsfluß gehemmt wird?
- Sind den einzelnen Mitarbeitern möglichst viele zusammengehörende Tätigkeiten übertragen, so daß insgesamt ein sinnerfülltes Arbeiten möglich ist?
- Berücksichtigt die Arbeitsverteilung die Erwartungen des Mitarbeiters?
- Sind die Mitarbeiter angemessen ausgelastet?
- Liegen Arbeitsreste vor?
- Was ist die Ursache etwaiger Überstunden?
- Sind Kenntnisse und Fähigkeiten der einzelnen Mitarbeiter richtig genutzt?
- Sind die Entscheidungsbefugnisse dem Bearbeiter übertragen?
- Sind die Zuständigkeiten und Befugnisse der Mitarbeiter eindeutig geregelt und klar abgegrenzt?
- Ist die Vertretung geregelt?
- Sind die Erfordernisse des Zusammenwirkens mehrerer Stellen festgelegt?
- Welche Kommunikationsbeziehungen bestehen?
- Entspricht das Verhältnis von leitenden Mitarbeitern, Sachbearbeitern, Zuarbeitern und Hilfskräften dem Arbeitsinhalt?
- Sind besondere Organisationsformen erforderlich (Mehrliniensystem, Stäbe, Projektorganisation)?
- Sollen bestimmte Tätigkeiten in Gruppen erledigt werden?
- Gibt es Anzeichen für ein schlechtes Betriebsklima, Frustrationen usw.?
- Entsprechen die Arbeitsbedingungen den Erwartungen der Mitarbeiter?

Tabelle 5: Arbeitsanalyse und Arbeitsgestaltung

Maßnahmen zur Gestaltung der Organisation			Techniken zur Durchführung der Maßnahmen: Akten- und Belegauswertug	Befragung
1 Aufgaben- und Verwaltungs-gliederung	11	Aufgaben feststellen	X	X
	12	Aufgaben ordnen		
	13	Zuständigkeiten abgrenzen		
	14	Zusammenhänge zwischen Aufgaben aufzeigen		
	15	Organisationseinheiten bilden		
2 Arbeits-gestaltung	21	Tätigkeiten ermitteln	X	X
	22	Arbeitsträger bestimmen		
	23	Arbeitsmittel bestimmen		
	24	Arbeitssynthese		
	25	Gestaltung des Arbeitsplatzes		
3 Arbeits-bemessung	31	Arbeit ermitteln	X	X
	32	Arbeitsmenge feststellen	⊗	
	33	mittlere Bearbeitungszeit ermitteln		
4 Arbeits-bewertung	41	Anforderungen festlegen		
	42	Rangordnung der Tätigkeiten bilden	X	
	43	Tätigkeiten Besoldungsgruppen zuordnen		
5 Arbeitsverteilung	51	Zahl der Stellen ermitteln		
	52	Stellen bilden		
	53	Entscheidungsbefugnisse zuordnen		
	54	Stellen bewerten		
6 Koordination	61	Linienorganisation entwickeln		
	62	Arbeitsgruppen einrichten		
	63	Projektorganisation		
7 Beteiligung der Mitarbeiter	71	Information, Gespräche		X
	72	Einbeziehung		X
	73	Beteiligung		

X geeignet ⊗ sehr geeignet

(nach *Siepmann/Siepmann,* 1980)

Organisationstechniken													Problemlösungstechniken						
Dauerbeobachtung	Multimomentverfahren	Zeitaufnahme	Tägliche Arbeitsaufzeichnungen	Laufzettelverfahren	Stellenbeschreibung	Aufgaben- und Arbeitsanalyse	Arbeitsablaufdarstellung	Netzplantechnik	Entscheidungstabellentechnik	Kommunikationsanalyse	Nutzwertanalyse	Frage- und Antworttechnik	Brainstorming	Brainpool, Methode 635	CNB-Verfahren	Visualisierung	Moderation	Problemlösungsprozeß	Informationsmarkt
			X	X	⊗ ⊗	⊗ ⊗ ⊗ ⊗	X X	X	X X	X	X	X			X X				X X
X X ⊗ X ⊗	X X		X	⊗	⊗ ⊗ ⊗ X X	⊗	X X ⊗	X X	X	X X	X	X	X ⊗ X	X X X	X			⊗ X	⊗ X
X X X	X X X	X ⊗	X X ⊗	X X ⊗		⊗	X X		X X			X			X				
X	X		X	X															
			X X	X	⊗ ⊗ X	X X	X X				X							X X	X X
					X	X X	X	⊗		X X	X X								
			X	X	⊗ X			X				X X	X X	X X	X	X X	X ⊗	X ⊗	X ⊗

nur einmaligen Charakter hatten, werden oft aus der Unsicherheit heraus weitergeführt, der Vorgesetzte könnte danach ja wieder einmal fragen. Das führt zu unproduktiver Arbeit.

Oft haben die Stelleninhaber unterschiedliche Auffassungen über ihre Position; sie stufen sich hierarchisch höher ein, als es ihrem Rang entspricht.

Häufig ergibt sich auch die Notwendigkeit von *Interviews* aufgrund schlecht ausgefüllter Fragebogen. Gerade auf den unteren Ebenen stößt man immer wieder auf Stelleninhaber, denen es schwer fällt, sich schriftlich zu äußern, und die auf die ihnen vorgelegten Fragen nicht exakt antworten.

Von großem Interesse sind für eine vernünftige Arbeitsverteilung auch die Antworten auf die Fragen nach *Beratungs- und Entscheidungsfunktionen*. Selten stellt man aus den Antworten der Stelleninhaber fest, daß in einer Angelegenheit nur derjenige berät, der der beste Fachmann für dieses Aufgabengebiet ist. Oft gibt es Überschneidungen; viele glauben, sie müßten in der gleichen Angelegenheit beraten, weil sie einmal gefragt wurden. Viele haben sich Kompetenzen auf dem Gebiet angeeignet, auf dem sie Kenntnisse erworben haben. So gibt es z. B. viele Überschneidungen in der Beratungskompetenz in Personal- und Sozialfragen.

Siepmann/Siepmann (1980) haben viele Analysefragen in einem Katalog (Tabelle 4, S. 60), der einen Ausschnitt daraus wiedergibt, zusammengestellt. Von diesen Autoren stammt auch die Darstellung von Organisations- und Problemlösungstechniken, die bei Stellenanalysen anzuwenden sind, um Maßnahmen zur besseren Arbeitsgestaltung in die Aktion zu integrieren. Das hat viele Vorteile.

Es gibt Unternehmen, die sich mit der einfachen Erfassung des Ist-Zustandes begnügen, diese Angaben in die Stellenbeschreibung aufnehmen und diese an die Mitarbeiter verteilen. Eine solche „Zementierung" des Ist-Zustandes in Stellenbeschreibungen erweist sich als äußerst bedenklich.

7. Der Weg vom „Ist“ zum organisatorischen „Soll“

Eine voreilige Beschreibung der Stellen führt oft dazu, daß vorhandene Arbeitsverteilungen in die Stellenbeschreibung übernommen werden, ohne die Arbeit vorher zu rationalisieren. Nur in den seltensten Fällen besteht zwischen dem „Ist“ der Tätigkeit und dem „Soll“ eine Übereinstimmung, ausgenommen dann, wenn der Bereich gerade vorher durchorganisiert worden ist. Doch bekanntlich werden sich bereits nach kurzer Zeit in der Arbeitsverteilung positive oder negative Abweichungen gegenüber der Beschreibung ergeben.

Die Dynamik einer rationellen Organisation und die Einflüsse der Menschen führen ständig zu gewollten oder ungewollten Abweichungen zwischen „Soll“ und „Ist“. Stellenbeschreibungen sollen jedoch nicht Zustände für alle Zeiten zementieren, sondern sie sollen *dynamisch und anpassungsfähig* sein und sich an der *optimalen Arbeitserledigung* orientieren. Die Beschreibung der einzelnen Stellen erfolgt erst nach der Beseitigung aller Überschneidungen von Aufgaben und Kompetenzen. Viele Abgrenzungsgespräche zwischen den Beteiligten sind notwendig, um die bestmögliche Verteilung der Aufgaben und Kompetenzen in Anpassung an die Zielsetzung der unterschiedlichen Bereiche zu fixieren.

Wenn Überschneidungen zwischen rivalisierenden Bereichen im Unternehmen erkannt werden, sind besonders langwierige Verhandlungen und Untersuchungen notwendig. Sie machen evtl. sogar eine Entscheidung der Geschäftsleitung notwendig, bevor eine genaue Abgrenzung der Aufgaben und Kompetenzen und damit eine Beschreibung der Stellen vorgenommen werden kann. Stellenbeschreibungen sollen aber auch keine „Wunschschlösser“ enthalten. Soll-Vorstellungen müssen in absehbarer Zeit realisiert werden, wenn sie wirklich Bestandteil von Stellenbeschreibungen sein sollen. Das gilt ganz besonders, wenn die Stellenbeschreibung die Grundlage für die Entlohnung der Mitarbeiter bildet. Nach dem Grundsatz der Äquivalenz zwischen Leistung und Lohn ist es wichtig, daß die Stellenbeschreibung dann auch der wirklich durchgeführten Tätigkeit entspricht. Die

Stellenbeschreibungen sollen zukunftsweisend sein und keine noch möglichen Verbesserungen im Arbeitsablauf blockieren. Die in der Stellenbeschreibung enthaltenen Aufgaben- und Kompetenzverteilungen müssen allerdings kurzfristig realisiert werden. Dabei sollte etwa ein Zeitraum von 12 Monaten nicht überschritten und auch kontrolliert werden. Die schnelle Änderung der Verhältnisse und Strukturen an den Arbeitsplätzen bedingt es, eine solche Karenzzeit im System zu berücksichtigen.

Sobald bekannt ist, wie die Tätigkeiten und Kompetenzen im Unternehmen verteilt sind, schließt sich automatisch die Frage an, was im Rahmen der *Zielsetzung* des Unternehmens und der daraus abgeleiteten Zielsetzungen der einzelnen Bereiche und Stellen an den einzelnen Arbeitsplätzen wirklich gemacht werden sollte.

7.1 Anpassen der Stelleninhalte an die vereinbarten Ziele

Funktionshierarchien zur Unterstützung und Durchsetzung des Unternehmenszieles werden heute in zweierlei Form gebildet: Auf der einen Seite werden die Funktionsziele definiert, und auf der anderen Seite erfolgt eine Formulierung derjenigen Ziele, die im Rahmen der langfristig festgelegten Geschäftspolitik den Fortbestand und den Vorteil für das Unternehmen sichern sollen.

Letzteres sieht in der Praxis so aus, daß zuerst einmal der *Grundauftrag*formuliert wird, in dem die *eigentliche Aufgabe des Unternehmens* festzulegen ist. Aus ihr leiten sich folgende Ziele ab:

Oberziele: Hierunter werden Ziele für die langfristige Geschäftspolitik verstanden, die für das ganze Unternehmen gelten und weder vom Umfang noch von der Zeit festgelegt sind. Sie leiten sich aus dem Grundauftrag des Unternehmens ab bzw. sind auf seine Erfüllung ausgerichtet.

Leistungsziele: Diese gelten dem Erreichen eines oder mehrerer Oberziele. Ihr wesentliches Kennzeichen ist, daß sie quantifiziert, d. h. wert- oder mengenmäßig festgelegt sind. Solche Leistungsziele können noch weiter unterteilt werden, und zwar nach übergeordneten Leistungszielen, die für das gesamte Unternehmen gelten, wie z. B. Erwirtschaften einer Dividende von 15%. Abgeleitet daraus werden dann die bereichsbezogenen Leistungsziele. Diese sind nicht nur mengenmäßig, sondern auch zeitlich festzulegen. Es sind zielorientierte Festlegungen für die Aktivitäten der einzelnen Bereiche, die dann durch bestimmte leistungsbezogene Maßnahmen katalogmäßig ergänzt werden können.

Solche Zielvereinbarungen (s. Abschnitt 7.3) als Grundlage von Aktivitäten ergänzen die hier beschriebenen Stellenbeschreibungen. Die Stellenbeschreibung ist der statische Teil der gesamten Aufgabenzuordnung, hat längerfristigen Charakter als Leistungsziele, ist also die Basis, auf welcher der dynamische Teil der Stelle – die terminierten und quantifizierten Ziele – aufbaut. Der Konzern Vorwerk & Co. unterscheidet aus diesem Grunde auch den statischen und den dynamischen Teil bei Stellenbeschreibungen.

Wichtiger für die Festlegung des organisatorischen „Soll" ist die genaue *Festlegung der Funktionshierarchie.* Abgeleitet aus dem Grundauftrag des Unternehmens werden die verschiedenen Funktionen, die zur Erreichung des Unternehmenszieles zu definieren sind, aufgeteilt. Nachdem feststeht, ob im Rahmen der Stab-Linien-Organisation gearbeitet werden soll oder ob die Matrix-Organisation oder die Sparten-Organisation Grundlage der Aufgabenverteilung sein soll, müssen die zur Erfüllung der Aufgabe notwendigen Funktionen (z. B. Verkauf, Produktion, Verwaltung, Forschung usw.) gegliedert, definiert und auf die betrieblichen Belange ausgerichtet zugeteilt werden.

Es reicht jedoch nicht aus, ausschließlich solche ressortbezogenen Gliederungsmerkmale festzulegen. Darüber hinaus ist für eine rationelle arbeitsteilige Organisation eine *tiefere Gliederung* der Funktionen *innerhalb der einzelnen Bereiche* von Bedeutung. Erst die tiefe Gliederung der Funktionen bis in die Arbeitsgruppe, das Sachgebiet oder den Meisterbereich und die Definition dieser Funktionen im Rahmen der übergeordneten Funktionen führt zu wichtigen Erkenntnissen über die rationelle Arbeitsverteilung zwischen den verschiedenen Arbeitsplätzen, die Kompetenzabgrenzung, die zur sinnvollen Lösung der Aufgaben notwendig ist, und möglicherweise zu Rationalisierungen, weil Doppelarbeit, aufgedeckt und beseitigt werden kann.

Das folgende Beispiel zeigt, wie in der Aufteilung der verschiedenen durchzuführenden Funktionen gegliedert und formuliert werden kann.

Organisationsplan Funktionsziele

Betreff: Hauptabteilung Personal- und Sozialwesen

Aufgabenbeschreibung

Die Hauptabteilung „Personal- und Sozialwesen" entwickelt personal- und sozialpolitische Grundsätze. Sie ist für Personalbeschaffung und -einsatz, die Aus- und Weiterbildung von Führungskräften und Mitarbeitern, die Festsetzung anforderungs- und leistungsgerechter Arbeitsentgelte und deren Abrechnung sowie für die Entwicklung und Einführung des personalwirtschaftlichen Instrumentariums verantwortlich. Über das Vorstandsbüro werden die personellen Angelegenheiten aller aktiven und pensionierten Leitenden Angestellten und deren Hinterbliebenen bearbeitet.

Sie entwickelt zeitgemäße Sozialleistungen und führt für alle Bereiche interne Dienstleistungen durch. In Fragen der Arbeits- und Führungsstrukturen sowie der Personalbedarfsermittlung macht sie Untersuchungen mit dem Ziel einer betrieblich optimalen Gestaltung. Sie informiert die Mitarbeiter durch die Werkzeitung und durch andere Veröffentlichungen (bei unternehmenspolitischen Inhalten in Abstimmung). Sie ist Gesprächs- und/oder Verhandlungspartner des Betriebsrates und der Gewerkschaften bezüglich kollektivrechtlicher Vereinbarungen (Tarifverträge und Betriebsvereinbarungen) sowie bei allen mitbestimmungspflichtigen Angelegenheiten einschließlich personeller Einzelmaßnahmen.

Organisationsplan Funktionsziele (Fortsetzung)

Fachbereich Grundsatzfragen

Der Fachbereich „Grundsatzfragen“ beobachtet die Entwicklung in der Tarifpolitik, Gesetzgebung und Rechtsprechung und prüft deren Konsequenzen für die Personalarbeit. Er erarbeitet Vorschläge für Tarifverträge und Betriebsvereinbarungen, Musterarbeitsverträge und weitere Regelungen; er nimmt an Verhandlungen teil. Er untersucht finanzielle Auswirkungen personalpolitischer Maßnahmen und Vorhaben, führt die notwendigen Entscheidungen herbei und unterrichtet insbesondere die Führungskräfte über Auslegung und Anwendung von Regelungen und Vereinbarungen.

Fachbereich Personalschriften

Der Fachbereich „Personalschriften“ informiert regelmäßig die Belegschaft und die Pensionäre. Mit verschiedenen Medien wird den Mitarbeiterinnen und Mitarbeitern ein möglichst einheitlicher Informationsstand über unternehmens- und personalpolitische Themen, über Branchen- und Unternehmensentwicklungen aller Art sowie betriebliche Ereignisse ermöglicht, um Kommunikation und Motivation zu fördern. Außerdem erstellt sie in enger Absprache mit dem Leiter P diverse Informationsschriften und Fibeln und aktualisiert sie.

Die Werkzeitschrift veröffentlicht den gemäß Betriebsverfassungsgesetz regelmäßig durch die Unternehmensleitung zu gebenden Bericht zur wirtschaftlichen Lage und ist offizielles Mitteilungsorgan der Betriebskrankenkasse.

Personalwirtschaft

Die Abteilung „Personalwirtschaft“ berät und unterstützt die Unternehmensbereiche bei der Problemlösung personalwirtschaftlicher Fragen, insbesondere auf den Gebieten der Führungs- und Strukturorganisation, der Arbeitsbewertung, der Entgeltsysteme und Personalbemessung, der Personalplanung, der Führungsinstrumente und des Personalcontrolling.

Organisationsplan Funktionsziele (Fortsetzung)

Sie führt Untersuchungen auf dem Gebiet der Führungs- und Strukturorganisation durch, unterbreitet Vorschläge für deren wirtschaftliche und zweckmäßige Gestaltung und ist zuständig für die Herausgabe und Pflege der Rundschreiben. Sie entwickelt Systeme und Instrumente für die effektive, wirtschaftliche und zeitgemäße Personalführung im Unternehmen.

Sie wendet die jeweils gültigen Entgeltfindungssysteme an und ist verantwortlich für die Gestaltung und den Inhalt der erforderlichen Organisationsmittel wie z. B. Stellen- und AT-Aufgabenbeschreibungen, Organisationspläne.

Sie berät und unterstützt die Unternehmensbereiche bei den Verfahren zur Führung der Mitarbeiter sowie in der Durchführung der Personalplanung, speziell der Führungskräftenachfolge- und Entwicklungsplanung.

Aus- und Weiterbildung

Die Abteilung „Aus- und Weiterbildung" führt die technische und kaufmännische Berufsausbildung unter Berücksichtigung betrieblicher Anforderungen und gesetzlicher Vorschriften durch. Die berät und unterstützt die Bereiche und – auf deren Anforderung – die Beteiligungsgesellschaften bei der Ermittlung ihres Weiterbildungsbedarfs. Sie führt die technische und kaufmännische Weiterbildung sowie die Weiterbildung der Führungskräfte und des Führungskräfte-Nachwuchses durch. Sie stellt Auszubildende, Praktikanten und Volontäre ein. Sie betreut sowohl diese auch als Trainees und in- und ausländische Informanden und stimmt deren Einsatz mit den Bereichen ab.

Personal

Die Abteilung „Personal" koordiniert den Einsatz von Mitarbeitern und Führungskräften. Sie berät diese über persönliche Entwicklungsmöglichkeiten und Chancen entsprechend ihrer Qualifikation. Sie beschafft geeignetes Personal intern und extern und betreut sämtliche Mitarbeiter und Führungskräfte in allen individuellen Angelegenheiten des Arbeitsverhältnisses. Sie entscheidet über personelle Einzelmaßnahmen und ist hierbei Gesprächspartner der Bereiche und des Betriebsrates. Ihr obliegt für das Unternehmen wie auch für verschiedene Tochtergesellschaften die ordnungsgemäße Berechnung, Zahlung und Buchung von Gehältern und Ruhegeldleistungen unter Beachtung gesetzlicher, tariflicher und betrieblicher Bestimmungen. Sie erstellt und koordiniert Personalstatistiken für alle Bereiche. Sie berät und betreut Ruhegeldempfänger.

Soziale und interne Dienste

Die Abteilung „Soziale und interne Dienste" entwickelt zeitgemäße Sozialleistungen und unterstützt alle Bereiche durch interne Dienstleistungen. Sie fördert und bearbeitet das Vorschlagswesen.

Sie berät und betreut die Mitarbeiter in allen sozialen Problemen und gewährt Hilfen bei der Wohnungsbeschaffung, Bildung von Wohneigentum sowie in Notfällen. Sie organisiert den Betriebssport und wickelt Repräsentationen ab.

Sie beschafft Literatur für die Werk- und Fachbücherei und techn. Normen. Sie wickelt Dienstreisen ab und verwaltet das Historische Archiv sowie den Bestand an Büromaschinen und Dienstkleidung.

Sie stellt den Mitarbeitern in den Betriebsstätten Speisen und Getränke für die Mittags-, Zwischen- und Schichtverpflegung nach ernährungsphysiologischen Richtlinien bereit. Sie führt das Betriebsheim nach gastronomischen Grundsätzen. Sie berät zu Dienst- und Privatveranstaltungen und richtet diese Veranstaltungen aus.

Sie ist zuständig für die internen Dienstleistungen wie Posteingangs- und -ausgangsbearbeitung, die hausinterne Postverteilung, die Führung der zentralen Registratur mit Altablage von Akten, die Archivierung, Mikroverfilmung und das Scannen technischer Zeichnungen und sonstiger Unterlagen sowie die Herstellung von Reproduktionen, die Abwicklung von COM-Verfilmung, die Herstellung und Weiterverarbeitung von Druckerzeugnissen und das Erstellen von Schriftstücken durch die Zentrale Textverarbeitung.

Eine besondere Herausforderung kommt auf die Organisatoren zu durch den Übergang zur lean-orientierten Prozeßorganisation (s. Grafik 1). Starre Stellenabgrenzungen in streng hierarchischen Organisationen verlieren sich in fließenden Abläufen, in denen Nahtstellen zwischen verschiedenen Mitarbeitern und Aufgabenzuordnungen oft nur durch *Teamarbeit* erreicht werden können. Stellenbeschreibungen für Teams und Teammitarbeiter sind interessant und notwendig, erübrigen aber nicht eine deutliche Zuordnung von Verantwortlichkeiten auf die Mitarbeiter, um den individuellen Beitrag zu ermitteln.

Um der Gefahr zu begegnen, daß sich durch die Stellenbeschreibung eine hinderliche Denkweise entlang der hierarchischen Strukturen entwickelt, empfehlen *Burkhardt/Sager* (1993) ein Instrument – die *Umfeld-Stellenbeschreibung* –, welches das Denken in Prozessen unterstützt. Entsprechend argumentieren sie und führen aus:

> „Die *Umfeld-Stellenbeschreibung* zeigt die Aufgaben der Stelle im Beziehungsnetz der Leistungserstellung einerseits und des Informationsflusses andererseits. Die eigene Stelle, die eigene Person stehen im Mittelpunkt, werden aber als Teil des Beziehungsnetzes verstanden (Grafik 1a). Das hierarchische Element (die organisatorische Unterstellung unter einen Chef) wird ebenfalls als Umfeld-Beziehung aufgefaßt. Die Darstellung zeigt sofort auf, daß jede Stelle einen Output, eine Leistung, einen Value Added, in der Wertschöpfungskette erbringen muß. Dieser Output kommt einer anderen Stelle oder direkt den Kunden zugute.
>
> Inputs können von Kunden, Lieferanten oder aus dem Betrieb kommen. Anhand der Anzahl der Inputs und der Anzahl der Outputs kann man leicht feststellen, ob eine Stelle oder Abteilung einen Flaschenhals im betrieblichen Fluß darstellt. Damit ist die Umfeld-Stellenbeschreibung ein ausgezeichnetes *Hilfsmittel zur Optimierung der Prozesse*.
>
> Neben der Auflistung der Hauptaufgaben gibt die Umfeld-Stellenbeschreibung auch die *Qualitätsstandards* an, nach welchen diese Aufgaben ausgeführt werden sollen. Damit wird die Kundenorientierung, die Qualitätsorientierung in der einzelnen Stelle und beim einzelnen Mitarbeiter verankert. Somit werden zwei weitere Elemente der Lean Production im Unternehmen realisiert."

Grafik 1a: Vertriebssysteme im Vergleich

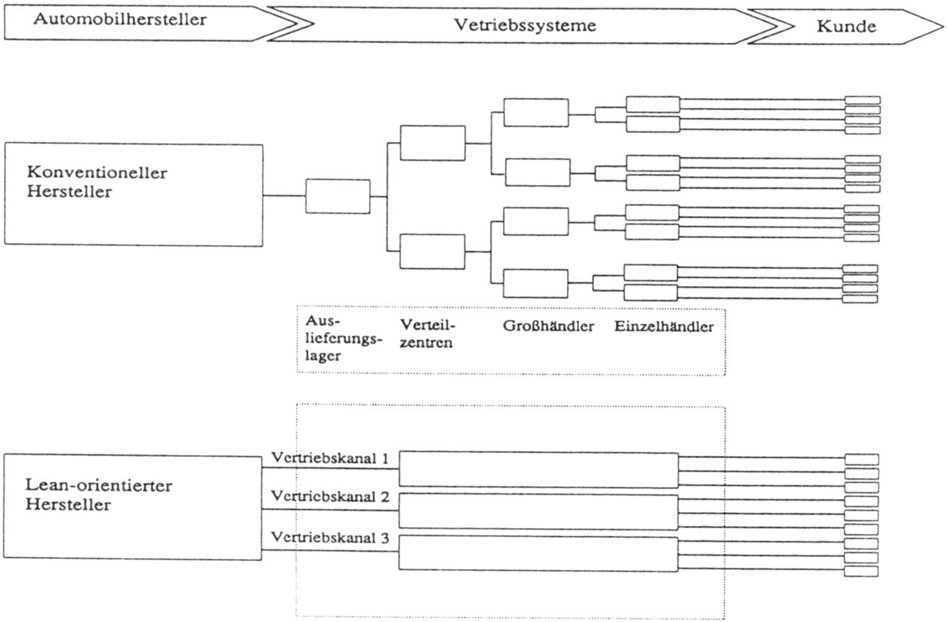

Quelle: *Pfeiffer, W./Weiß, E.* 1992

Grafik 1b: Umfeld-Stellenbeschreibung

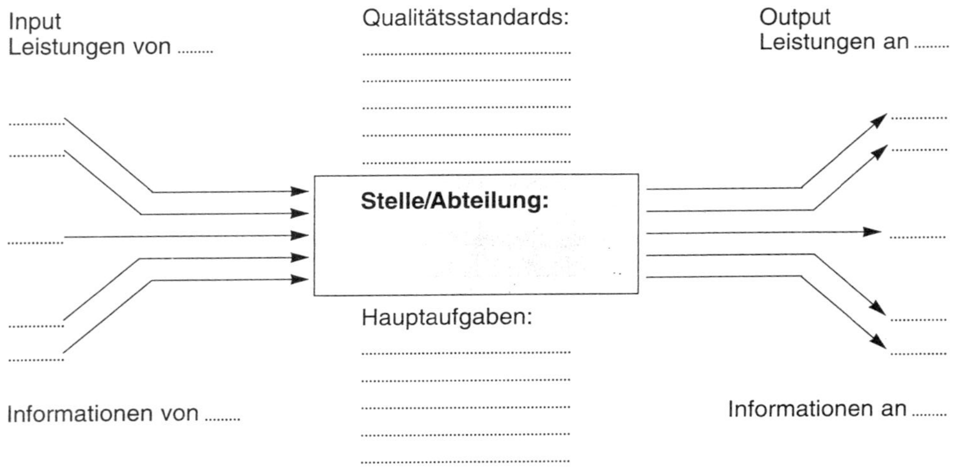

7.2 Organisations- und Stellenpläne als wichtige Hilfsmittel

Weitere Voraussetzung für die Beschreibung von Stellen sind *Organisationspläne*, die die vorhandene *Aufbauorganisation* erkennen lassen. Oft sind solche Pläne gar nicht vorhanden, oder aber sie liegen noch in den Schreibtischschubladen leitender Angestellter. Einige Unternehmen sind dazu übergegangen, Zielsetzung und Organisationspläne für das gesamte Unternehmen allen zur Kenntnis zu geben und regelmäßig, z. B. in der Werkzeitschrift, zu veröffentlichen. Solche Informationen sind für eine effiziente Zusammenarbeit förderlich.

Für Stellenbeschreibungen erweist sich auch das Vorhandensein von *Stellenplänen* als sehr nützlich (Grafik 2, *Muster-Stellenübersicht*). Auch wenn der Ruf der Stellenpläne aufgrund ihrer starren Handhabung bei den Behörden nicht sehr gut ist, gehen Wirtschaftsunternehmen im Rahmen der Verbesserung ihrer Personalplanung immer mehr zur Stellenplanung über. Gut geführte Unternehmen haben Stellenpläne, die einen dynamischen Charakter haben und dadurch ein sehr nützliches Werkzeug für die Unternehmensführung darstellen. Solche Stellenpläne enthalten die für das nächste Jahr notwendige Zahl der Stellen mit entsprechendem Anforderungsprofil zur Durchführung der geplanten Aufgaben. Stellenbeschreibungen können nicht losgelöst von solchen Stellen gefertigt werden, da bereits gewisse Abgrenzungen von Aufgaben qualitativer und quantitativer Art mit den Stellenplänen gegeben sind. Das Anfertigen von Stellenbeschreibungen kann allerdings auch zu ersten Stellenplänen führen oder bisherige kontrollieren und verbessern.

7.3 Zielvereinbarungen als dynamischer Teil der Stellenbeschreibung

Zielorientiertes Handeln verlangt die Formulierung und Absprache von Zielen. Plan- und zielloses Handeln ist wenig effektiv. Effektive rationale und wirtschaftliche Betätigung sind Grundvoraussetzungen für eine wirtschaftliche Unternehmensführung und Konkurrenzfähigkeit am Markt. Unternehmen müssen daher zielorientiert handeln; das können sie um so besser, je mehr alle Mitarbeiter zielorientiert geführt werden.

Grafik 2: Muster-Stellenübersicht

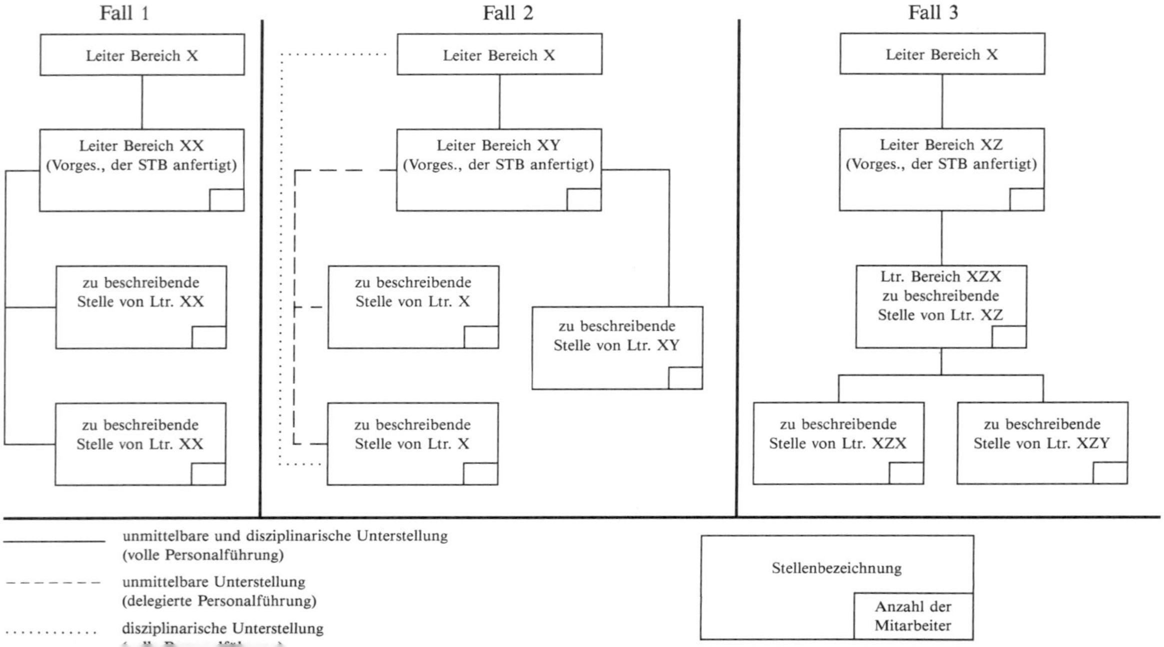

Auch für die Mitarbeiter ist es ein Bedürfnis zu wissen, was die Führungskraft von ihnen erwartet. Für den Mitarbeiter ist es wichtig, wohin der Weg geht, welche fachliche Leistung oder welches Arbeitsergebnis in welcher qualitativen und mengenmäßigen Ausführung von ihm erwartet werden, wie sein Arbeitseinsatz aussehen soll, damit dieser vom Chef als „gut“ beurteilt wird.

Fortschrittliche Unternehmen haben daher – abgeleitet aus den Unternehmenszielen – Bereichsziele, Funktionsziele und Leistungsziele für die Mitarbeiter erarbeitet. Im Rahmen einer kooperativen Zusammenarbeit handelt es sich dabei nicht um Ziel*setzungen*, sondern um Ziel*vereinbarungen*. Diese qualitativen und quantitativen Ziele sind dann auch die Grundlage für die Leistungs- und Potentialbeurteilung sowie für die Personalentwicklung und -förderung (Grafik 3).

Grafik 3: Unternehmensziele (lang- und kurzfristig definiert)

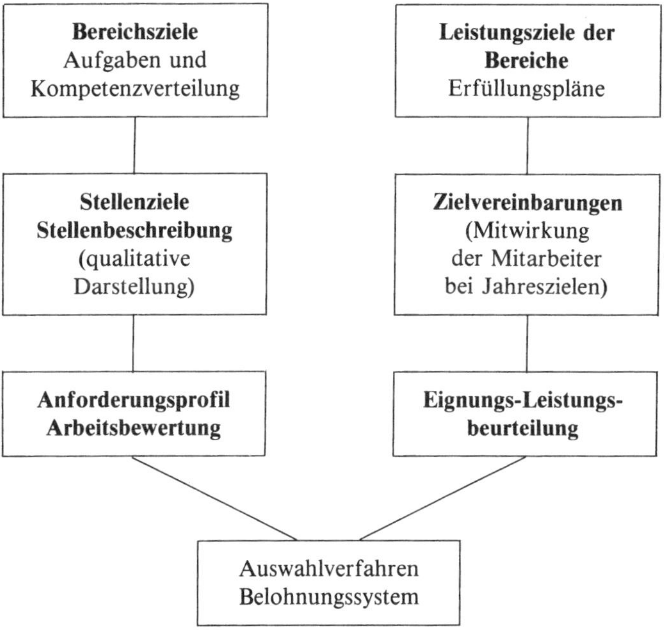

Was muß jede Führungskraft dazu wissen?

In der Praxis unterscheiden wir zwischen Standardzielen, Innovationszielen und persönlichen Zielen.

Standardziele sind Arbeitsziele, die sich aus der normalen routinemäßigen Tätigkeit des Mitarbeiters ergeben, z. B. Reparieren zu 10% unter Marktpreis oder Erhöhen des Marktanteils um 2% (Tabelle 6).

Innovationsziele sind Ziele, durch die Ideen und neue Wege entwickelt werden, die also neben der normalen Aufgabe von den Mitarbeitern ausgeführt werden oder für die besondere Personen eingesetzt sind.

Persönliche Ziele werden verabredet, um bei den Mitarbeitern im Rahmen der Personalentwicklung bestimmte Fähigkeiten und Verhaltensweisen zu verbessern.

Die Grundvoraussetzung für die Zielerreichung ist immer die jeweilige Funktions- oder Aufgabenbeschreibung, d. h., es muß auch die Zuständigkeit der Betroffenen stimmen, um die Zielerreichung selbstverantwortlich und selbständig gestalten zu können. Dabei hat sich in der Praxis ein besonderer Ablauf bewährt (Grafik 4, S. 80). Ziele verändern sich im Laufe der Zeit, auch innerhalb einer festgelegten Periode, und müssen der Entwicklung ständig angepaßt werden. Dazu sind entsprechende Rückkopplungen und Termine zu verabreden – am besten monatliche Abstimmungen, um späteren Dissens zu vermeiden.

Am Schluß jeder Zielperiode erfolgt eine gemeinsame Zielauswertung. Die Mitarbeiter sind sehr interessiert zu erfahren, wie ihre Zielerreichung von Vorgesetzten bewertet wird. Die Führungskraft will sich davon überzeugen, in welchem Umfang die Ziele erreicht worden sind und durch welche Förderungsmaßnahmen die Leistung gesteigert werden könnte. Denn die Ergebnisse sind die vorzügliche Unterlage für die Leistungsbeurteilung, die Anerkennung, aber auch die Kritik und Entwicklung weiterqualifizierender Maßnahmen.

Tabelle 6: Zielvereinbarungen

Wichtige Zuständigkeit	Beurteilungskriterien	Meßeinheiten (Dimensionen)	Ergebnisplanung Soll deutlich *weniger* als geplant	wie geplant	deutlich *mehr* als geplant
1. Für ausreichende Lagerkapazität Sorge tragen, um die Produktionsbetriebe rechtzeitig, ausreichend und kostengünstig mit Rohstoffen zu versorgen.	1.1. Transportaufwand	Anteil am Materialwert	8%	6%	5%
	1.2. Lagerumschlag	Anteil an Herstellkosten	5%	3,5%	2,8%
	1.3. Lagerhüter	Anzahl im Jahr	5	6,5	8
		Kosten in % der gesamten Materialkosten	3%	2%	–
2. Planung, Organisation und Kontrolle des Einsatzes von Mitarbeitern und Sachmitteln, um die in der Abteilung auftretenden Aufgaben wirtschaftlich und termingerecht zu lösen	2.1. Einhaltung des Budget	Abweichung in % von Planwert	Überschreitung von 10%	Budget eingehalten	Überschreitung um 3%
	2.2. Einhaltung der Termine	Anzahl der Überschreitungen	zahlreiche Überschreitungen	selten Überschreitungen	keine Überschreitungen
		Anzahl von Kundenreklamationen	zahlreiche Reklamationen	selten Reklamationen	keine Reklamationen

Grafik 4: Ablauf „Zielvereinbarungen“

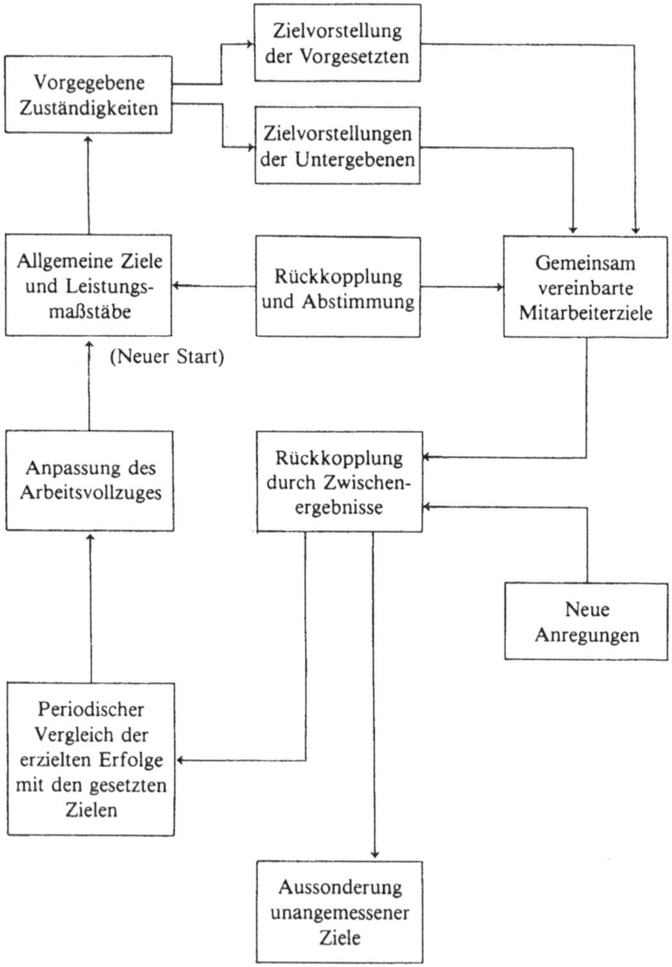

8. Arbeitsverteilungsübersichten sowie Funktionen- und Kompetenzendiagramme als Ergänzung zur Stellenbeschreibung

Wichtigste Voraussetzung für Stellenbeschreibungen ist das genaue Darstellen der Arbeitsverteilung innerhalb der jeweiligen Bereiche. Fast alle Aufgaben werden nicht so erledigt, daß mit ihrer Bewältigung nur *ein* Mitarbeiter im Unternehmen zu tun hat. Die meisten Aufgaben erfordern eine optimale *Zusammenarbeit* zwischen Mitarbeitern und Vorgesetzten verschiedener Bereiche, aber ganz besonders in einem Bereich selbst. Als sehr nützlich hat es sich daher erwiesen, die Aufgaben innerhalb eines Bereiches einmal genau zusammenzustellen und dann mit einer einfach gehaltenen *Arbeitsverteilungsübersicht* zu prüfen, welchen Beitrag jede Stelle zur Erledigung der gemeinsamen Aufgaben leistet (Tabelle 7, S. 82). Häufig besteht in einem kleinen Bereich bereits darüber Unklarheit. Die Arbeit wurde erledigt, indem kollegial und hilfsbereit zusammengearbeitet wurde, d. h. im Einzelfalle immer derjenige entschied, der sich am meisten durchsetzen konnte, der gerade anwesend war oder der es am besten konnte. Kompetenzen und Aufgaben sind dadurch oft voneinander getrennt, wodurch nicht selten Konflikte entstehen und die Aufgaben nicht rationell und schnell erledigt werden. Eine systematische Erfassung aller Funktionen und deren Verteilung auf die Stellen in der Arbeitsverteilungsübersicht läßt sehr schnell Überschneidungen in der Durchführung und Kompetenz erkennen. Ergänzend dazu können Arbeitsablaufuntersuchungen erfolgen. Bewährte Hilfsmittel sind in der Praxis bereits im Einsatz (vgl. *Schwarz*, 1983).

Ein etwas anspruchsvolleres und noch mehr Klarheit schaffendes Organisations-Hilfsmittel ist das sog. *Funktionendiagramm* (oder genauer: Funktionen- und Kompetenzendiagramm) zur Fixierung bzw. Entwicklung und zum Aufbau organisatorischer Regelungen (vgl. *Struwe*, 1980). Solche Funktionendiagramme können wie einfache Arbeitsverteilungsübersichten Stellenbeschreibungen sehr gut ergänzen, da sie den Schlüssel zur Regelung komplexer Beziehungsstrukturen darstellen. Insbesondere

Tabelle 7: Arbeitsverteilungsübersicht

1. *Die Arbeitsverteilungsübersicht soll folgende Bedingungen erfüllen:*

   1.1 Ein Bild aller Aufgaben und Tätigkeiten vermitteln, die einem Bereich im Rahmen des Ziels übertragen und mit den Arbeitsplätzen verbunden sind;

   1.2 die Abgrenzung der Aufgaben und Kompetenzen jedes einzelnen Arbeitsplatzes klar aufzeichnen;

   1.3 Auskunft über die organisatorische Zuordnung des Arbeitsplatzes und -bereiches geben;

   1.4 in ihren Formulierungen klar und umfassend, jedoch nicht zu langatmig sein;

   1.5 Auskunft über qualitative und quantitative Verhältnisse geben.

2. *Die Arbeitsverteilungsübersicht wird wie folgt erstellt:*

   2.1 In der Horizontalen werden die Arbeitsplätze des Vorgesetzten und der ihm disziplinarisch unterstellten Mitarbeiter entsprechend ihrer Wertigkeit in einer Rangfolge von links nach rechts aufgeführt. Mehrfach besetzte Arbeitsplätze, d. h. Arbeitsplätze mit gleicher Aufgabenstellung und gleichen Tätigkeiten, brauchen nur einmal aufgenommen zu werden.

   2.2 Alle Aufgaben des Bereiches werden gesammelt und einem logischen Aufbau entsprechend gegliedert – z. B. nach Arbeitsablauf oder Arbeitsgebieten. Diese Gliederung wird dann in der Vertikalen der Arbeitsverteilungsübersicht aufgeführt.

   2.3 Für jeden in der Horizontalen aufgeführten Arbeitsplatz ist zu ermitteln, in welchem Umfang und mit welchen Tätigkeiten er an den einzelnen in der Vertikalen aufgeführten Aufgaben des Bereiches mitwirkt. Die Eintragungen zu einer Aufgabe müssen jeweils in gleicher Querspalte erfolgen, damit die Querverbindungen zu erkennen sind.

   2.4 Die an den einzelnen Arbeitsplätzen aufgeführten Aufgaben/Tätigkeiten werden zeitlich gewichtet, so daß ersichtlich ist, wieviel Prozent seiner Arbeitszeit (= 100%) der Arbeitsplatzinhaber für die einzelnen von ihm *selbst auszuführenden* Arbeiten benötigt.

Tabelle 8: Beispiel einer Arbeitsverteilung für eine Arbeitsgruppe

Aufgaben \ Stellenbezeichng.		Gruppenleiter	Gewichtg.	Sachbearbeiter	Gewichtg.	Assistent	Gewichtg.	Selbst. Angestellter	Gewichtg.	Angestellter	Gewichtg.
Hauptaufg. 1	Aufgabe 1_1	- - - - - - - -	20	- - - -	10	- - - -		- - - -		- - - -	
	Aufgabe 1_2	- - - - - -	15	- -	5	- -	5	- - - -		- - - -	
	Aufgabe 1_3	- - - - - - - -	20	- - - -	10	- -	5	- - - -		- - - -	
Hauptaufg. 2	Aufgabe 2_1	- - - - - -	15	- - - - - - - - - -	25	- - - -	10	- -	5	- - - -	
	Aufgabe 2_2	- - - -	10	- - - - - - - - - -	25	- - - - - -	15	- - - -	10	- -	5
Hauptaufg. 3	Aufgabe 3_1	- - - -	10	- -	5	- - - - - - - -	20	- - - -	10	- -	5
	Aufgabe 3_2	- - - -	10	- - - -	10	- - - - - - - - - -	25	- - - - - - - - - -	30	- - - - - - - -	20
Sonst.		- - - -		- - - -		- - - - - - - -		- - - - - - - - - -		- - - - - - - - - -	
					10		20		45		70
		Summe der Gewichtung in %	100		100		100		100		100

zur präziseren Darstellung und Abgrenzung klarer Aufgaben- und Kompetenzverteilungen und zur Durchsetzung betrieblicher Führungsgrundsätze werden Funktionen- und Kompetenzendiagramme häufig verwendet (siehe Grafik 5).

Mittelpunkt der Funktionendiagramme ist die graphische Darstellung der einzelnen Aufgaben, Stellen und Funktionen. Die einzelnen Aufgaben werden zeilenweise in der Vertikalen, die Stellen spaltenweise in der Horizontalen aufgeführt. Die Funktionen als Kreuzungspunkte von Zeilen und Spalten definieren dann den jeweiligen Anteil der beschriebenen Stelle an der Erfüllung einer Aufgabe. Insoweit unterscheidet sich der Aufbau nicht von der oben beschriebenen Arbeitsverteilungsübersicht.

Während dort aber der jeweilige Anteil der Aufgabe je Stelle verbal beschrieben wird, werden bei Funktionendiagrammen – die wesentlich komplexere Organisationsbeziehungen darstellen sollen – zur kürzeren Darstellung der Arbeitsbeziehungen Symbole oder Abkürzungen verwendet. Bewährt haben sich dabei die in der Abbildung aufgeführten Symbole.

In manchen Firmen werden auch anstelle der Symbole Buchstaben oder Buchstabenkombinationen verwendet, um bestimmte Aufgaben in Diagramm darzustellen. So z.B.

E = Entscheidung
I = Information
D = Durchführung
K = Kontrolle
B = Beratung usw.

Während die einfacher zu handhabende Arbeitsverteilungsübersicht allgemeine Zustimmung findet, ist die Beurteilung des Funktionendiagramms sehr unterschiedlich. „Ein Funktionendiagramm kann nur dann seinen Zweck erfüllen, wenn es gelingt, mehr oder weniger komplexe Erfüllungshandlungen und die Intensitäten dieser Aktivitäten der Aufgabenträger durch eine begrenzte Anzahl genau definierter Tatbestände in symbolischer Form abzubilden. Damit stellt sich das Problem, die potentiellen Ausprägungsmöglichkeiten und betrieblichen Handlungsweisen auf eine begrenzte Anzahl typischer Funktionen zu reduzieren und diese in ein allgemeingültiges System von Funktionsarten zu übertragen“ (*Dressler/Keßler/Köhler/Wid-*

Grafik 5: Funktionendiagramm (von *Hub/Fischer*)

Zu erfüllende Aufgaben laut Aufgliederungsplan					Aufgabenträger laut Organigramm:	Geschäftsführer	Einkaufsleiter	Einkäufer 1	Einkäufer 2	Sachbearb. 1	Betriebsleiter	Lagerverwalter	Lagerarb. 1	Lagerarb. 2	. . .	Betriebsingenieur
1 Einkauf	11 Brennstoffe	111 Bedarfsanalyse			1111 Lagerbestandskontrolle		E					O	A			
					1112 Verbrauch in Vorperioden			A								
					1113 Bedarfsschätzung	E_g	E_a A_w	A								M
		112 Angebote			1121 Angebote einholen		A_w	A								I
					1122 Angebote – Vergleich		A_w	A								
					1132 Bestellung	E_g E_w	E_a									M
		113 Lieferung überwachen			1131 Terminüberwachung			A								
			1132 Wareneingangskontrolle	11321 Mengen	113211 Kohle							O	A			
					113212 Heizöl							O		A		
				11322 Qualität	113221 Kohle											A
					113222 Heizöl											A
					1133 Rechnungsprüfung, Anweisungsvermerk		A_w	A								

Symbole nach *Menzl/Nauer*

E = Entscheidungsfunktion (umfassend)
En = Entscheidung im Normalfall
Eg = Entscheidung in Grundsatzfragen
Ew = Entscheidung in wichtigen Einzelfällen
A = Ausführungsfunktion (allgemein)
Aw = Ausführung in wichtigen Einzelfällen
O = Anordnungsfunktion
M = Mitsprachefunktion
I = Initiativfunktion

mann, 1975). Einschlägige Erfahrungen führen zu dem Ergebnis, daß ein allgemeingültiges System von Funktionsarten, das alle möglichen Aktivitäten nach Art und Wirkumfang abdeckt, auch mit diesem Diagramm nicht geschaffen ist und auch anderweitig nicht existiert. Es ist nahezu unmöglich, die Stellenaufgabe durch eine Addition abgebildeter Funktionsarten vollständig zu beschreiben.

Bisani (1982) führt folgende Vorteile für das Funktionendiagramm auf: „Wegen der großen Flexibilität des Funktionendiagramms ist es sehr rasch und ohne Schwierigkeiten an alle Veränderungen der Aufgabenstruktur, der Aufgabenverteilung und der Gliederung der Aufgabenträger anzupassen. Im einfachsten Fall genügt ‚bildlich gesprochen' ein Bleistift und Radiergummi, um eine Änderung oder Verschiebung einer Funktion für alle Beteiligten nachvollziehbar darzustellen."

Bei der Aufspaltung von Teilaufgaben oder bei der Schaffung einer neuen Stelle als Aufgabenträger genügt die Einfügung einer neuen Zeile oder neuen Spalte. Da bei jeder Änderung auch sofort alle Auswirkungen auf alle anderen berührten Stellen unmittelbar und sofort klar ersichtlich sind, kann das Funktionendiagramm als eine Art „lernfähiges System" erstellt werden, d. h. ungeachtet aller am Anfang unvermeidlichen Mängel und Unzulänglichkeiten ist es ein Instrument, mit dem man arbeiten kann und das im Laufe der täglichen Arbeit immer weiter vervollkommnet wird. Damit ist ausgeschlossen, daß das ganze Verfahren nach einer kurzen „euphorischen" Startphase versandet und nur Teile des Unternehmens erfaßt werden.

Allenfalls ist es möglich, daß bestimmte Aufgaben nicht erfaßt werden, was sehr selten vorkommt (denn selbst dann, wenn einer der beteiligten Aufgabenträger eine Aufgabe übersieht, stellt dies ein anderer der beteiligten Aufgabenträger mit Sicherheit fest), oder daß Aufgaben zusammengefaßt sind, die zur besseren Übersicht doch stärker aufgegliedert werden sollten. Wenn mit dem Funktionendiagramm gearbeitet wird, wenn es als Grundlage für personalpolitische Entscheidungen und als Basis zur Bereinigung von Meinungsverschiedenheiten dient, dann wird es ganz automatisch zu einer Vervollkommnung und Ergänzung kommen.

Beim Einsatz des Funktionendiagramms zeigt sich, wenn nach dem vorgeschlagenen Weg vorgegangen wird, daß das gegensei-

Grafik 6: Symbole eines Funktionendiagramms
(nach *G. Schmidt*)

Initiativrecht oder -pflicht (Anregung, Verbesserungsvorschlag, Hinweis).

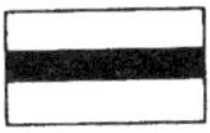

Entscheidungsvorbereitung (Informationssammlung, Sammlung von Alternativen, Bewertung von Alternativen).

Entscheidung (Auswahl einer Alternative, die als verbindlich erklärt wird).
Es ist als merktechnische Hilfestellung zu beachten: Der Balken wandert dem Entscheidungsprozeß folgend von oben nach unten.

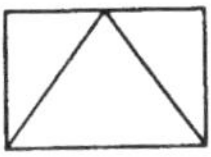

Anordnung (immer notwendig, wenn Entscheidung und Ausführung auseinanderfallen, also Fremdentscheidungen vorliegen).
Merktechnisch: Stilisiertes A = Anordnung

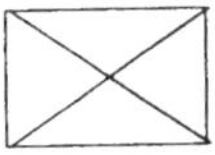

Gesamtzuständigkeit ohne Ausführung (um die Darstellung transparent zu halten, wird nur ein Symbol verwandt, wenn die ersten vier Teilverrichtungen alle gemeinsam bei einem Stelleninhaber liegen).

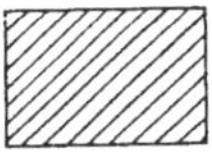

Ausführung (nach eigener Entscheidung oder auf eine Anordnung hin).

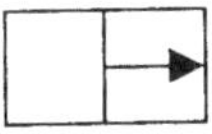

Informationspflicht (Pflicht, aufgabenbezogene Informationen zu übermitteln; die empfangene Stelle kann durch einen Buchstaben kenntlich gemacht werden, der die Spalte kennzeichnet, in der der Empfänger eingetragen ist).

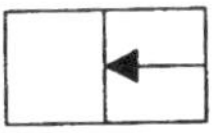

Informationsrecht
Mnemotechnisch bildet die Senkrechte ein stilisiertes I = Information, der Pfeil weist auf die Informationsrichtung hin.

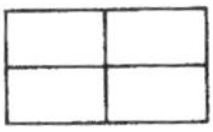

Überwachung der ausführenden Kräfte während der Aufgabenerledigung.

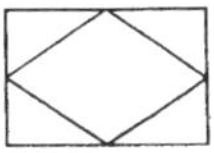

Prüfung der Ergebnisse der Aufgabenerledigung.

tige Verständnis zwischen den einzelnen Aufgabenträgern größer geworden ist, daß auf einmal die einzelnen Aufgabenträger einen Überblick über die Aufgaben in anderen Bereichen erhalten, den sie vorher nicht hatten.

Allein die Zusammenarbeit bei der Erstellung des Funktionendiagramms führt zu einem Abbau latent vorhandener Spannungen.

Probleme treten im Rahmen von Funktionendiagrammen bei Mehrfachunterstellungen auf. Insbesondere bei modernen Matrix-Organisationsformen wie Projekt- oder Produkt-Management wird die Beziehung zwischen den Profitcenters und den Zentralbereichen sehr schwierig darzustellen sein.

Auch die Allgemeinverständlichkeit solcher Funktionsdiagramme ist für nichtgeübte Leute eingeschränkt, wodurch dieses Instrument ausschließlich für die Organisationsfachleute und weniger für die Stelleninhaber praktikabel ist. Durch die unterschiedlichen Arten von Symbolen, die bei genauer Darlegung sehr vielfältig sind, entstehen Kommunikationsprobleme, die dem Stelleninhaber eine Identifikation mit der Darstellung erschweren.

Auch die Schwierigkeit, das Funktionendiagramm immer auf dem laufenden zu halten, wächst in steigendem Umfang im Verhältnis zur Stellenbeschreibung durch die größere Differenziertheit der unterschiedlichen Aussagen bezüglich der Teilaufgaben und der Beziehung zu anderen Stellen.

Den unbestreitbaren Vorteilen einer vorzüglichen organisatorischen Feinarbeit zur Klarstellung der aufbau- und ablauforganisatorischen Beziehungen in Verbindung mit dem betrieblichen Kommunikationsgesetz stehen daher Nachteile gegenüber, die bisher manches Unternehmen von der Einführung abgehalten haben. Der leichtere Weg – jedoch nicht der gleichermaßen präzise – ist der Weg zur Soll-Organisation über die Arbeitsverteilungsübersicht. Immer wieder beweist es sich, daß die ausgefeiltesten Verfahren für die schnellebige betriebliche Praxis ungeeignet sind, weil der Umfang der Arbeit und deren Schwierigkeit dazu führen, daß die ersten Ergebnisse aufgrund des zeitlichen Ablaufs des ganzen Vorhabens bereits überholungsbedürftig sind, bevor die letzten Untersuchungen im Unternehmen abgeschlossen sind. Die personellen Kapazitäten sind in wenigen

Unternehmen für Arbeiten diesen Umfangs vorhanden, deren positive Auswirkungen auf das Betriebsergebnis nur oder wenn überhaupt, dann nur sehr viel später abschätzbar werden.

Zusammenfassend kann aufgrund der allgemeinen Erfahrungen festgestellt werden, daß die Frage „Funktionendiagramme oder Arbeitsverteilungsübersichten oder Stellenbeschreibung“ nur dahingehend zu beantworten ist: nicht „oder“, sondern „und“, in welcher Form auch immer dies geschieht.

Je nach Hierarchie, Problemsituation, Aufgabenkomplexität, organisatorischer und führungspolitischer Zielrichtung ist die eine oder andere Form vorzuziehen bzw. durch eine andere zu ergänzen. Dabei sind Arbeitsverteilungsübersichten und Funktionendiagramme sehr gute *Vorstufen* und Hilfsmittel zum Erstellen sowie zum jeweiligen Abstimmen von Stellenbeschreibungen.

Stellenbeschreibungen als Ableitung von der Abteilungsbeschreibung

Ziel

Ableiten aller Stellenbeschreibungen für Tarif- und AT-Angestellte aus der Abteilungsbeschreibung (ABSTB)

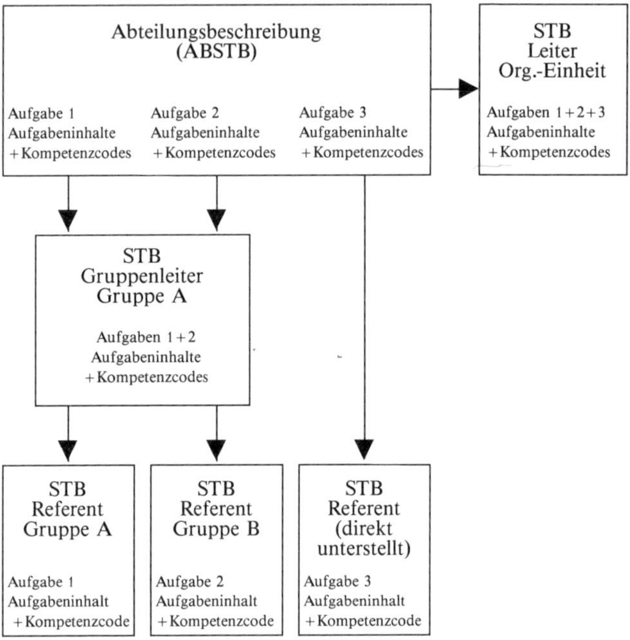

Abteilungs- und Stellenbeschreibungen
Kompetenz-Codes zur Klärung organisatorischer Sachverhalte

DU	**Durchführen** Durchführen ist die Bearbeitung von übertragenen Aufgaben; dazu gehören auch das Entscheiden über Alternativen im Rahmen der Handlungsverantwortung.*)
EN	**Entscheiden** Entscheiden ist die verbindliche Festlegung von Maßnahmen, Verfahren und Zielen (Auswahl aus Alternativen) im Rahmen der Führungsverantwortung**). Die Arbeitsergebnisse sind gegenüber der nächsthöheren Ebene zu verantworten.
KO	**Koordinieren** Koordinieren ist die Federführung bei der Ausrichtung der Aktivitäten verschiedener Org.-Einheiten, ggf. mit externen Dritten, auf ein gemeinsames Ziel (ggf. Konsens herstellen).
SI	**Sicherstellen** Sicherstellen ist die Verpflichtung, für die Erledigung von Aufgaben Sorge zu tragen. Die Ausführung wird nur gelegentlich kontrolliert.
ÜW	**Überwachen** Überwachen ist die Beaufsichtigung unterstellter Mitarbeiter, ggf. Dritter, bei der Erledigung übertragener Aufgaben.
US	**Unterstützen** Unterstützen ist die Durchführung von Teilaufgaben für andere Stellen inner- und außerhalb der Org.-Einheit (Zuarbeiten).
ZA	**Zusammenarbeiten** Zusammenarbeiten ist die gemeinsame Durchführung von Aufgaben mit anderen Org.-Einheiten.

Jeder Kompetenzcode beinhaltet die Verantwortung für die ziel-, termin- und sachgerechte Ausführung.

*) Bei der Handlungsverantwortung des Mitarbeiters hat dieser gegenüber seinem Vorgesetzten für das einzutreten, was er in seinem Bereich tut oder unterläßt.

**) Bei der Führungsverantwortung des Vorgesetzten hat dieser dafür einzustehen, daß er seinen Pflichten als Vorgesetzter seinen Mitarbeitern gegenüber nachkommt.

Stellencharakteristik

In der Stellencharakteristik sollen die Tatbestände und Hintergründe erläutert werden, die neben den „reinen" Funktionen von Bedeutung für die Bewertung und Einordnung der Stelle sind.

Inhalte der Stellencharakteristik:

- besondere Schwierigkeiten bei der Erfüllung der Funktionen (z. B. hohes Konfliktpotential), die aus der Stellenbeschreibung nicht ersichtlich sind
- Mitarbeiterführung (bei Abteilungs- und Gruppenleitern)
- Umgang mit Mitarbeitern anderer Org.-Einheiten
- Mitgliedschaften in internen und externen Gremien/Ausschüssen
- sonstige Besonderheiten (z. B. häufige Reisen in klimatisch ungewohnte Zonen, hohe Ergebnisverantwortung, Sonderaufgaben)

Beispiel für die Ableitung von STB aus einer ABSTB

Abteilungsbeschreibung (Organisation)

Verwenden Sie bitte die folgenden Kompetenzcodes (KP-Code): DU = Durchführen EN = Entscheiden KO = Koordinieren ÜW = Überwachen US = Unterstützen ZA = Zusammenarbeiten	Leiter Org.-Einheit		Gruppen-/ Referatsleiter		Sachbearbeiter/ Referent		Sonstige	
	KP-Code	Zeit %	KP-Code	Zeit %	KP-Code	Zeit %	KP-Code	Zeit %
2.1 Erarbeiten von Richtlinien, Arbeitsanweisungen und zusätzlichen Verfahrensregelungen, die das ganze Unternehmen oder Teile davon betreffen, um Arbeitsabläufe zu rationalisieren.	EN, KO		ÜW, KO		DU, KO			
2.2 Beraten der Fachabteilungen bei der Auswahl von Büromaschinen, Büromöbeln, Druck- und Vervielfältigungseinrichtungen sowie die Anforderungen für neue Vordrucke prüfen.	EN		ÜW		DU			
3.1 Erstellen eines 4-Jahres-Prüfungsplanes, der die verbindliche Prüfungsplanung für das Folgejahr und eine Vorschau für 3 weitere Jahre enthält. Über die Prüfungsplanung entscheidet der Vorstand.	EN		DU		./.			

Stellenbeschreibung (Gruppenleiter Organisation)

2.1 Erarbeiten von Richtlinien, Arbeitsanweisungen und zusätzlichen Verfahrensregelungen, die das ganze Unternehmen oder Teile davon betreffen, um Arbeitsabläufe zu rationalisieren.	ÜW, KO	
2.2 Beraten der Fachabteilungen bei der Auswahl von Büromaschinen, Büromöbeln, Druck- und Vervielfältigungseinrichtungen sowie die Anforderungen für neue Vordrucke prüfen.	ÜW	

Stellenbeschreibung (Referent Organisation)

2.1 Erarbeiten von Richtlinien, Arbeitsanweisungen und zusätzlichen Verfahrensregelungen, die das ganze Unternehmen oder Teile davon betreffen, um Arbeitsabläufe zu rationalisieren.	DU	

9. Mitwirkung der Stelleninhaber beim Anfertigen der Stellenbeschreibung

Auch heute trifft man auf die Auffassung, daß Stellenbeschreibungen von Fachleuten gemacht werden müssen, weil sowohl Vorgesetzte als auch Stelleninhaber entweder nicht dazu in der Lage sind oder zuviel Subjektivität in die Beschreibung einfließen lassen. In der Organisationspsychologie ist man sich darüber einig, daß die größte Wirkung für die Umsetzung einer Aufgabe erreicht wird, wenn „Zielidentität" zwischen dem Auftraggeber und dem Durchführenden vorhanden ist.

Was liegt demnach näher, als die Betroffenen an der Beschreibung ihrer Stellen maßgeblich mitwirken zu lassen, um durch eine möglichst starke Übereinstimmung und Verständlichkeit die Voraussetzungen dafür zu schaffen, daß die Stelleninhaber sich auch wirklich mit der Beschreibung identifizieren? Zeitgemäße Führungssysteme sollen bewirken, daß die Mitarbeiter mehr mitdenken, mitgestalten und mitarbeiten. Die Mitarbeit an der Stellenbeschreibung kann zweifellos zur stärksten Form der Mitwirkung aller Mitarbeiter an der Gestaltung ihrer eigenen Arbeit innerhalb des Unternehmens führen.

9.1 Die Mitarbeit der Stelleninhaber bei der Ist-Aufnahme

Grundsätzlich sollte derjenige eine Tätigkeit beschreiben, der sie am besten kennt. Die Stelleninhaber wissen am besten, was sie im einzelnen tun. Weder Vorgesetzte noch andere Stellen können gleichermaßen gut die Tätigkeit in allen Einzelheiten überschauen wie der Stelleninhaber selbst. Gegen die Beschreibung des „Ist" am Arbeitsplatz durch den Mitarbeiter selbst werden mitunter folgende Einwände geltend gemacht:

- Der ungeschulte Mitarbeiter ist nicht in der Lage, sich so auszudrücken, daß die einzelnen Tätigkeiten genügend klar erkannt und beschrieben werden.
- Die Mitarbeiter der unteren Tarifgruppen haben Schwierigkeiten beim Formulieren ihrer Gedanken.
- Die Mitarbeiter haben Hemmungen, ihre Tätigkeiten im einzelnen zu beschreiben, weil sie damit Ansatzpunkte zu Ratio-

nalisierungen liefern, die ihnen zum Nachteil gereichen könnten.
- Die Mitarbeiter bringen Werturteile in die Beschreibung ein.

Die Erfahrungen in den Unternehmen zeigen auch, daß Mitarbeiter aus den oben genannten Gründen ihre Tätigkeit nur unzulänglich oder zum Teil auch widerwillig beschreiben. Das kann und soll jedoch nicht der Grund dafür sein, auf die Mitwirkung der Stelleninhaber bei dem Erarbeiten der Stellenbeschreibungen zu verzichten. Die moderne Unternehmensführung sucht folgerichtig Mittel und Wege, den Mitarbeiter zu motivieren, an den Aufgaben des Unternehmens nicht nur mitzuarbeiten, sondern sie auch mitzugestalten und mitzuentscheiden. Das ist im Rahmen der Beschreibung der einzelnen Stellen noch wichtiger, wenn die Stellenbeschreibungen auch für die Entlohnung der Mitarbeiter herangezogen werden.

Die Stellenbeschreibung selbst soll und kann ein Führungsmittel sein und keine formalistische oder gar die Initiative hemmende Unterlage. Deshalb ist gerade in dem Stadium der Beschreibung der Aufgaben darauf hinzuwirken, daß auch diejenigen Mitarbeiter an der Beschreibung ihrer Stelle mitwirken, die zurückhaltend sind. Vorgesetzte und Betriebsräte haben gleichermaßen die Aufgabe, hier Überzeugungsarbeit zu leisten und Hemmungen abzubauen.

Selbstverständlich kann die Beschreibung der Tätigkeiten durch die Stelleninhaber zu besonderen Konsequenzen führen, wenn Vorgesetzte erst dadurch erfahren, was ihre Mitarbeiter wirklich tun, im Gegensatz zu dem, was sie eigentlich tun sollten. Doch es sollte im Interesse aller Mitarbeiter sein, organisatorische Schwachstellen und unnütze Arbeiten aufzufinden und zu beseitigen. Dazu sind die Mitarbeiter bereit, wenn Arbeitsplatz und Gehalt für solche Fälle abgesichert sind.

9.2 Die Mitarbeit der Stelleninhaber bei der Verbesserung des Arbeitsablaufs

Es reicht nicht aus, die Stelleninhaber nur bei der Beschreibung des Ist-Zustandes an ihren Arbeitsplätzen mitwirken zu lassen. Damit ist die Mitwirkungsmöglichkeit des Betroffenen noch nicht ausgeschöpft. Das Verbesserungsvorschlagswesen zeigt in vielen modern geführten Unternehmen, daß die Mitarbeiter nicht nur in der Lage, sondern auch gewillt sind, an der Verbesserung der Tätigkeiten und Arbeitsabläufe mitzuwirken. Oft tun sie das nicht nur aus materiellen Gründen, sondern auch aus Interesse an einer Verbesserung der betrieblichen Leistung.

Es gibt wohl kaum bessere Situationen für die umfangreiche und maßgebliche Mitarbeit der Betroffenen an ihrer eigenen Arbeit als die Aufforderung, im Rahmen der Aufgabenbeschreibung (Ist-Aufnahme) auch Verbesserungsvorschläge für die eigene Arbeit zu machen. Fast alle Mitarbeiter haben Wünsche zur Verbesserung ihrer eigenen Tätigkeit im Unternehmen. Sie haben nicht immer Gelegenheit, diese an der richtigen Stelle anzubringen, oder sie haben nicht den Mut dazu, weil sie nachteilige Auswirkungen für die eigene Person befürchten. Nicht überall sind Verbesserungsvorschläge erwünscht. Die Mitarbeiter müssen deshalb im Rahmen des Stellenbeschreibungsprojekts durch gezielte Fragen aufgefordert werden, schriftlich Verbesserungsvorschläge zu den einzelnen Punkten ihrer Tätigkeit zu machen. Viele Mitarbeiter werden erfahrungsgemäß bei einer solchen Aufforderung durch die Geschäftsleitung von der Gelegenheit zur Mitwirkung Gebrauch machen, andere werden nur spärlich Verbesserungsvorschläge einbringen. Oft ist das ein Ergebnis des unterschiedlichen Führungsstils der Vorgesetzten. Der Vorgesetzte, der Kritikfreudigkeit immer anerkannt hat, kann erfahrungsgemäß mit mehr und besseren Vorschlägen rechnen.

Es hat sich gezeigt, daß die gezielte Befragung anhand eines vorbereiteten Formulars den Betroffenen eine sinnvolle Hilfestellung zur Mitarbeit liefert.

9.3 Das Gespräch zwischen dem Vorgesetzten und dem Stelleninhaber

In der Regel reicht es nicht aus, sich mit den schriftlichen Antworten der Mitarbeiter zufrieden zu geben. Oft ist ein Gespräch mit dem Stelleninhaber über seine Aufgabenbeschreibungen und Verbesserungsvorschläge erforderlich. Hier wird in den einzelnen Unternehmen unterschiedlich vorgegangen. Während es manche Unternehmen dem Vorgesetzten überlassen, Unklarheiten und Unvollständigkeiten in der Beschreibung des Arbeitsplatzes mit dem Stelleninhaber zu besprechen, schalten andere

Unternehmen Mitarbeiter neutraler Abteilungen, z. B. der Organisations- oder Personalabteilung, ein, die dann in einem Interview mit dem Stelleninhaber die von ihm gemachten Angaben überprüfen und vervollständigen.

In einem Stahlwerk wurde diese Aufgabe in folgender Weise durchgeführt:

> „Der Mitarbeiter macht zunächst einen Entwurf. Innerhalb eines vorgegebenen Zeitraumes beobachtet er sich sozusagen selbst und schreibt seine Angaben nieder. Dann steht aber sofort das Gespräch im Mittelpunkt, und zwar das Gespräch mit dem Vorgesetzten, mit dem zuständigen Betriebsrat oder Vertrauensmann, und schließlich – und das ist am allerwichtigsten – das Gespräch mit dem Fachmann von der Personalabteilung, der in allen Phasen dieser Aktion beratend hinzugezogen werden sollte. Er ist neutral und kann Zweifelsfälle aufklären."

Im Mittelpunkt sollte immer das Gespräch zwischen dem Vorgesetzten und dem Stelleninhaber stehen. Auch die von dem Betroffenen gemachten Verbesserungsvorschläge erfordern erst einmal eine Antwort des Vorgesetzten. Das verlangt ein gewünschtes Vertrauensverhältnis. Sollten die Vorschläge nicht realisiert werden können, weil sie – was des öfteren vorkommt – aufgrund ungenügender Kenntnis der Situation unerfüllbare Wunschträume des Stelleninhabers darstellen oder bestimmte sachliche Gründe gegen eine Realisierung der Wünsche sprechen, so ist der Vorgesetzte in jedem Fall gezwungen, mit seinem Mitarbeiter darüber zu sprechen. Sind die Verbesserungsvorschläge aber realisierbar, so wird sich das in der Stellenbeschreibung der Arbeitsplatzinhaber widerspiegeln.

Damit Vorgesetzte gute Vorschläge ihrer Mitarbeiter nicht unterdrücken oder aber evtl. Hemmungen bei den Mitarbeitern gegenüber den eigenen Vorgesetzten überwunden werden, ist zu diesem Zeitpunkt das maßgebliche *Mitwirken einer weiteren Stelle* sehr zu empfehlen. Dabei kann das Unternehmen unterschiedlich vorgehen. Sowohl eine neutrale Stelle als auch der nächsthöhere Vorgesetzte können sich einschalten oder besonders qualifizierte Mitarbeiter für diese Organisationsarbeit vom Bereichsleiter dafür ausgewählt werden.

Die Auffassung, daß der Stelleninhaber sehr wesentlich beim Entwurf der Stellenbeschreibung mitwirkt, ist jedoch auch in der Praxis nicht ungeteilt. In vielen Fällen wird in der Annahme, daß die subjektive Einschätzung des Mitarbeiters ein verzerrtes Bild gäbe, das auch durch die Korrektur der Vorgesetzten und anderer Stellen nur unter Spannung berichtigt werden könne, folgender Weg gewählt, um ein zutreffendes Bild der zu beschreibenden Stelle zu erhalten:

- Befragung des Stelleninhabers (mündlich)
- Befragung und Beobachtung des Stelleninhabers
- Befragung des Stelleninhabers und anderer Stelleninhaber
- Auskünfte ausschließlich von anderen Stelleninhabern

In vielen Fällen wird der Vorgesetzte selbst diese Aufgabe zu übernehmen haben oder sog. Stellenanalytiker, die speziell für die Beschreibung von Stellen ausgebildet sind. Auf diesem Wege soll bei entsprechender Schulung der Vorgesetzten oder Stellenanalytiker eine größere Einheitlichkeit und Objektivität der Ist-Aufnahme der Tätigkeiten erreicht werden.

Mit Sicherheit wird auf die fachkompetente Tätigkeit dieser Stellen bei der endgültigen Fassung der Stellenbeschreibung bei keinem Verfahren verzichtet werden können.

10. Die Verantwortlichkeit für den Inhalt der Stellenbeschreibung und den Ablauf der Einführung

Nach der Organisationsphase erfolgt das Anfertigen der *endgültigen Stellenbeschreibungen.* Von großer Bedeutung für das Unternehmen ist die Entscheidung, wer für den Inhalt der endgültigen Stellenbeschreibung und damit der Tätigkeit der Mitarbeiter an den einzelnen Arbeitsplätzen verantwortlich ist. Im wesentlichen gibt es drei Möglichkeiten, zwischen denen zu wählen ist:

- Vorgesetzter
- Stelleninhaber
- eine andere Stelle, z.B. Personal- oder Organisationsabteilung, Stellenbeschreibungsbeauftragter

Bei der Beurteilung des auszuwählenden Weges ist zu prüfen, in welchem Falle mit größter Wahrscheinlichkeit die allgemeinen Anforderungen an eine Stellenbeschreibung gewahrt bleiben. Betriebsspezifische Überlegungen sind für die Wahl mitentscheidend. Tabelle 9 gibt einen Überblick über eine mögliche Beurteilung des Einhaltens bestimmter Anforderungen an eine Stellenbeschreibung bei verschiedener Verantwortlichkeit.

Die Auswertung der Tabelle zeigt, daß der *Mitarbeiter* nicht für den Inhalt seiner eigenen Stellenbeschreibung verantwortlich gemacht werden sollte. Hier ist er offensichtlich überfordert. Der Stelleninhaber sollte aber die sachliche Richtigkeit und Vollständigkeit „seiner" Stellenbeschreibung durch seine Unterschrift bestätigen. Dadurch wird dem Eindruck einer rein *verfügten* Stellenbeschreibung vorgebeugt, der zu späteren Konflikten führen kann. Es besteht nun die Wahl, die Verantwortlichkeit entweder einer *neutralen Stelle* (Organisationsabteilung, Personalabteilung oder andere) zu übertragen oder sie dem *Vorgesetzten* zu überlassen. Für eine neutrale Stelle spricht, daß diese eine bessere Vergleichsmöglichkeit zwischen den verschiedenen Abteilungen des Unternehmens hat und daher zu einer größeren Einheitlichkeit beitragen kann. Durch eine größere Übung im Anfertigen von Stellenbeschreibungen infolge der hauptamt-

Tabelle 9: Anforderungen an die Ausführungen in Stellenbeschreibungen und Wahrscheinlichkeit der Erfüllung der Anforderungen bei unterschiedlicher Verantwortlichkeit

Anforderung an die Stellenbeschreibung	Verantwortlich für die Stellenbeschreibung:		
	Stelleninhaber	Vorgesetzter	neutrale Instanz
1. Ausführlichkeit/Vollständigkeit	gering	groß	mittel
2. Eindeutigkeit/keine Verwechslung	gering	groß	mittel
3. Sachliche Richtigkeit/ Unanfechtbarkeit	gering	groß	mittel
4. Keine Werturteile/ Keine Übertreibungen oder Verniedlichungen	gering	mittel	groß
5. Einheitlichkeit der Darstellung und Form bei allen Stellenbeschreibungen	gering	mittel	groß
6. Verständlichkeit für Ungeübte	mittel	mittel	groß
7. Anschaulichkeit	gering	mittel	groß

lichen Tätigkeit sowie durch die größere Distanz zu den Aufgaben in den einzelnen Bereichen können die Mitarbeiter neutraler Stellen die Beschreibungen anschaulicher und verständlicher formulieren. Hierdurch entfallen auch subjektive Einflüsse in Form von Übertreibungen und Verniedlichungen einzelner Tätigkeiten weitgehend.

Allerdings wird durch die Distanz der neutralen Stelle zu den einzelnen Aufgaben die sachliche Richtigkeit und Vollständigkeit der Stellenbeschreibungen nicht immer gewährleistet. Manches spricht deshalb dafür, dem Vorgesetzten die Verantwortung für die Stellenbeschreibung zu geben.

Auch andere Gründe sprechen für eine solche Entscheidung: Die meisten modernen Führungssysteme basieren auf dem *Prinzip der Delegation von Aufgaben* und *Kompetenzen*. Verantwortlich für die Arbeit und die Arbeitsergebnisse innerhalb der Bereiche sind die jeweiligen Vorgesetzten. Der Vorgesetzte bestimmt das „Was“ der Tätigkeit seiner Mitarbeiter, die ja Inhalt der Stellenbeschreibung sein soll. Im Rahmen der Delegation von Aufgaben und Kompetenzen würde es Mißtrauen dem einzelnen Vorgesetzten gegenüber bedeuten, wollte man ihn nicht für geeignet halten, die Stellenbeschreibung seiner Mitarbeiter anforderungsgerecht zu gestalten. Entzöge man den Führungskräften die Verantwortung für die Stellenbeschreibung ihrer direkt unterstellten Mitarbeiter, so könnten sie leicht das Interesse an dem korrekten Inhalt der Stellenbeschreibung verlieren. Das wäre schlecht.

Die Erfahrungen der Unternehmen, welche die Verantwortung für das Anfertigen der Stellenbeschreibung einer neutralen Stelle zugeteilt haben, verdeutlichen diesen Nachteil. Die Stellenbeschreibungen dieser Unternehmen stimmen nur verhältnismäßig kurze Zeit mit dem wahren Inhalt der Tätigkeit der Mitarbeiter überein, weil der *Änderungsdienst* nicht funktioniert. Bei dem ständigen Wechsel der Anforderungen an die einzelnen Arbeitsplätze in Anpassung an die veränderte Marktsituation und den technischen Fortschritt nimmt die Änderung und Anpassung der Stellenbeschreibungen erheblichen Umfang an. Meist hilft auch nicht die schriftliche Verpflichtung der Vorgesetzten, die neutrale Stelle schnellstmöglich über Änderungen zu informieren, damit die Stellenbeschreibungen korrigiert werden können. Bekannte Mängel in Informationssystemen und fehlende Verantwortlichkeit bei den Vorgesetzten führen unter diesen Voraussetzungen eben leicht zu Abweichungen zwischen der Arbeit und dem Inhalt der Stellenbeschreibung.

So spricht vieles dafür, die Kompetenz für die Übereinstimmung der Stellenbeschreibung mit den Tätigkeiten an den Arbeitsplätzen dem *Vorgesetzten* zu übertragen. Die Verlagerung dieser Verantwortung auf Vorgesetzte ist aus einem weiteren Grunde notwendig. Stellenbeschreibungen sollen immer „wahr“ sein. Wenn sie als Grundlage für die Entlohnung der Beschäftigten gelten, besteht allerdings leicht die Versuchung, durch Manipulationen der Beschreibung den Wert der Arbeitsplätze zu beeinflussen. Wenn Vorgesetzte die Stellenbeschreibung ihrer Mitarbeiter selbst anfertigen und deren Richtigkeit durch ihre Unterschrift bescheinigen und auch der nächsthöhere Vorgesetzte die Kontrolle über diese Aufgabe ausübt, können die Vorgesetzten bei vorsätzlichem Mißbrauch zur Verantwortung gezogen werden.

Allerdings muß ein anderer Gesichtspunkt dabei ebenfalls berücksichtigt werden. Es kann nicht zweckmäßig sein, daß die Stellenbeschreibungen von den Vorgesetzten in den verschiedenen Ressorts ohne gründlichen *Quervergleich* und vernünftige Abstimmung verabschiedet werden. Wenn bei einer bestmöglichen rationellen Organisation eine möglichst konfliktfreie Verteilung von Aufgaben und Kompetenzen, also auch Vermeidung von Doppelbearbeitung, erfolgen soll, dann muß eine *neutrale Stelle* eine Überwachungsfunktion haben. Dies kann beliebig

- die Personalabteilung,
- die Organisationsabteilung,
- oder eine andere besonders dafür ausersehene Instanz (z. B. ein externer Berater) sein.

Die neutrale Stelle muß die Kompetenz der Überprüfung und des Vergleichs der Stellenbeschreibung vor deren endgültiger Verabschiedung haben, und sie muß – so ist es am besten – ihr Plazet für das Inkrafttreten geben, quasi in Vertretung der Geschäftsleitung. Soweit dafür nicht die Organisations- oder Personalabteilung für zuständig erklärt, sondern eine besondere, der Geschäftsleitung zentral unterstellte Stelle berufen wird, hat diese – nicht anders als andere neutrale Instanzen – im wesentlichen Koordinierungsfunktion. Eine solche Stelle wird deshalb auch „Koordinierungsstelle“ genannt. In vielen Fällen handelt es sich um eine Projektgruppe, in der Firmenangehörige und Unternehmensberater zusammenarbeiten.

Die *Koordinierungsstelle* hat in der Hauptsache *Durchführungs- und Kontrollfunktionen.* Sie kann zwar nicht über den Inhalt der Stellenbeschreibung im einzelnen entscheiden, sie muß aber Gewähr dafür geben, daß die vom Vorstand oder von der Geschäftsleitung ausgegebenen Richtlinien für die Stellenbeschreibung eingehalten und der Rationalisierungseffekt in diesem Zusammenhang herbeigeführt wird. Differenzen werden nicht durch sie entschieden, sondern von ihr der nächsthöheren Stelle der betreffenden Bereiche oder in Grenzfällen der Geschäftsleitung zur Entscheidung vorgetragen. Sie setzt die Stellenbeschreibungen erst dann in Kraft, wenn alle Bedingungen einer optimalen Organisation erfüllt sind.

In einem größeren Unternehmen der Energiewirtschaft wurden die Aufgaben der Koordinierungsstelle wie folgt umrissen:

- „Information der Belegschaft über Zielsetzung und Durchführung der Stellenbeschreibungsaktion (durch Vorträge, Veröffentlichungen und Schriften).
- Festlegen von Terminen, Form und Inhalt der Schulungsseminare für Vorgesetzte. Durchführen der Seminare.
- Festlegen des Terminplans für die Einführung der Stellenbeschreibungen.
- Beraten aller Vorgesetzten und Kontaktleute bei Unklarheiten über Aufbau und Formulierung der Stellenbeschreibungen sowie über Kontroll- und Informationspläne. Durchführen von Erfahrungsaustauschtreffen der Bereiche.
- Entwickeln von Hilfsmitteln für das Anfertigen von Stellenbeschreibungen für Kontrolle und Information.
- Prüfen der von den Bereichen erstellten und der Koordinierungsstelle zugeleiteten Stellenbeschreibungen auf ihre Übereinstimmung mit den Richtlinien für Stellenbeschreibungen. Herbeiführen einer Klärung bei den zuständigen Vorgesetzten, wenn die Aufgaben und Kompetenzen zwischen Bereichen und Stellen nicht eindeutig genug abgegrenzt sind.
- Freigabe der Stellenbeschreibungen für ihre Aushändigung an die Mitarbeiter.
- Erstellen eines Berichts für den Vorstand – halbjährlich – über den Stand der Aktion, über dabei auftauchende Schwierigkeiten und Verbesserungsmöglichkeiten.“ (Für diese Aufgabe eignen sich besonders Berater, die interne Konflikte neutral vortragen und Lösungsvorschläge einbringen können.)

Das Verfahren im stufenweisen Ablauf läßt sich graphisch darstellen (Grafik 7). Insbesondere die Verantwortlichkeit des jeweiligen Vorgesetzten für seinen Bereich und sein Zusammenwirken mit dem nächsthöheren Vorgesetzten im Rahmen der Delegation von Aufgaben und Kompetenzen kommt auf diese Weise zum Ausdruck. Die Integration der Vorschläge der verschiedenen Ebenen und Bereiche zur Verbesserung der Organisation ist hervorzuheben und durch die zentrale Stelle (hier: Koordinierungsstelle) zu steuern.

Fassen wir den aufgrund praktischer Erfahrungen vorgeschlagenen Weg der Delegation von Aufgaben und Kompetenzen im Rahmen der Erstellung der Stellenbeschreibungen nochmals zusammen, so ergibt sich *folgende sinnvolle Einteilung*, wovon

Grafik 7: Ablauf Stellenbeschreibung

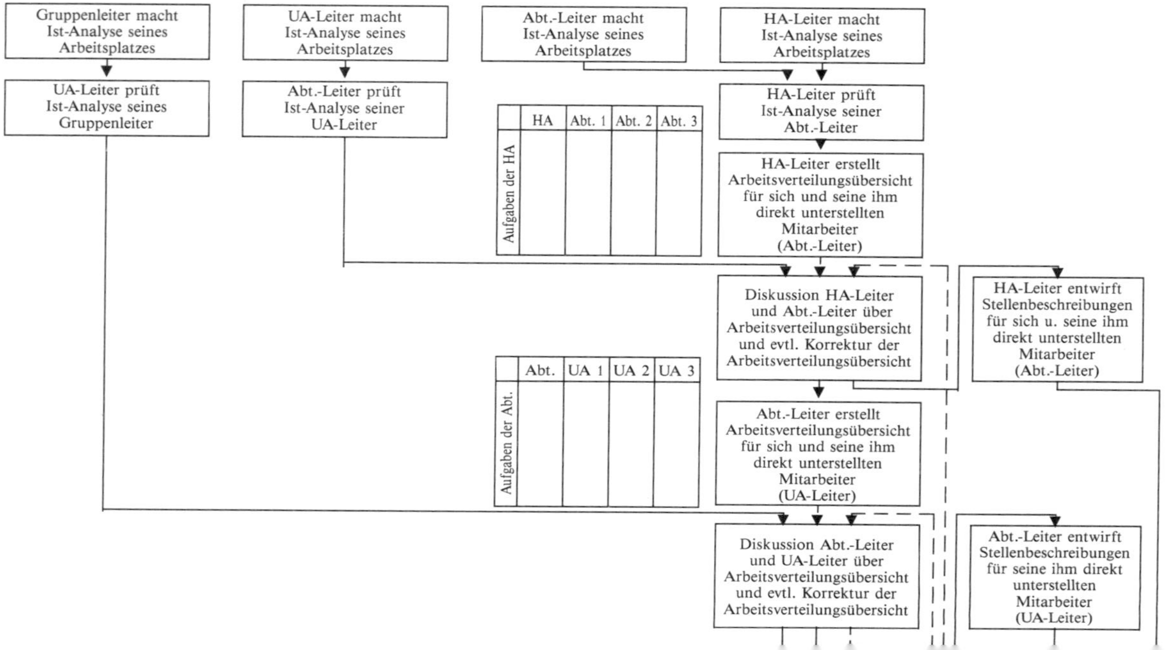

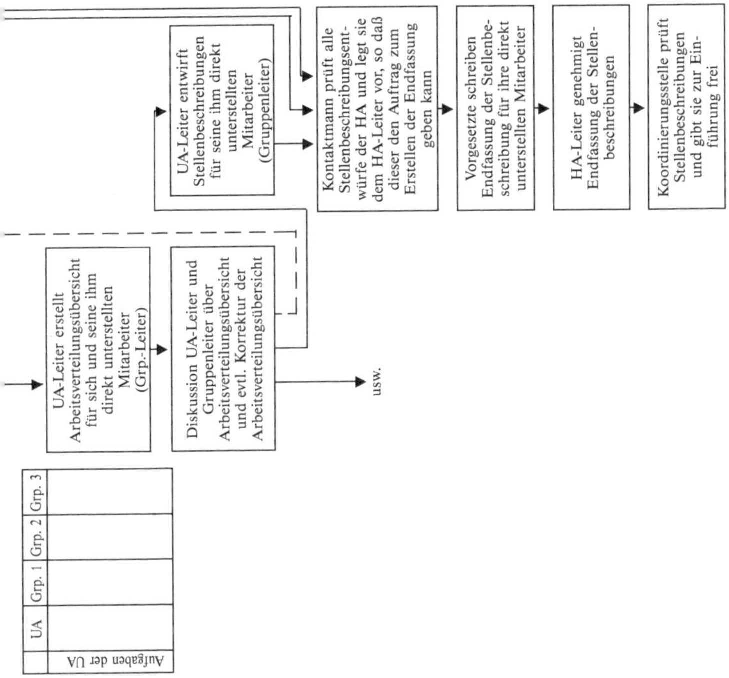
Aufgaben der UA
UA
Grp. 1
Grp. 2
Grp. 3
UA-Leiter erstellt Arbeitsverteilungsübersicht für sich und seine ihm direkt unterstellten Mitarbeiter (Grp.-Leiter)
Diskussion UA-Leiter und Gruppenleiter über Arbeitsverteilungsübersicht und evtl. Korrektur der Arbeitsverteilungsübersicht
usw.
UA-Leiter entwirft Stellenbeschreibungen für seine ihm direkt unterstellten Mitarbeiter (Gruppenleiter)
Kontaktmann prüft alle Stellenbeschreibungsentwürfe der HA und legt sie dem HA-Leiter vor, so daß dieser den Auftrag zum Erstellen der Endfassung geben kann
Vorgesetzte schreiben Endfassung der Stellenbeschreibung für ihre direkt unterstellten Mitarbeiter
HA-Leiter genehmigt Endfassung der Stellenbeschreibungen
Koordinierungsstelle prüft Stellenbeschreibungen und gibt sie zur Einführung frei

aufgrund betrieblicher Situationen auch abgewichen werden kann:

Tabelle 10: Verantwortlichkeiten für das Abfassen der Stellenbeschreibung

Aufgabe	Kompetenz
1. Informationsbeschaffung über die zu beschreibende Stelle und Vorschläge für Verbesserung von Arbeitsverteilung und -ablauf	*Stelleninhaber* mit Unterstützung durch Vorgesetzten und neutrale Beratungsstelle
2. Klärung und Beseitigung organisatorischer Mängel und evtl. Realisierung der Verbesserungsmöglichkeit	*Vorgesetzter* mit Unterstützung des nächsthöheren Vorgesetzten und neutraler Beratungsstelle
3. Erstentwurf der Stellenbeschreibung	*Vorgesetzter*
4. Überprüfen des Entwurfes der Stellenbeschreibung und Quervergleich mit anderen Unternehmensbereichen	*nächsthöherer Vorgesetzter* gemeinsam mit neutraler Stelle
5. Endgültige Fassung der Stellenbeschreibung und Verabschiedung	*Vorgesetzter* gemeinsam mit nächsthöherem Vorgesetzten und neutraler Stelle, ggf. Geschäftsleitung

11. Akzeptanz der Stellenbeschreibung durch den Stelleninhaber

Es gibt in der Praxis unterschiedliche Erfahrungen hinsichtlich der Handhabung von Unterschriften auf den Stellenbeschreibungen. In den meisten Fällen wird die Stellenbeschreibung vom Mitarbeiter unterschrieben. Das hat verschiedene Vorteile: Mit einer selbst unterschriebenen Stellenbeschreibung *identifiziert* sich der Stelleninhaber leichter. Die Stellenbeschreibung wird von ihm akzeptiert, womit auch sichergestellt wird, daß er sich davon überzeugt hat, welches nun nach den vielen Vorarbeiten die tatsächlichen Aufgaben und Kompetenzen sind, für die er am Arbeitsplatz verantwortlich ist. Sie findet damit seine Zustimmung. Manchmal bedeutet die Unterschrift aber nicht Zustimmung, sondern nur „Kenntnisnahme". Es gibt Unternehmen, die zur Abwendung von Änderungskündigungen am Schluß einer Stellenbeschreibung zusätzlich etwa folgenden Passus anbringen: „Die Stellenbeschreibung unterliegt dem Direktionsrecht des Arbeitgebers; die Unterschrift des Mitarbeiters bedeutet Kenntnisnahme!"

Nicht selten wird eine Unterschrift aus rechtlichen Gründen verlangt, insbesondere weil im *Betriebsverfassungsgesetz* (§ 81) Ansprüche der Mitarbeiter niedergelegt sind, wonach sie über ihre Aufgaben und Verantwortlichkeiten zu informieren sind. Ein solches Vorgehen soll Klarheit im Unternehmen schaffen und mögliche Streitigkeiten vermeiden. In manchen Firmen ist es deshalb sogar üblich, daß die Stellenbeschreibung als Bestandteil des Arbeitsvertrages nicht nur anzusehen, sondern schriftlich verankert ist, möglicherweise mit dem Satz: „Bestandteil des Arbeitsvertrages ist die jeweils gültige, von den Vertragsparteien unterschriebene Stellenbeschreibung."

Diese zu begrüßende Verbindlichkeit hat ihre Grenzen in dem damit verbundenen *Aufwand* bei größeren Unternehmen. Wenn die gleiche Stellenbeschreibung z. B. für eine größere Zahl von Mitarbeitern mit gleicher Tätigkeit zutrifft, wären die Unterschriften aller betroffenen Mitarbeiter erforderlich. Das wäre unrationell und kaum praktikabel. Änderungen im Personaleinsatz an den verschiedenen Arbeitsplätzen würden im Laufe der

Zeit bei gleichbleibender Aufgabenstellung immer neue Unterschriften der Stelleninhaber auf den Stellenbeschreibungen erfordern.

In der Regel gibt es im Unternehmen nicht nur eine Ausfertigung einer Stellenbeschreibung für einen Arbeitsplatz. Es müssen Kopien gemacht werden für alle diejenigen Stellen, die mit der Stellenbeschreibung im Sinne eines Führungsmittels arbeiten sollen. Normalerweise verfügen neben dem Stelleninhaber noch der jeweilige Vorgesetzte und die Personalabteilung über eine Kopie der Stellenbeschreibung. Diese Stellen müßten bei einem Wechsel des Stelleninhabers alle neue Kopien der Stellenbeschreibung erhalten.

Wenn die Stellenbeschreibungen von den Vorgesetzten durch deren Unterschriftleistung anerkannt und anschließend den jeweiligen Stelleninhabern ausgehändigt werden, so müßte das völlig ausreichen. Hier muß der an sich psychologisch begründete Vorteil der Unterschrift des Stelleninhabers und der damit verbundenen Identifikation dem Nachteil des geschilderten bürokratischen Aufwands gegenübergestellt werden.

12. Aushändigung der Stellenbeschreibung an den Stelleninhaber

Unabhängig davon, ob die Stellenbeschreibung nun vom Stelleninhaber unterschrieben ist oder nicht, ob die Unterschrift als Zustimmung oder nur als Kenntnisnahme zu werten ist, stellt sich immer wieder die Frage, ob die Stellenbeschreibungen jedem einzelnen ausgehändigt werden sollen, oder ob sie an einer Stelle zu deponieren sind, zu der jeder Mitarbeiter jederzeit Zugang hat.

Hier sind die Erfahrungen allerdings sehr eindeutig. Es genügt nicht, die Mitarbeiter an der Stellenbeschreibung mitwirken zu lassen und ihnen im Anschluß daran ihre Stellenbeschreibung nur zum Lesen zu geben. Wenn man verlangt, daß die Stelleninhaber die in der Stellenbeschreibung wiedergegebenen Aufgaben und Kompetenzen voll ausschöpfen sollen, dann können diese wiederum eine *genaue Kenntnis der Beschreibungsinhalte* erwarten. Aus diesem Grunde ist es geradezu geboten, die Stellenbeschreibungen den Stelleninhabern auszuhändigen.

Nur so ist sichergestellt, daß der Mitarbeiter die Fälle erkennt, die er selbst lösen muß. Wenn die Stellenbeschreibung zur Grundlage für die Bewertung der Tätigkeiten gemacht wird, ist so auch die beste Kontrolle der Identität zwischen Aufgabenbeschreibung und tatsächlicher Aufgabenstellung gewährleistet.

Die Diskussion um diesen Punkt dürfte im Unternehmen nicht zu Streitigkeiten führen. Argumente, daß der Stelleninhaber – z.B. an Handwerksarbeitsplätzen – die Stellenbeschreibung ohnehin nicht bei sich führen kann, sollten hier nicht zum Tragen kommen. Hier kommt es weniger darauf an, ob der Mitarbeiter technisch die Möglichkeit hat, jede Minute Zugang zur Stellenbeschreibung zu haben, vielmehr kommt es darauf an, daß der Mitarbeiter – ohne andere Stellen fragen zu müssen – jederzeit Zugriff zur Stellenbeschreibung hat, wenn es ihm sinnvoll erscheint. Dies ist aus psychologischen Gründen viel bedeutsamer als aus Gründen der Arbeitsdurchführung. Mitarbeiter würden es als Benachteiligung empfinden, wenn die Stellenbeschreibung ihnen nicht allen gleichermaßen ausgehändigt werden würde. Wenn ein Ingenieur im Unternehmen eine Stellenbeschreibung in seinem Schreibtisch hat, dann wird auch die Raumpflegerin ein Interesse an einer gleichen Behandlung haben.

Die Erfahrungen in den Betrieben zeigen tatsächlich, daß es im wesentlichen auf die psychologische Wirkung ankommt. Denn sobald die Stellenbeschreibungen ausgehändigt worden sind, werden diese in den meisten Fällen irgendwo im eigenen Zugriffsbereich abgelegt, ohne daß ihnen besondere Aufmerksamkeit geschenkt würde. Dies ist kein Widerspruch zur Institution Stellenbeschreibung als solcher. Wie bei vielen anderen Führungstechniken erweist es sich auch hier, daß eine dauerhafte Änderung des Verhaltens nicht allein durch Erklärung und Demonstration zu erreichen ist.

Eine Identifizierung mit der Stellenbeschreibung und eine Anpassung des Verhaltens an das „Soll“ sind tatsächlich nicht allein dadurch zu erreichen, daß der Mitarbeiter die Stellenbeschreibung ausgehändigt erhält und ihm dadurch seine Aufgaben und Kompetenzen klar umrissen sind. Vielmehr sind das gemeinsame Erarbeiten der Stellenbeschreibung, das Gespräch mit dem Vorgesetzten über die eigenen Aufgaben und Kompetenzen vorrangig und haben viel größere Bedeutung für das Leistungsverhalten der Mitarbeiter als die Aushändigung der Stellenbeschreibung selbst.

13. Änderungsbedarf für Stellenbeschreibungen: Aktualisierung, Flexibilisierung und Dynamisierung

Die *laufende Anpassung* der Stellenbeschreibungen an die sich ändernden betrieblichen Gegebenheiten ist von äußerster Wichtigkeit. Die Erfahrungen haben gezeigt, daß der Änderungsbedarf und der Änderungsdienst die Achillesferse der meisten Verfahren zur Anwendung von Stellenbeschreibungen sind. Nochmals betont sei hier:

> Alle Mühe bei der Einführung von Stellenbeschreibungen ist vertan, wenn nicht gleichzeitig alle Maßnahmen eingeleitet werden, um diese auf dem laufenden zu halten.

Die Verankerung besonderer Verantwortlichkeiten und Verpflichtungen für den *Änderungsdienst* in jeder Stellenbeschreibung ist daher zweckmäßig. Neben der Kompetenz und Verantwortung derjenigen, die für die Erstellung der Stellenbeschreibung verantwortlich sind, muß auch dem Stelleninhaber die Verpflichtung hinsichtlich der Beratung und Information seines Vorgesetzten oder anderer Stellen bei Änderungen der Arbeit, ihres Inhalts und ihrer Begleitumstände zugewiesen werden.

Viele Unternehmen haben dazu in ihren „Führungsgrundsätzen" Richtlinien verankert. Danach hat der Vorgesetzte dafür zu sorgen, daß die Stellenbeschreibungen termingerecht angefertigt und immer den Veränderungen an den Arbeitsplätzen angepaßt werden. Der Hauptabteilungsleiter ist also genauso verantwortlich für die Stellenbeschreibung seiner ihm unterstellten Abteilungsleiter wie der Meister für die seiner Monteure. Im einzelnen enthalten die „Führungsgrundsätze" dazu folgendes:

„Der Vorgesetzte hat das Recht und die Pflicht,

- jederzeit für aussagefähige Stellenbeschreibungen in seinem Bereich zu sorgen. Die in der Stellenbeschreibung dargelegten Ziele, Aufgaben und Kompetenzen sollen dem tatsächlichen Arbeitsablauf entsprechen;

- vor der Beschreibung einer Stelle in Zusammenarbeit mit den betreffenden Mitarbeitern und zuständigen Fachbereichen zu prüfen, wie er den Arbeitsablauf in diesem und angrenzenden Bereichen verbessern kann. Dazu muß er sich aller organisatorischer Hilfsmittel bedienen, die zu einer bestmöglichen Arbeitsverteilung führen;
- auf die Übereinstimmung der beschriebenen Aufgaben mit der ermittelten Arbeitsverteilung zu achten;
- Mitarbeiter, die den in der Stellenbeschreibung dargelegten Anforderungen noch nicht voll gewachsen sind – z. B. in der Einarbeitungszeit –, planmäßig auf die Übernahme der vollen Verantwortung zum vorgesehenen Zeitpunkt vorzubereiten;
- Mitarbeiter im eigenen Bereich umzusetzen oder sie der Personalabteilung für eine Tätigkeit in anderen Bereichen zur Verfügung zu stellen, wenn ihre Fähigkeiten über das am Arbeitsplatz geforderte Maß hinausgehen oder sie trotz angemessener und intensiver Einarbeitung die für die Erledigung der Aufgaben notwendigen Fähigkeiten nicht erwerben und daher die entsprechende Verantwortung nicht übernehmen konnten.

Der Mitarbeiter hat das Recht und die Pflicht,

- gemeinsam mit seinem Vorgesetzten vor Beschreibung seiner Stelle mit Hilfe der Arbeitsverteilungsübersicht zu prüfen, wieweit der Arbeitsablauf in seinem Bereich noch zu verbessern ist;
- während seiner Einarbeitungszeit bestrebt zu sein, die sich aus der Stellenbeschreibung ergebende Verantwortung so bald wie möglich zu übernehmen;
- seine Stellenbeschreibung von Zeit zu Zeit zu überprüfen und seinen Vorgesetzten zu informieren, wenn aus irgendwelchen Gründen der Arbeitsablauf von der Stellenbeschreibung ganz oder teilweise abweicht oder es ratsam erscheint, Verbesserungen einzuführen."

Damit diese Ausführungen nicht nur theoretisch bleiben, sondern der Änderungsdienst für Stellenbeschreibungen auch in der Praxis funktioniert, ist eine weitere Voraussetzung im Verfahren zu verankern: Es wird eine (möglicherweise paritätisch besetzte) Kommission gegründet, die Einsprüche von Mitarbeitern gegen ihre Stellenbeschreibung beurteilt, sofern die Appelle und Anträge des Mitarbeiters zur Änderung der Stellenbeschreibung trotz Aufgabenänderung bei seinem Vorgesetzten nicht zum gewünschten Erfolg geführt haben.

13.1 Vorgehensweise bei der Änderung von Stellenbeschreibungen

Im *Änderungsdienst* muß auch sichergestellt werden, daß Änderungen in allen Kopien der Stellenbeschreibungen durchgeführt werden. In allen Fällen, in denen Stellenbeschreibungen auch als Grundlage für die Entlohnung herangezogen werden, ist der „Druck von unten" eine Garantie für eine rechtzeitige und schnelle Änderung der Stellenbeschreibung. Das trifft zumindest immer dann zu, wenn sich die Stelleninhaber durch eine veränderte Aufgabenstellung eine höhere Entlohnung versprechen. Ansonsten empfiehlt sich folgendes Vorgehen:

- Eine zentrale Stelle des Unternehmens, die sich mit Stellenbeschreibungen koordinierend und beratend zu beschäftigen hat, muß bei allen Umorganisationen, die Änderungen der Ablauf- und/oder Strukturorganisation mit sich bringen, aus eigenem Antrieb dafür sorgen, daß die betroffenen Stellenbeschreibungen angepaßt werden.
- Jeder Mitarbeiter wird jährlich einmal aufgefordert, seine Stellenbeschreibung zu prüfen. Dabei kann der Mitarbeiter auch gleich selbst kontrollieren, ob er allen ihm übertragenen Aufgaben nachkommt.
- Jeder Mitarbeiter wird ebenfalls jährlich einmal aufgefordert zu kontrollieren, ob die Stellenbeschreibungen seiner ihm unterstellten Mitarbeiter noch der Praxis entsprechen. Dazu eignet sich besonders der Zeitpunkt der jährlichen Leistungsbeurteilung.
- Daneben hat es sich bewährt, ausscheidende Mitarbeiter zu bitten, zur eigenen Stellenbeschreibung ihre Auffassung zu äußern. Nicht selten wird bei einem solchen Gespräch der Mitarbeiter freimütig Anregungen zur Verbesserung der eigenen Arbeit und der Stellenbeschreibung geben.
- Manche Unternehmen haben der internen Revisionsabteilung die Aufgabe erteilt, bei ihren Prüfungen auch die Stel-

lenbeschreibungen mit zu überprüfen. Abweichungen hat die Revisionsabteilung der Organisationsabteilung zwecks Änderung mitzuteilen.

Wie die Erfahrungen vieler Betriebe zeigen, werden durch solche Maßnahmen die Stellenbeschreibungen in einem Zeitraum von durchschnittlich zwei bis drei Jahren geändert.

Das Verhältnis von Aufwand und Effizienz der Änderungen ist jedoch problematisch. Die betrieblichen Erfahrungen zeigen, daß die Stellenbeschreibungen öfter eine organisatorische Inventur brauchten, als es vom Aufwand her wünschenswert wäre.

13.2 Aktualisierung der Stellenbeschreibungen und Neubewertung der Arbeitsplätze

Ständige Änderungen im Arbeitsablauf und in der Organisation führen zwangsläufig dazu, daß immer mehr Plätze im Laufe der Zeit überprüft und in der Bewertung geändert werden müssen. Je dynamischer und marktabhängiger das Unternehmen ist, desto schneller wird dies der Fall sein. Doch selbst bei weniger marktabhängigen Unternehmen hat sich herausgestellt, daß sich in zwei bis spätestens vier Jahren die Arbeitsabläufe auf fast allen Arbeitsplätzen so verändert haben, daß eine Neubeschreibung erforderlich wird.

Besonders bei damit gekoppelter Gehaltsfestsetzung trifft dies zu. Dabei wird ein Arbeitsplatz aufgrund der Aufgabenänderung höher bewertet und der andere niedriger. Andere Arbeitsbewertungsergebnisse wiederum verändern sich nach der Überprüfung nicht. Das beunruhigt die Mitarbeiter, und sie steigen in die Materie ein, um zu erfahren, warum ihre bisherigen Vorstellungen über die Wertigkeit der Arbeitsplätze nicht mehr stimmen. Das kann bei den Betroffenen sowohl Freude als auch Unlust hervorrufen, je nach den eigenen subjektiven Vorstellungen.

Hier sei noch auf folgendes hingewiesen: Die Mitarbeiter fordern, daß ihnen die Stellenbeschreibungen und Ergebnisse der Arbeitsbewertung erklärt werden, wenn sie diese nicht von selbst verstehen. Sie sind unzufrieden, wenn die mit der Anforderungsanalyse beauftragten Fachleute nicht auch ihren Arbeitsplatz untersuchen und überprüfen. Möglicherweise hätte sich für sie eine Gehaltsverbesserung ergeben können. Sie empfinden es als ungerecht – auch bei vorhandenen Stellenbeschreibungen –, wenn Arbeitsplätze am „grünen Tisch" bewertet werden, ohne daß die Fachleute der Bewertung sich jeden einzelnen Arbeitsplatz angesehen haben. Dabei kommt es ihnen darauf an, mit den Fachleuten zu diskutieren und sie auf die besonderen Anforderungen an ihrem Arbeitsplatz hinzuweisen und ihnen insbesondere die Veränderungen am Arbeitsplatz in der letzten Zeit zu erklären.

Als Hilfsmittel verwenden Arbeitsanalytiker gezielt Fragebögen für den *Änderungsdienst*, die dazu zwingen, „fadenscheinige" Änderungswünsche von tatsächlichen organisatorischen Änderungen abzugrenzen (siehe Kasten auf S. 116 und 117).

Und eine zweite Erfahrung zeigt sich in der Praxis: Die Mitarbeiter wünschen ausführliche Stellenbeschreibungen, wenn diese mit der Gehaltsfestsetzung gekoppelt sind. Die Mitarbeiter sehen sich neue Stellenbeschreibungen für den Arbeitsplatz genau an und legen Wert darauf, daß diese so ausführlich wie möglich sind. Sie sind der Meinung, daß die Arbeitsanalytiker nur so alle Arbeitsgänge bei der Bewertung erkennen und keinen übersehen, der die Bewertung möglicherweise zu ihren Gunsten beeinflussen könnte.

Noch ein weiteres ist nach mehrjähriger betrieblicher Erfahrung festzustellen: Die Mitarbeiter diskutieren untereinander über die Veränderungen an den Arbeitsplätzen und bringen eigene Vorschläge ein. Sie fordern Vorgesetzte und die zuständigen Betriebsratsmitglieder auf, sich an entsprechender Stelle für eine Änderung der Tätigkeiten und der Bewertung zu ihren Gunsten einzusetzen. Sie üben Druck auf die Vorgesetzten aus, damit Änderungen in der Arbeit auch schnellstens in den Stellenbeschreibungen korrigiert werden und durch eine Überprüfung der Bewertung sichergestellt wird, ob sich nicht aufgrund der veränderten Situation eine höhere Eingruppierung ergibt.

Insoweit sorgt die Kopplung der Stellenbeschreibung an die Arbeitsbewertung für einen schnelleren Änderungsdienst. Die Gerechtigkeit der Entlohnung wird verbessert, aber der Aufwand nimmt zu.

Informationsbogen zur Neufassung einer Stellenbeschreibung (A)

(vom Vorgesetzten auszufüllen)

1. Stellenbezeichnung (neu)
   Stellenbezeichnung (alt)

2. Anzahl der Mitarbeiter (neu)
   (alt)

3. Anzahl der interviewten Mitarbeiter (mit Namen)

4. Wie lange sind die interviewten Mitarbeiter auf dem betreffenden Arbeitsplatz schon eingesetzt?

Ist Neufassung der Stellenbeschreibung erforderlich?

1. Welche Unterlagen sind vorhanden?
   Arbeitsverteilungsübersicht/Funktionendiagramm
   Organisationsschema
   Stellenbeschreibung

2. Welche Arbeitsunterlagen lagen der ersten Beschreibung zugrunde?
   Aufnahmebogen
   Arbeitsverteilungsübersicht/Funktionendiagramm
   Arbeitskreisprotokoll
   ggf. Erinnerungsvermerke

3. Welcher Art sind die Änderungen?
   Textliche Umformulierung
   Zusammenlegung von gleichwertigen Tätigkeiten
   Zusammenlegen verschiedenartiger Tätigkeiten
   Veränderung der Zeitanteile
   Übernahme von Aufgaben höherwertiger Arbeitsplätze
   Übernahme von Vertretungen
   Übernahme höherer Vollmachten
   Änderung des unterstellten Personals
   Änderung der Arbeitsverteilungsübersicht

4. Womit begründet die Abteilung die Neufassung der Stellenbeschreibung?

Änderungsdienst für Stellenbeschreibungen (Fortsetzung)

5. Seit wann bestehen die Änderungen am Arbeitsplatz, oder sind organisatorische Änderungen in nächster Zeit zu erwarten?
6. Halten die Vorgesetzten die ausgewählten Mitarbeiter für ausreichend eingearbeitet und qualifiziert?

Auswertung der Analyse des Arbeitsplatzes (B)

(vom Arbeitsanalytiker auszufüllen)

1. Seit wann führt der Mitarbeiter diese Tätigkeiten nach eigener Ansicht selbständig aus?
2. Seit wann führt er die Arbeiten nach Ansicht der Vorgesetzten selbständig aus?
3. Welches sind die wesentlichen Funktionen des Arbeitsplatzes?
4. Welche unterschiedlichen Wissensgebiete müssen für die Arbeitsausführung beherrscht werden?
5. Welche unterschiedlichen Grundtätigkeiten liegen vor?
6. Für welche Tätigkeiten ist eine bestimmte Ausbildung erforderlich?
7. Welche Tätigkeiten haben eine bestimmte körperliche und psychische Belastung zur Folge (in Prozenten der Arbeitsverteilungsübersicht)?
8. In welchen Fällen fällt der Mitarbeiter Entscheidungen?
   a) in welchem Umfang
   b) welcher Art
9. In welchen Angelegenheiten entscheiden die Vorgesetzten?
10. Von wem bekommt der Mitarbeiter die Aufgaben?
11. An wen gibt der Mitarbeiter die Aufgaben weiter?
12. Wird die Arbeit des Mitarbeiters kontrolliert?
    a) von wem
    b) in welchem Umfang
    c) wie oft
13. Mit welchen externen und internen Stellen tritt der Mitarbeiter zwecks Zusammenarbeit in Kontakt?
14. Wen vertritt der Mitarbeiter, wer wird von ihm vertreten?
15. Erledigt der Mitarbeiter Terminarbeiten?
    a) Anteil an Gesamtarbeitszeit
    b) wie oft

13.3 Gestaltungsziel: flexible und dynamische Stellenbeschreibungen

Jede Stelle im Unternehmen verändert sich permanent; insbesondere trifft dies für Arbeitsplätze mit hoher Qualifikation zu. Um die Situation der raschen technologischen und ökonomischen Entwicklung sowie die zunehmend schneller wechselnden Herausforderungen der Absatzmärkte intelligent zu erfassen und den dabei sich stetig wandelnden Aufgabenstellungen gewachsen und problemlösungsfähig zu sein, sind die Mitarbeiter aktuell gefordert und aufgerufen, über Verbesserungen der organisatorischen Struktur, Arbeitsabläufe, Gestaltung des eigenen Arbeitsplatzes und das Zusammenwirken der betrieblichen Funktionen wie über die „Griffigkeit der bisherigen organisatorischen Instrumente" nachzudenken. Mitarbeiter indessen, die ihre Stelle als „organisatorische Insel" (*Freimuth*, 1992) verstehen und die nicht über ganzheitliches, vernetztes, prozeßorientiertes Denken verfügen, sondern nach wie vor im „Kästchendenken" verharren, verhalten sich bei dieser Lage der Dinge ebenso kontraproduktiv wie statische, auf Einzeltätigkeiten schmalspurig ausgerichtete Stellenbeschreibungen dabei ein Hindernis wären.

Die heutzutage notwendigen Veränderungen in Struktur- und Arbeitsorganisation sollten aus diesen Gründen bei der Gestaltung bzw. Neufassung der Stellenbeschreibungen mitbestimmend sein; vor allem darf die Zunahme des Anteils neuer Arbeitsformen und der Varianten zeitlich begrenzter Organisationsformen (z. B. Job Enrichment, Projekte, Teams, Gruppenarbeitsplätze) nicht unterschlagen werden. Wenn auch die Kernaufgaben und Routineaktivitäten des Stelleninhabers weitgehend konstant bleiben und die Stellenbeschreibung die wesentlichen Kompetenzen und Verantwortlichkeiten weiterhin verbindlich (für einen gewissen Zeitraum) definieren muß, wird konsequenterweise die Peripherie einer Stelle über die Arbeitsplatzgrenzen hinaus mehr und mehr in andere Verantwortungsbereiche – horizontal wie vertikal – hineinragen. Folgende Kriterien für den Änderungsdienst ergeben sich daraus:

– Stellenbeschreibungen müssen in Tenor und Prägung darauf zielen aufzuzeigen, wo die Verantwortung des Stelleninhabers beginnt, nicht, wo sie aufhört (vgl. *Freimuth*, 1992).

Entsprechend gilt es, die Tätigkeitsfelder weniger zu trennen, als vielmehr zu integrieren und die fachbereichsübergreifenden und prozessualen Aufgabenstellungen miteinander zu vernetzen. In den Stellenbeschreibungen sind z. B. für typische Schnittstellenprobleme, die intensive Abstimmung und oft auch unkonventionelles Vorgehen verlangen, die angemessenen Regelungen vorzusehen.

- Stellenbeschreibungen dürfen nicht unzulässig eingrenzen, sondern müssen es ermöglichen, daß der einzelne Stelleninhaber, wenn es darauf ankommt, den Horizont seines wohldefinierten, abgegrenzten Aufgabenfeldes verläßt, die Probleme anderer sieht und bereit ist zur intensiven, wenn auch zeitlich befristeten Kooperation in Gruppen, Projekten und Teams oder bei anderen Arten arbeitsplatzübergreifender Problemstellungen. Nicht Abschottung, sondern relativ weitgehende Durchlässigkeit „über den Tellerrand hinaus“, bezogen auf Initiative und Kooperationsbereitschaft der Mitarbeiter, ist also gefragt!
- Stellenbeschreibungen dürfen die Tätigkeiten des Mitarbeiters nicht als auf Dauer unveränderlich bezeichnen, sondern sie müssen es dem Stelleninhaber ermöglichen, sich an den externen wie internen Veränderungen zu orientieren und sich auf unvorhersehbare und zunehmend weniger planbare Tätigkeiten einzustellen sowie innovative Lösungsbeiträge zu liefern (vgl. *Freimuth*, 1992).

Aufgabe, Zielsetzung und Verpflichtung eines prozessual orientierten *Änderungsdienstes* ist es schließlich, ständig in der Richtung bestrebt und tätig zu sein, flexible und dynamische Stellenbeschreibungen durchzusetzen und zu gestalten.

14. Die Stellenbeschreibung für ein Team

Spätestens seit Beginn der neunziger Jahre ist in unserer Industrie- und Dienstleistungsgesellschaft das Verlangen nach Kooperation im Team enorm gewachsen, und es hat sich bei den verschiedenen Organisationstypen (Unternehmungen, Instituten, Verbänden, Behörden) bereits stark verbreitet. Die Gründe, derentwegen mit einem sachlich bedingten „Trend zum Team“ zu rechnen ist, liegen in folgendem:

- Die Vorgänge in den Organisationen werden zunehmend differenzierter und vernetzter, die Probleme, Aufgaben und Wirkzusammenhänge deutlich umfassender, weiter gefächert und vielschichtiger.
- Der Komplexitätsgrad des Führungs- und Leitungsprozesses wird ständig höher, Fehler in den organisatorischen Strukturen sowie Prozeßverzögerungen in den Abläufen wirken sich immer einschneidender und folgenschwerer aus.
- Die Probleme – besonders jene von strategischer und struktureller wie auch operativer Natur – und die komplexer werdenden betrieblichen Aufgaben, z. B. Zunahme der Schnittstellenprobleme, können immer weniger von einem überstarken, selbstorientierten „Alleskönner“, von einem auf niemanden angewiesenen „Universalgenie“ im Alleingang und in Eigenverantwortung bewältigt werden.
- Derartige Aufgaben können – je neuartiger, subtiler, schlechter koordiniert und risikoträchtiger, um so häufiger – nur noch von mehreren Spezialisten und unterschiedlichen Experten gemeinsam angegangen und lediglich durch enge Kooperation methodisch sicher und sachgerecht gelöst werden.

Aus diesen unschwer belegbaren Tatbeständen ergibt sich, daß mit hochgradiger Wahrscheinlichkeit das Team sehr bald die dominierende Arbeits- und Kooperationsform, die „Problemlösungsformation der (nahen) Zukunft“, werden wird. Es überrascht daher nicht, daß man in Kreisen des Managements die Möglichkeit des Einsatzes von Teams und der Verwertung von Teamarbeit zunehmend positiv einschätzt.

Was ist nun ein Team? Es handelt sich im strengeren Sinne um eine Gruppe besonderer Art, Form und Qualifikation, die entweder als ständige Einrichtung über einen längeren Zeitraum hinweg („Langzeit-Team") oder zur Lösung temporärer Einzelprobleme vielfach nur für eine begrenzte Dauer („Adhoc-Team") fungiert, und dies vorwiegend in den Funktionsbereichen Projektierung, Forschung, Entwicklung, Konstruktion, Marketing, Vertrieb, Betriebliches Vorschlagswesen, Umweltschutz, Personalentwicklung und Führungsorganisation. Das Team bietet die Möglichkeit, sorgfältig ausgesuchte Mitarbeiter aus unterschiedlichen Fach- und Funktionsbereichen und aus verschiedenen hierarchischen Ebenen der Organisation zu einer zahlenmäßig begrenzten, funktionsgegliederten Gruppe mit gemeinsamer Zielsetzung zusammenzufassen.

Als *Mehr-Personen-Stelle* bildet das Team die geeignete Organisationsform für die auf ein meist befristetes Ziel gerichtete enge und intensive Zusammenarbeit von Spezialisten und Experten. Und als Gruppe von Personen, die deren Intelligenz-, Kreativitäts- und Innovationspotential synergetisch bündelt, kann dem Team – unter bewußter Ausnutzung des Gruppenvorteils – die Lösung wichtiger, besonders diffiziler und hochkomplexer Aufgaben übertragen werden, die ein Alleingänger nicht lösen könnte oder sollte. Für solche nur von einem Team zu bearbeitenden Aufgaben kommen einmalige Projekte oder unvorhergesehene Probleme, z. B. Schnittstellenprobleme, ferner umfassendere Expertisen oder fachübergreifende Planungs- und Koordinierungsaufgaben in Betracht. Entsprechend können dem Team Handlungskompetenzen mit mehr oder weniger großer Reichweite und Bedeutung, in bestimmten Fällen aufgabenbezogene Entscheidungsbefugnisse, zugeteilt werden.

Damit die Arbeit im Team nicht von Anfang an unwirksam und rasch zum Scheitern verurteilt ist, muß es einen möglichst eindeutig strukturierten Auftrag mit einer hinreichend klaren Zielsetzung haben. Zugleich sollte dafür gesorgt sein, daß die Aufgabenbereiche der einzelnen Mitglieder möglichst nicht undifferenziert ineinander übergehen. Vielmehr sollte für jedes einzelne Teammitglied und für jedes beteiligte Fachgebiet das Ziel so konkret und unmißverständlich, aber auch so flexibel wie möglich vorgegeben bzw. vereinbart sein. Vor allem sollte die den einzelnen Teammitgliedern übertragene Aufgabe möglichst präzise formuliert, die Zuständigkeiten für die verschiedenen Tätigkeiten festgelegt, das fachliche „Territorium" deutlich abgesteckt sowie die Schnittstellen hinreichend exakt definiert werden.

Als geeignetes Instrument zur Erfüllung dieser Zwecke bietet sich gerade eine Stellenbeschreibung an, die für das Team als Ganzes – speziell für das „Langzeit-Team" – jeweils für die vorgesehene Dauer Gültigkeit hat. Mit der *Team-Stellenbeschreibung* sollte daher folgenden Anforderungen, die sich aus den Funktionsbedingungen eines Teams ergeben, entsprochen werden:

- Zunächst sollten darin die an die Einzelmitglieder delegierten Teilaufgaben schriftlich fixiert und dabei auch mögliche Grauzonen und Schnittstellen bezeichnet werden.
- Sie sollte sodann eine Erläuterung enthalten, warum und wofür die Lösung des vorliegenden Problems benötigt wird, und es sollten – so ausführlich wie nötig, aber so knapp wie möglich – die Gründe dargelegt werden, die zur personellen Zusammensetzung des Teams (nach Mitgliederzahl und Qualifikation) und zur Auswahl der Spezialisten und Experten geführt haben.
- Zugleich sollte die Frage der Kompetenzen, die für die Erfüllung der Gesamtaufgabe des Teams erforderlich sind, wie auch der daraus resultierenden Verantwortlichkeiten widerspruchsfrei geklärt werden. Erfahrungsgemäß könnte es sonst während der Arbeit im Team zu gravierenden Unsicherheiten über Reichweite und Bedeutung der Informations-, Anordnungs-, Verfügungs- und Antragsbefugnisse und namentlich der Entscheidungs- und Beratungsbefugnisse kommen; es könnten unnötige Differenzen und Schnittstellenprobleme in der Beziehung zu anderen Teams bzw. zu Linieninstanzen und -positionen wegen vermeintlicher Kompetenzüberschreitungen und Kompetenzlücken auftreten.
- Ferner sollte durch sie geregelt werden, ob und in welcher Art, Form und Reichweite eine Stellvertretung einzelner Teammitglieder möglich bzw. nötig ist.
- Schließlich sollte in der Team-Stellenbeschreibung kurz und prägnant dargelegt werden, von welcher Art und Höhe die Verantwortung jedes einzelnen Team-Mitglieds für eine optimale Kommunikation und Kooperation innerhalb des Teams sowie für die angestrebte Zielerreichung ist.

15. Einsatz und Qualifikation von Arbeitsanalytikern (Stellenanalytikern)

Die Stellenbeschreibungen im Unternehmen sollen gleichermaßen aussagefähig, eindeutig, vergleichbar in der Ausdrucksweise, klar in der Formulierung und wahr im Inhalt sein. Diese Forderungen sind sehr schwer zu erfüllen, wenn man das Erstellen der Stellenbeschreibungen den Vorgesetzten allein überläßt. Auch bei ausreichender Schulung wird es immer wieder Abweichungen geben, die entweder unbewußt oder bewußt herbeigeführt werden. Insbesondere, wenn sich an die Stellenbeschreibung bestimmte Maßnahmen anschließen, wie z. B. Entgeltfestsetzung, ist die Gefahr dazu sehr groß.

Um die Einheitlichkeit bei der Erstellung der Stellenbeschreibungen einerseits so groß wie möglich zu halten und andererseits auch die Voraussetzungen für eine ressortübergreifende Prüfung auf Rationalisierungsmöglichkeiten zu erreichen, sollten speziell ausgebildete Mitarbeiter mit der Aufgabe beauftragt werden, den Verantwortlichen bei dem Erstellen der Stellenbeschreibungen behilflich zu sein und die Stellenbeschreibungen vor ihrer Verabschiedung zu überprüfen.

Hierbei muß es sich nicht um Mitarbeiter handeln, die besonders geeigneten Stabsabteilungen – wie z. B. Organisations- oder Personalabteilung – angehören. Das ist insbesondere bei kleineren Unternehmen auch gar nicht möglich. In vielen Fällen hat es sich als ausreichend erwiesen, wenn Mitarbeiter der verschiedenen Ressorts besonders für diese Aufgabe ausgebildet und zeitweilig freigestellt werden.

Größere Unternehmen werden solche Mitarbeiter hauptamtlich und meist vollzeitlich beschäftigen müssen. Nach den einschlägigen Erfahrungen rechnet man für rund 1000 Beschäftigte einen hauptamtlichen Mitarbeiter, der mit solchen Aufgaben ausgelastet ist. Sogenannte Stellen- oder Arbeitsanalytiker haben darüber hinaus die Aufgabe, zusätzliche Rationalisierungsmöglichkeiten und Organisationsverbesserungen herauszufinden und deren Durchführung zu betreiben. Sie haben ferner die Aufgabe, mit recht vielen Stelleninhabern Kontakt für die Ausfertigung von Stellenbeschreibungen herzustellen, um

Tabelle 11: Anforderungen an Arbeitsanalytiker

1.	*Kenntnisse*
1.1.	Betriebswirtschaftliches, Informatik- oder Ingenieurstudium (je nach Aufgabenstellung bzw. zu betreuendem Bereich)
1.2.	Möglichst technische oder kaufmännische Ausbildung bzw. entsprechende praktische Tätigkeit
1.3.	Ausreichende Betriebs- und Berufserfahrung im Unternehmen; hinreichende Kenntnisse der gesamten Organisationssituation des betreffenden Unternehmens
1.4.	Beherrschung der Gesprächs-und Berichtstechniken
2.	*Mentale Fähigkeiten*
2.1.	Fähigkeit des analytischen, ganzheitlichen und vernetzten Denkens
2.2.	Fähigkeit zur Abstraktion
2.3.	Beobachtungs-und Auffassungsgabe
2.4.	Lernfähigkeit
2.5.	Unterscheidungs- und Urteilsfähigkeit
2.6.	Ausdrucksfähigkeit, Fähigkeit zur präzisen Formulierung
2.7.	Sinn für Organisation und systematisches Arbeiten
2.8.	Kommunikationsfähigkeit
3.	*Sonstige Fähigkeiten*
3.1.	Beharrlichkeit, ausgeprägte Standfestigkeit
3.2.	Ausgeglichenheit, ständige Vermittlungsbereitschaft
3.3.	Kontaktfreudigkeit und Kontaktfähigkeit
3.4.	Sicheres Auftreten, doch Bereitschaft zur Anonymität
3.5.	Fähigkeit zu selbständigem Arbeiten
3.6.	Methodenkompetenz im Tätigkeitsfeld Personalwirtschaft sowie Sozialkompetenz

bei diesen das Gefühl zu verstärken, daß neutrale Instanzen bei der Stellenbeschreibung mitwirken und dadurch mögliche ressortegoistische Beweggründe eine optimale Arbeitsverteilung und Kompetenzzuordnung nicht blockieren.

Solche Arbeitsanalytiker sind für das Unternehmen sehr wertvolle Mitarbeiter. Sie müssen für ihre Aufgabe entsprechend qualifiziert sein. Tabelle 11 führt auf, welche Anforderungen sich als sinnvoll erwiesen haben.

In der betrieblichen Praxis hat es sich gezeigt, daß der Einsatz als Arbeitsanalytiker auch eine ausgezeichnete Form der Qualifizierung von Nachwuchs-Führungskräften im Unternehmen ist. Durch den vielseitigen Einsatz in mehreren Bereichen des Unternehmens und die ständige Notwendigkeit, sich in den Gesprächen mit verschiedenen Vorgesetzten und Mitarbeitern durchzusetzen und dabei eine optimale Form der Zusammenarbeit und Ergebnisse zu erreichen, wird der Arbeitsanalytiker gefordert und kann den Beweis für seine Fähigkeiten erbringen oder solche entwickeln. Stellen- bzw. Arbeitsanalytiker, die sich im Laufe einer mehrjährigen Tätigkeit bewährt haben, werden bevorzugt von den Unternehmensbereichen als Nachwuchs-Führungskräfte angefordert und eingesetzt.

Arbeitsanalytiker arbeiten mit größter Effizienz nach etwa zweijährigem Einsatz. Erst zu diesem Zeitpunkt haben sie den Einarbeitungsgrad, der sie befähigt, ihre Aufgaben gut zu erfüllen. Arbeitsanalytiker, die länger als fünf Jahre tätig sind, verlieren dann oft das Engagement für ihre Tätigkeit, wie das auch bei anderen qualifizierten Mitarbeitern in Stabsbereichen festzustellen ist. Ein vernünftig gesteuerter Personaleinsatz muß solche Erfahrungen zur Verbesserung der Effizienz der Leistungen bei seinen Planungen entsprechend berücksichtigen.

16. Dauer und Kosten der Einführung von Stellenbeschreibungen

Bei der Betrachtung des Aufwands ist zu berücksichtigen, daß je nach Konzeption, Umfang und Genauigkeit von Stellenbeschreibungen die Dauer der Bearbeitung und die Kosten unterschiedlich sein werden. Bei der in dieser Darstellung vorgeschlagenen Form der Anfertigung von Stellenbeschreibungen müssen für die Erfassung des Aufwandes berücksichtigt werden:

- Analyse des Ist-Zustandes jeder Stelle
- Darstellung der Ist-Verteilung der Aufgaben und Kompetenzen zwischen den verschiedenen Stellen und Bereichen
- Abstimmen der verschiedenen Auffassungen und Darstellungsmöglichkeiten über eine bessere Organisation
- Konzipieren und Darstellen der Soll-Verteilung der Aufgaben und Kompetenzen
- Erstellen des Erstentwurfs der Stellenbeschreibung
- Vergleichen und Abstimmen der Erstentwürfe auf klare Darstellung, Vollständigkeit, Abgrenzung zu anderen Stellen usw.
- Fertigstellen der endgültigen Stellenbeschreibung
- Einholen der Zustimmung zur Verabschiedung der Stellenbeschreibung
- Verteilen der Stellenbeschreibung an die Mitarbeiter

Dieser Vorgang wiederholt sich für jede Stellenbeschreibung. Der Aufwand nimmt zu, je größer die Anzahl der zu beschreibenden Stellen im Unternehmen ist und je umfangreicher die Stellenbeschreibung im einzelnen den Inhalt der Stelle wiedergeben soll. Die Dauer der Einführung der Stellenbeschreibungen ist insbesondere abhängig von der Anzahl derjenigen Personen, die während der Projektphase für das Erstellen von Stellenbeschreibungen eingesetzt werden können und welchen Qualifikations- bzw. Schulungsgrad diese Personen haben, bzw. davon, ob Beratungsfirmen eingeschaltet sind. Speziellen Beratungsfirmen* können

* Z. B. die durch die praxisnahe Einführung von Stellenbeschreibungen und Arbeitsbewertung bekanntgewordene Unternehmensberatung CONSULECTRA GmbH, Hamburg.

hierzu zeitliche Vorgaben gemacht werden, um das Verfahren abzukürzen. Oft haben Unternehmen nicht selbst genügend erfahrenes und freies Personal zur Verfügung und holen sich dann Hilfe bei einer erfahrenen Unternehmensberatung.

Unterschiede werden sich natürlicherweise auch je nach Qualifikation der zu beschreibenden Position ergeben. So wie die Verfasser kommt auch *Gutwein* zu folgenden Ergebnissen:

Die Dauer für das Anfertigen von Stellenbeschreibungen (einschließlich Ist-Analyse, Interview, organisatorisches Soll-Konzept im Quervergleich) beträgt beim

Ober- und Mittel-Management	ca. 20 Stunden je Stellenbeschreibung
Unteren Management und bei Sachbearbeiterfunktionen	ca. 7 Stunden je Stellenbeschreibung
Bei einfachen Tätigkeiten	ca. 6 Stunden je Stellenbeschreibung

Bei der üblichen Verteilung der Arbeitsplätze im Unternehmen ergibt sich somit ein Durchschnittswert von ca. 1 bis 1 1/2 Arbeitstagen für das Erstellen einer Stellenbeschreibung. Dieser Wert wird durch die Erfahrungen anderer Unternehmen bestätigt. (Werden PCs bei entsprechender Software verwendet, verringert sich die Anfertigungsdauer beträchtlich.) Allerdings sind diese Zeiten nicht zu erreichen, wenn im Unternehmen noch keine Organisations- und/oder Stellenpläne oder ähnliche Hilfsmittel einer transparenten Aufbauorganisation zur Verfügung stehen. Auch eine differenziertere Untersuchung und Durchorganisation der Arbeitsabläufe verlängert die Zeit.

Die *Dauer* der Einführung von Stellenbeschreibungen hängt weiterhin wesentlich von der Anzahl der verschiedenen Positionen im Unternehmen ab, die es zu beschreiben gilt. Erfahrungsgemäß wird man als Maßstab etwa 20 bis 30% der im Unternehmen beschäftigten Mitarbeiter für die Anzahl der notwendigen Stellenbeschreibungen schätzen können. Das bedeutet beispielsweise bei rd. 3000 beschäftigten Mitarbeitern ca. 600 bis 700 unterschiedliche Positionen und Stellenbeschreibungen. Die Zahl schwankt je nach Art des Unternehmens und der Branche. In einem Serienproduktionsunternehmen werden sich mehr

Tätigkeiten wiederholen, die auch nur einmal beschrieben werden müssen, im Vergleich zu Unternehmen, die für Entwicklung und Forschung tätig sind.

Die Dauer der gesamten Einführung von Stellenbeschreibungen ist nicht gleichzusetzen mit der Addition von Stellen mal Anfertigungszeit für eine einzelne Stellenbeschreibung. Bei einer Unternehmensgröße z. B. zwischen 1000 und 2000 Mitarbeitern wird die Einführung von Stellenbeschreibungen unter Hinzuziehen erfahrener Berater mindestens ein Jahr zügiger Arbeit erfordern. Am folgenden Beispiel zeigt sich, wozu die Zeit erforderlich ist:

Je nach Größe des Unternehmens wird die Einführung der Stellenbeschreibungen (auf der Grundlage einer gleichzeitigen Überprüfung der Organisation) ein bis zwei Jahre beanspruchen, und es ist sehr darauf zu achten, daß nicht so viel Zeit vergeht, daß die ersten Stellenbeschreibungen bereits überholungsbedürftig sind, wenn die letzten im Unternehmen fertig werden. Schon diese Tatsache allein beweist, wie wichtig es ist, die Aufgaben nicht nur konzentriert und zügig im Unternehmen durchzuführen sowie genügend verantwortungsbewußtes Personal dafür zur Verfügung zu stellen, sondern auch die Stellenbeschreibung nach ihrem Inhalt und Umfang nicht so zu differenzieren, daß bereits geringfügige Änderungen im Arbeitsablauf und in der Organisation starke Veränderungen in den Stellenbeschreibungen zur Folge haben. Das Einführen von *Standard-Stellenbeschreibungen* für ähnliche Tätigkeiten kann in diesem Zusammenhang sehr hilfreich sein.

Hinsichtlich der Kosten kommt man nach Untersuchungen bzw. Schätzungen vieler Firmen zu dem Ergebnis, daß, je nach Umfang und Aufmachung der Stellenbeschreibungen, die einzelne Stellenbeschreibung bei Einbezug aller erforderlichen Aktivitäten zwischen DM 2000,– und 3000,– kostet. Diese Beträge gelten natürlich nur für die Ersteinführung von Stellenbeschreibungen. Sie hängen auch stark ab von dem noch notwendigen Grad der Veränderung organisatorischer Verhältnisse.

Der Aufwand für das Einführen von Stellenbeschreibungen ist also nicht unerheblich. Von Organisationsfachleuten und Personalleitern wird jedoch immer wieder bestätigt, daß der Aufwand, der insbesondere am Anfang bei der Einführung von Stellenbeschreibungen entsteht, durch die nennenswerten Vorteile, die durch sie im Unternehmen herbeigeführt werden, mehr als ausgeglichen wird. Dabei spielt der Rationalisierungs- und Entbürokratisierungseffekt im Hinblick auf eine optimale Aufbau- und Ablauforganisation im Unternehmen, auf die Beseitigung von Schwachstellen und auf den Grad neuer, mitarbeiterorientierter Arbeitsplatzgestaltung die entscheidende Rolle bei der Gegenüberstellung von Aufwand und Nutzen.

Tatsächlich liegen jedoch bei konsequentem Vorgehen die mittel- und langfristigen betriebswirtschaftlichen und betriebsorganisatorischen Vorteile (s. Kapitel 19) noch weit höher, und dies speziell infolge besserer Mitarbeiterführung, größerer Zufriedenheit und Leistungsmotivation der Mitarbeiter und dadurch höherer Arbeitseffizienz.

17. Aufklärung der Mitarbeiter und Schulung der Vorgesetzten für das Einführen von Stellenbeschreibungen

Für die Unternehmen, die nicht schon aus einem anderen Anlaß Beschreibungen von Aufgaben und Kompetenzen durchgeführt haben, so z. B. als Grundlage für die Bewertung der Arbeitsplätze, bedeutet dieser Schritt einen entscheidenden Einschnitt in die betriebliche Praxis. Hier reicht es nicht, wenn die Geschäftsleitung lediglich den Auftrag dazu erteilt. Dadurch wird das Ziel, aussagefähige und eindeutige Stellenbeschreibungen für alle Arbeitsplätze zu erhalten, noch nicht erreicht.

So wie die Einführung eines neuen Führungssystems insgesamt und insbesondere neuer Führungsgrundsätze eine genügende geistige Vorbereitung der Betroffenen erfordert, so verlangt auch die Beschreibung der einzelnen Stellen eine ausreichende Information und Schulung. Dabei kommt es besonders darauf an, den Mitarbeitern und Vorgesetzten klarzumachen, was mit den Stellenbeschreibungen beabsichtigt wird. Immer wieder ist festzustellen, daß Unsicherheit bei einzelnen Betroffenen entsteht, da eine Beschneidung der bisherigen Kompetenzen oder eine Veränderung der Entlohnung vermutet wird. Manchmal wird von den Mitarbeitern auch angenommen, daß das Unternehmen das Projekt Stellenbeschreibung nur als Vorwand benutzt, um Möglichkeiten der Personalreduzierung mit Hilfe der Betroffenen zu ermitteln.

Deshalb ist eine intensive Aufklärungsarbeit notwendig, die bei Mitarbeitern und Vorgesetzten Vorurteile und Bedenken abbauen und die Bereitschaft wecken muß, sich selbst für aussagefähige Stellenbeschreibungen einzusetzen. Eine *Zielidentität* zwischen der Geschäftsleitung und den Beschäftigten ist jedoch nur dann zu erreichen, wenn folgende Bedingungen erfüllt sind:

- Der Belegschaft müssen die Ziele, die mit dem Projekt Stellenbeschreibung verbunden sind, erklärt werden.

Muster eines Rundschreibens an die Mitarbeiter zur allgemeinen Information über das Stellenbeschreibungsprojekt

Stellenbeschreibungen

Liebe Mitarbeiterinnen und Mitarbeiter,

die Unternehmensleitung hat mit Zustimmung des Betriebsrats beschlossen, in unserem Hause Stellenbeschreibungen einzuführen.

Durch die Stellenbeschreibungen sollen die Aufgaben und Kompetenzen jeder Stelle eindeutig festgelegt und klar abgegrenzt sowie der innerbetriebliche Informationsfluß geregelt werden. Dabei soll auch geprüft werden, wie Ihr Arbeitsplatz und Ihr Arbeitsumfeld nach Ihren Vorschlägen noch besser gestaltet werden können.

Auf diese Weise dienen die Stellenbeschreibungen der Verbesserung der Organisation unseres Betriebes und einer größeren Arbeitszufriedenheit aller Beschäftigten. Sie sollten daher das Interesse jedes Mitarbeiters finden.

Wir werden Sie demnächst zu einer allgemeinen Information über das Vorhaben und zur Besprechung über das „Projekt Stellenbeschreibung“ bitten. Dabei werden die ersten dringenden Fragen geklärt werden können.

Beauftragt mit der Leitung des „Projekts Stellenbeschreibung“ ist ....

Wir bitten Sie schon jetzt auf diesem Wege um Ihre Mitarbeit, besonders um Aufgeschlossenheit und bereitwillige Unterstützung im Interesse einer zügigen und wirtschaftlichen Durchführung dieses Projekts.

Mit freundlichen Grüßen

Die Unternehmensleitung — Der Betriebsrat

Muster eines Rundschreibens an die Mitarbeiter zur Information über die Fragebogen-Erhebung „Ist-Aufnahme“

Projekt Stellenbeschreibungen

Liebe Mitarbeiterinnen und Mitarbeiter,

das angekündigte und mit Ihnen besprochene „Projekt Stellenbeschreibung“ tritt jetzt in die Phase der Umsetzung in die Praxis.

Als ersten Schritt führen wir eine Fragebogen-Erhebung durch, womit der Ist-Zustand der Aufgaben- und Kompetenzverteilung sowie des Informationsflusses in unserem Hause einmal exakt aufgenommen werden soll. Zugleich enthält er Fragen nach Ihren Verbesserungsvorschlägen für die Arbeitsgestaltung und Arbeitsbedingungen.

Wir bitten Sie, alle Ihre Tätigkeiten, die organisatorischen Einzelheiten und Ihre Vorschläge, die sich gegenwärtig in Ihrem Arbeitsbereich ergeben, anhand des Fragebogens niederzuschreiben.

Als Abgabetermin ist der .... festgelegt.

Sie haben die Möglichkeit, während und nach dieser Teilaktion Rückfragen an den Leiter des „Projekts Stellenbeschreibung“ zu stellen.

Mit freundlichen Grüßen

Die Unternehmensleitung	Der Betriebsrat	Der Leiter des „Projekts Stellenbeschreibung“

Anlage

Tabelle 12: Richtlinien für Stellenbeschreibung

Mit Richtlinien soll erreicht werden, daß alle Stellenbeschreibungen nach einheitlichen Gesichtspunkten erstellt werden.

Gliederung der Stellenbeschreibung	Was ist darunter zu verstehen?	Beispiele
1. Stellenbeschreibung	Wie wird die Stelle offiziell bezeichnet?	Lohn- und Gehaltsbuchhalter E-Installateur
2. Arbeitsbereich	Hier ist die Bezeichnung des organisatorischen Bereichs aufzuführen	Auftragsabrechnung Fuhrpark Zählerwerkstatt
3. Ersatz für	Bezeichnung und Datum der überholten Stellenbeschreibung	
4. Zielsetzung/Aufgabenstellung	Kurzfassung der Aufgaben im Rahmen der gültigen Organisation; soweit möglich in einer Form, aus der erkennbar ist, welches Ziel die Stelle anstrebt. Es empfiehlt sich, die „so daß“ -Form zu wählen.	**Für „Rohrnetz-Meister“** Einsetzen und Beaufsichtigen der ihm unterstellten Mitarbeiter sowie Fremdpersonal, so daß die Neuverlegung und Reparaturen von Rohrnetzanlagen ordnungsgemäß ausgeführt werden.
5. Stellenbezeichnung des unmittelbaren Vorgesetzten	Hier ist die Stellenbeschreibung des Vorgesetzten zu nennen, der die Personalverantwortung gegenüber dem Stelleninhaber hat. Dazu gehört Verantwortung für Einsatz, Kontrolle, Sicherheit und Beurteilung.	**Für „E-Netzmeister“** Betriebsleiter E-Werk
6. Stellenbezeichnung der direkt unterstellten Mitarbeiter	Hier sollen die Stellenbezeichnungen der Mitarbeiter aufgeführt werden, gegenüber denen der Stelleninhaber Personalverantwortung hat.	**Für Betriebsleiter E-Werk** E-Netzmeister Meister Zählerwerkstatt Meister Fernsteuerung

Tabelle 12 (Fortsetzung)

Gliederung der Stellenbeschreibung	Was ist darunter zu verstehen?	Beispiele
7. Der Stelleninhaber wird vertreten von	Hier ist die Stellenbezeichnung des offiziell benannten Vertreters zu nennen.	**Für Einkäufer** Lagerverwalter
8. Der Stelleninhaber vertritt:	Hier ist die Stellenbezeichnung des Vorgesetzten zu nennen, der offiziell vertreten wird.	**Für Lagerverwalter** Einkäufer
9. Spezielle Befugnisse – auch Unterschriftsvollmachten –	Hier sind spezielle Vollmachten und Verpflichtungen aufzuführen, die zur selbständigen Erfüllung der aufgeführten Aufgaben erforderlich sind.	Sondervollmacht für Bestellungen Inkassovollmachten
10. Beschreibung der fachlichen Tätigkeiten, die der Stelleninhaber **selbständig** auszuführen hat.	Hier sind alle Aufgaben zu nennen, die der Stelleninhaber selbständig ausführt, d. h. ohne den Vorgesetzten im Einzelfall über die Ausführung der Arbeit und seine Entscheidungen informieren zu müssen. Eine Stellenbeschreibung ist dann korrekt, wenn die selbständig auszuführenden Aufgaben vollständig wiedergegeben und klar definiert sind. Allgemeine Führungsaufgaben, z. B. Kontrolle, Information, Beurteilen und Verantwortung für Sicherheit werden hier nicht aufgeführt, weil sie für alle Mitarbeiter und Vorgesetzten verbindlich sind. Tätigkeiten als Stellvertreter sind hier nicht aufzuführen.	Einsatz und Beaufsichtigen von Mitarbeitern durch Meister

	Die Formulierungen der einzelnen selbständig auszuführenden Aufgaben werden aussagefähiger, wenn sie jeweils mit treffenden Tätigkeitsbezeichnungen eingeleitet werden (siehe Beispielsammlung).	**Kundenberater:** Er berät die Kunden in formellen und tariflichen Fragen
	Es muß klar zu erkennen sein, wenn der Entscheidungsspielraum bei einer bestimmten Aufgabe eingeschränkt ist.	**Einkäufer:** Er entscheidet über Bestellungen bis .... DM
	Es ist übersichtlicher, wenn die Beschreibung der Aufgaben nach Arbeitsgebieten gegliedert wird. Die Wiedergabe von Arbeitsabläufen ist hier nicht gewünscht.	
Änderungsvermerke:	Hier sind Änderungen zu den Punkten 1–10 zu vermerken, die sich nachträglich ergeben haben und den organisatorischen Rahmen der Stelle sowie den Verantwortungs-Spielraum des Stelleninhabers nicht so grundlegend verändert haben, daß eine neue Stellenbeschreibung erforderlich ist. Es ist darauf zu achten, daß auch das dem Mitarbeiter ausgehändigte Stellenbeschreibungsduplikat entsprechend geändert wird.	

- Die Erklärungen müssen so erfolgen, daß sie bei allen Mitarbeitern ankommen und von diesen auch verstanden werden können. Das erfordert angemessene Zeit und eindeutige und verständliche Informationsmittel.
- Es muß versucht werden, eine Übereinstimmung zwischen den Interessen des Unternehmens und der Mitarbeiter an dem Erstellen von Stellenbeschreibungen herzustellen.

Es erweist sich als zweckmäßig, die Informationen und Schulungen der Mitarbeiter über die Stellenbeschreibung nicht nur von einer neutralen Stelle, sondern auch durch die Vorgesetzten selbst nach deren eigener Unterrichtung durchführen zu lassen. Dies ist eine wichtige Phase innerhalb der geistigen Vorbereitung, weil die Führungskräfte – die nach der Schulung oft selbst noch nicht ganz überzeugt sind – bei der Weitergabe der Informationen an ihre Mitarbeiter Gelerntes wiedergeben und sich selbst mit den Dingen sehr intensiv vertraut machen müssen.

Die Schulung der Vorgesetzten muß gezielt erfolgen. In eintägigen Seminaren kann ein optimales Schulungsergebnis erreicht werden, wenn die Seminare entsprechend vorbereitet sind und geeignete Hilfsmittel zur Erläuterung und Übung zur Verfügung stehen (Beispiele siehe Tabelle 12, S. 133). Die Seminare können so gestaltet werden, daß an den Vormittagen in wenigen Stunden Ziel und Form sowie Inhalt der Stellenbeschreibungen erläutert werden. Dabei sind insbesondere die Notwendigkeiten und Möglichkeiten der Ist-Aufnahme und der Weg zur Soll-Konzeption im Organisationszustand ausführlich zu diskutieren, da die Vorgesetzten insbesondere hierauf ihr Augenmerk und ihre Aktivität richten sollen. In den Nachmittagsstunden werden die Kenntnisse dann anhand von Beispielen aus der praktischen Erfahrungswelt angewendet. Die Teilnehmer versuchen, Stellenbeschreibungsentwürfe zu fertigen. Durch Korrektur von Fachleuten und Durchsprache der Entwürfe mit den einzelnen Teilnehmern können so die Voraussetzungen für Verständnis und einheitliche Vorgehensweise geschaffen werden. Geeignete Hilfsmittel der Schulung sind in mehreren Unternehmen erstellt worden.

In diesem Zusammenhang seien hier noch einige Formulierungshilfen für die Beschreibung der Tätigkeiten des Stelleninhabers gegeben:

Zur Kennzeichnung und Festlegung der verschiedenen Sachaufgaben, die der Stelleninhaber selbständig zu erfüllen hat, sollen nicht etwa Substantive (Hauptwörter) gebraucht werden, sondern Verben (Tätigkeitswörter), und diese keinesfalls im Infinitiv (Nennform), sondern konjugiert (auf die Person hin abgewandelt) und im Präsens (Gegenwartsform). Die nachstehend aufgelisteten Tätigkeitswörter werden zum Beschreiben der einzelnen fachlichen Tätigkeiten eine Hilfe sein und Anregungen geben. Damit das treffende Wort gefunden werden kann, sind mehrere Tätigkeitswörter mit ähnlicher Bedeutung zur Auswahl aufgeführt. Es können selbstverständlich noch zusätzliche Tätigkeitswörter verwendet werden, die hier nicht genannt sind.

Wörter, wie *abstimmen, betraut sein, betreuen, disponieren, mitarbeiten bei, mitwirken bei, teilnehmen an, unterstützen bei, veranlassen, verantwortlich sein* und *zusammenarbeiten mit,* sollten nicht oder so wenig wie möglich gebraucht werden, weil sie die Entscheidungsbefugnisse nicht klar erkennen lassen.

Wenn bestimmte Aufgaben bzw. Entscheidungen gemeinsam durchgeführt bzw. gefällt werden sollen, muß das aus der Stellenbeschreibung klar erkennbar sein.

Tabelle 13: Wörter zur Beschreibung der Tätigkeiten des Stelleninhabers

abnehmen	(was?)
abrechnen	(was, worauf?)
abwickeln	(welche Arbeiten?)
analysieren	(welche Tatbestände, Abläufe, Ergebnisse?)
anfertigen	(was?)
annehmen	(was, von wem?)
anpassen	(was, woran?)
anweisen	(welche Zahlungen?)
assistieren	(wem, wobei?)
aufmessen	(welche Anlagen, Tatbestände?)
aufstellen	(welche Pläne?)
ausführen	(welche Arbeiten?)
ausgeben	(was, an wen?)
ausstellen	(was, welche Formulare?)
auswerten	(in welcher Hinsicht?)
bedienen	(welche, Geräte, Kunden?)
begutachten	(worauf hin?)
benachrichtigen	(wen?)
beraten	(wen?)

Tabelle 13 (Fortsetzung)

berechnen	(was, für wen?)
bereitstellen	(was, für wen?)
berichterstatten	(worüber, an wen?)
beschaffen	(welche Materialien, Informationen?)
besichtigen	(was?)
bestellen	(was, wofür?)
beurteilen	(was, in welcher Hinsicht?)
bewerten	(was, nach welchem Verfahren?)
buchen	(welche Daten?)
darstellen	(was, wie?)
demontieren	(welche Anlagenteile?)
durchführen	(welche Maßnahmen?)
einkaufen	(welche Materialien, Dienstleistungen?)
einrichten	(was, in welcher Weise?)
einschleusen	(welche Daten, wo hinein?)
einsetzen	(welches Personal, Kapital?)
einspeichern	(welche Daten, wo hinein?)
einteilen	(welches Personal, wofür?)
eintragen	(welche Daten, wo hinein?)
einweisen	(wen, worin?)
entscheiden	(was, worüber, in welchen Fällen?)
entwerfen	(welche Pläne, Modelle, Gedanken?)
entwickeln	(was, zu welchem Zweck?)
erarbeiten	(was, zu welchem Zweck?)
ermitteln	(welche Tatbestände?)
festlegen	(was?)
führen	(von Verhandlungen, Besprechungen, Korrespondenz?)
genehmigen	(was?)
herstellen	(was?)
informieren	(wen, worüber?)
instandsetzen	(welche Geräte, Maschinen?)
interviewen	(wen?)
justieren	(welche Geräte?)
kalkulieren	(welche Preise?)
kommentieren	(welche Ergebnisse, Schriften?)
konsultieren	(wen?)
kontrollieren	(was, in welcher Hinsicht?)

Tabelle 13 (Fortsetzung)

korrigieren	(was, in welcher Hinsicht?)
melden	(was, an wen?)
montieren	(welche Anlagenteile?)
numerieren	(was?)
pflegen	(welche Geräte, Einrichtungsgegenstände, Kontakte?)
planen	(was, mit welchem Ziel?)
projektieren	(welche Geräte, Einrichtungsgegenstände?)
protokollieren	(was?)
prüfen	(was, warum?)
reinigen	(welche Geräte, Maschinen, Räume?)
sammeln	(welche Informationen, Belege?)
sortieren	(welche, Belege?)
stempeln	(was, weshalb?)
überprüfen	(in welcher Hinsicht?)
übertragen	(was, wohin?)
überwachen	(welche Anlagen, Projekte, in welcher Hinsicht?)
unterrichten	(wen?)
unterschreiben	(was, warum?)
untersuchen	(welche Tatbestände?)
verfolgen	(welche Arbeitsabläufe, in welcher Hinsicht?)
verhandeln	(mit wem, worüber?)
verkaufen	(was, an wen?)
vorbereiten	(was, für wen, wofür?)
vorschlagen	(wem, was?)
vortragen	(wem, zu welchem Zweck?)
warten	(welche Geräte, Maschinen?)
zeichnen	(was, auf wessen Anordnung?)
zusammenstellen	(welche Unterlagen, Daten?)
zusammentragen	(welche Unterlagen?)

18. Mitbestimmung und Mitwirkung des Betriebsrats bei Stellenbeschreibungen

Gemäß § 81 BetrVG hat der Arbeitgeber den Arbeitnehmer über dessen Aufgabe und Verantwortung sowie über die Art seiner Tätigkeit und ihre Einordnung in den Arbeitsablauf des Betriebes zu unterrichten. Darüber hinaus besteht ein Kollektivrecht des Betriebsrates bezüglich der Gestaltung von Arbeitsplätzen gemäß § 90 bzw. 91 BetrVG. Während in der erstgenannten Vorschrift lediglich ein Informationsrecht zu sehen ist, ist es zu einem Mitbestimmungsrecht ausgestaltet worden, wenn durch die Änderung des Arbeitsplatzes „gesicherten arbeitswissenschaftlichen Erkenntnissen" zuwidergehandelt wird.

Aus diesen Vorschriften folgt, daß die Gestaltung des Arbeitsplatzes sowie die Aufgabenzuordnung dem Organisationsrecht des Arbeitgebers und somit seinem Direktionsrecht unterliegen. Bei der Neugestaltung von Arbeitsplätzen besteht ein Informations- bzw. Beratungsrecht des Betriebsrates.

Bei der Beurteilung der Sachlage ist allerdings immer wieder zu berücksichtigen, inwieweit die Stellenbeschreibungen auch für Entgeltfindungszwecke herangezogen werden. Stellenbeschreibungen unterliegen insoweit dem Mitbestimmungsrecht des Betriebsrats gemäß § 87 Abs. 1 Ziff. 10 BetrVG, als es um ihre Anwendung und Anwendbarkeit für ein Arbeitsbewertungsverfahren geht. Darüber hinaus hat der Betriebsrat bei jeder konkreten Ausfüllung der Stellenbeschreibung, d. h. Einstellung bzw. Versetzung oder Neubesetzung des zugrundeliegenden Arbeitsplatzes auch bei bestehendem Arbeitsbewertungsverfahren, ein nicht verzichtbares Zustimmungsrecht nach § 99 Abs. 1 BetrVG. Mit diesem kann allerdings dann hinsichtlich des Arbeitsplatzes nur noch gerügt werden, daß die Stellenbeschreibung den tatsächlichen Tätigkeiten nicht entspricht.

Verbindet man diese verschiedenen Gesichtspunkte miteinander, fällt auf, daß sie sich auf den ersten Blick zu widersprechen scheinen. Denn einerseits wird gesagt, daß Stellenbeschreibungen allein dem Organisationsrecht des Arbeitgebers unterliegen, andererseits, daß sich das Mitbestimmungsrecht des Betriebsrats auch auf die Stellenbeschreibung im Rahmen der Arbeitsbewertung bezieht. Dieser vermeintliche Widerspruch läßt sich nur dann lösen, wenn man dahingehend differenziert, daß das Mitbestimmungsrecht im Sinne des § 87 Abs. 1 Ziff. 10 bezüglich der Stellenbeschreibung lediglich deren Vollständigkeit sowie die für ein ordnungsgemäßes Bewertungsverfahren erforderlichen Voraussetzungen erfüllt. Dazu gehören beispielsweise ordnungsgemäße und für die Bewertung ausreichende Stellenbeschreibungen, Erfüllung der bewertungstechnischen Voraussetzungen usw.

Dieses Mitbestimmungsrecht umfaßt jedoch nicht die der Stellenbeschreibung zugrundeliegenden eigentlichen Aufgaben und deren Zuordnung zu einem bestimmten Arbeitsplatz. Dieses Recht verbleibt weiterhin allein dem Arbeitgeber unter Vorbehalt der §§ 90, 91 BetrVG.

Auch von seiten des *Bundesarbeitsgerichts* wurde entschieden, daß die Stellenbeschreibung nicht als Auswahlrichtlinie zu gelten hat und daher auch unter diesem Gesichtspunkt nicht der Mitbestimmung des Betriebsrats unterliegt. Stellenbeschreibungen sind, wie das Bundesarbeitsgericht feststellt, „die Grundlage für die Erstellung von Anforderungsprofilen". Anforderungsprofile sind jedoch nach der Entscheidung des Bundesarbeitsgerichts vom 31. Mai 1983 nichts anderes als „die festgeschriebenen Vorstellungen des Arbeitgebers darüber, welche Anforderungen eine Stelle mit bestimmter Aufgabe an den Stelleninhaber stellt".

Selbstverständlich fließen diese Vorstellungen des Arbeitgebers bei personellen Maßnahmen zur Besetzung einer Stelle in die Entscheidung ein. Das sieht auch das Bundesarbeitsgericht. Dies macht sie jedoch noch nicht zu einer Auswahlrichtlinie oder zu einem Teil derselben. Auswahlrichtlinien sind nach Ansicht des Bundesarbeitsgerichts „erst der Komplex derjenigen Normen, die – unter anderem – bestimmen, inwieweit Anforderungen fachlicher, persönlicher oder sonstiger Art allein oder neben sonstigen Umständen bei der Entscheidung über eine personelle Einzelmaßnahme zu berücksichtigen sind". Teil einer Auswahlrichtlinie wäre ein Anforderungsprofil, wenn der Arbeitgeber zum Ausdruck brächte, „künftig keinen Arbeitsplatz mit einem Arbeitnehmer zu besetzen, der die in den Anforderungsprofilen festgelegten Anforderungen der Stelle nicht erfüllt".

Entfällt so ein Mitbestimmungsrecht des Betriebsrats an den Anforderungsprofilen unter dem Gesichtspunkt, daß sie keine

Auswahlrichtline darstellen und auch nicht Teil von Auswahlrichtlinien sind, so ergibt sich daraus auch, wie das Bundesarbeitsgericht feststellt, daß „die den Anforderungsprofilen zugrundeliegenden Stellenbeschreibungen“ nicht mitbestimmungspflichtig sind. Mit dieser Entscheidung befindet sich das Bundesarbeitsgericht in weitgehender Übereinstimmung mit der Literatur.

Man könnte nun der Meinung sein, daß unter diesen Voraussetzungen die Stellenbeschreibung erst gar nicht in das mitbestimmungspflichtige Verfahren der Arbeitsbewertung einbezogen werden sollte. Dagegen wäre vieles einzuwenden, z. B. daß in der Stellenbeschreibung – wenn der Betriebsrat eingeschaltet worden ist – in gewisser Hinsicht eine Selbstbindung des Betriebsrats vorliegt, da dieser seinen Widerspruch bei Ein- und Umgruppierungen gemäß § 99 Abs. 2 BetrVG nicht darauf stützen kann, daß betriebsinterne Regelungen verletzt worden sind. In der Regel ist nämlich nicht davon auszugehen, daß das Erstellen von Stellenbeschreibungen ohne Einfluß auf die Eingruppierung der Mitarbeiter bleibt. Auch wenn dies nicht gewollt und Entsprechendes erklärt worden ist, so läßt sich nach aller Erfahrung in der Praxis nicht vermeiden, daß eine gewisse Transparenz der Aufgaben und Kompetenzen an den verschiedenen Stellen zwangsläufig Meinungsäußerungen über die Zuordnung zu den bestehenden Entgeltfindungssystemen nach sich ziehen. Insbesondere Änderungen in der Arbeitsverteilung aufgrund von Rationalisierungen müssen bei dem Ziel, eine möglichst gerechte Entlohnung im Unternehmen durchzuführen, notwendigerweise zur Überprüfung der Löhne und Gehälter der betroffenen Mitarbeiter führen.

Es ist psychologisch ratsam und für die betriebliche Zusammenarbeit von großer Bedeutung, den Betriebsrat von Anfang an in das Erstellen der Stellenbeschreibungen mit einzubeziehen. Eine ausreichende Information des Betriebsrats über Ziel und Zweck der Stellenbeschreibungen sowie eine Darstellung der Vorgehensweise wird viele Widerstände von vornherein abbauen helfen und eine bessere Gewähr dafür geben, daß die betroffene Belegschaft mit Interesse an dem Projekt mitarbeitet. Es ist kaum zu erwarten, daß alle Mitarbeiter den Aufnahmebogen zur Beschreibung ihrer eigenen Tätigkeit ausfüllen werden, wenn der Betriebsrat in seinen Meinungsäußerungen die Mitarbeiter davor warnt. Die Erfahrungen in den Betrieben zeigen tatsächlich, daß die Zusammenarbeit mit dem Betriebsrat bei diesem Projekt Stellenbeschreibungen für alle Beteiligten von großem Nutzen ist und die Wirksamkeit wesentlich erhöht. Kluge Betriebsräte werden in dem Zusammenhang nicht das Bedürfnis haben, bei der Organisation der Arbeit maßgeblich mitzuwirken – soweit sie nicht selbst Experten bzw. Vorgesetzte verschiedener Bereiche sind –, sondern sie werden dies den Fachleuten überlassen. Allerdings muß den Betriebsräten selbstverständlich das Recht eingeräumt werden, ihre Mitarbeiter zu vertreten, wenn zwischen den tatsächlichen Tätigkeiten und den Stellenbeschreibungen Differenzen vorhanden sind.

Manche Firmen haben zu diesem Zweck paritätisch besetzte *Einspruchsausschüsse* ins Leben gerufen, die insbesondere die Aufgabe haben, Stellenbeschreibungen daraufhin zu überprüfen, ob die beschriebenen Aufgaben den tatsächlichen Aufgaben in wesentlichen Punkten entsprechen. Dies ist dann von besonderer Bedeutung, wenn die Stellenbeschreibungen für die Entgeltfindung herangezogen werden und so zwangsläufig zu falschen Eingruppierungen führen können, wenn nicht Tätigkeit und Beschreibung übereinstimmen. Bereits das Existieren solcher Einspruchsstellen wirkt beruhigend und korrigierend im Unternehmen. Die tatsächlich auftretenden Einsprüche sind dann in der Praxis so minimal, daß sie nicht erwähnenswert sind.

Von besonderer Bedeutung in diesem Zusammenhang ist es, die Betriebsratsmitglieder genauso wie die Vorgesetzten über Inhalt und Durchführung von Stellenbeschreibungen zu schulen, damit der gleiche Wissensstand für gemeinsame Gespräche vorhanden ist. Dies ist die Voraussetzung dafür, daß sich ein Bewußtsein im Unternehmen entwickeln kann, das die rechtliche Klärung der Mitwirkung und Mitbestimmung in Sachen Stellenbeschreibung überflüssig erscheinen läßt, da beide Seiten das für die Mitarbeiter und Unternehmen zweckmäßigste Vorgehen vereinbaren und vertreten. In vielen Firmen, in denen Stellenbeschreibungen mit Erfolg eingeführt worden sind, haben sich daher bis heute Geschäftsleitung und Betriebsrat keine Gedanken über die rechtliche Situation gemacht.

19. Die Vorteile von Stellenbeschreibungen

Durch die Einführung und richtige Handhabung von Stellenbeschreibungen ergeben sich sowohl für das Unternehmen insgesamt, für die Führungsorganisation, für den Vorgesetzten bei Erfüllung seiner Führungsaufgaben wie auch für die Mitarbeiter bei Erfüllung ihrer Sachaufgaben beträchtliche Vorteile und Chancen, die den damit verbundenen Aufwand in jedem Fall absolut rechtfertigen. Im einzelnen können aus der Praxis und der einschlägigen Literatur folgende vorteilhaften Eigenschaften und positiven Auswirkungen angeführt werden:

(1) *Aufgaben* und *Befugnisse* sind genau *festgelegt* und abgegrenzt. Dadurch *vermindern* sich die Reibungen und *Spannungen* zwischen Kollegen einerseits sowie zwischen Mitarbeitern und Vorgesetzten andererseits. Die gegenseitigen Beziehungen im Unternehmen werden versachlicht, die psychologische Situation der Mitarbeiter verbessert sich.

(2) Die genaue Festlegung der Aufgaben und Befugnisse führt zu einer größeren Bereitschaft zur *Übernahme von Verantwortung*, weil sie dem Mitarbeiter genau zeigt, was von ihm als selbständige Leistung erwartet wird.

(3) Die Stellenbeschreibung – ergänzt durch ein Anforderungsprofil – bietet eine gute *Unterlage* für die Personalabteilung und die Vorgesetzten bei ihrer *Auswahl* der *richtigen Mitarbeiter* für Neueinstellungen oder Versetzungen, auch für ein Assessment-Center. Falsche Bewertungen der Bewerber werden vermieden. Anforderungsermittlungen helfen sehr bei der Verwirklichung des Grundsatzes: Der richtige Mann am richtigen Platz.

(4) Die Festlegung der Aufgaben durch die Einführung von Stellenbeschreibungen ist ein ausgezeichnetes *Mittel zur Rationalisierung*. Organisationsfehler und deren Schwachstellen werden aufgedeckt.

(5) Die *Personalkostenplanung und -überwachung wird erleichtert*. Die genaue Abgrenzung der Stellen ermöglicht eine genaue Stellenplanung und einen regelmäßigen Soll/Ist-Vergleich, was eine rationelle und übersichtliche Personalplanung erleichtert.

(6) Die Stellenbeschreibung ist *Grundlage* für eine *systematische Einführung* und *Einarbeitung neuer Mitarbeiter:* Jeder „Neue" erkennt dadurch, in welche Aufgabenerledigung er hineinwachsen soll, welchen Grad der Einarbeitung er bereits erreicht hat. Dem Vorgesetzten nützt die Stellenbeschreibung zum Anleiten und Beurteilen während der Einarbeitungsphase.

(7) In Verbindung mit dem Anforderungsprofil gibt die Stellenbeschreibung *Ansporn* und Anregung für *Weiterbildung* und *Aufstieg*. Jeder erkennt, welches Können für die höheren Funktionsstufen und Qualifikationsebenen gefordert wird. Weiterbildungsmaßnahmen können zielgerichtet durchgeführt werden.

(8) Stellenbeschreibungen machen die verschiedenen Anforderungen an den Arbeitsplätzen allgemein sichtbar und *fördern* dadurch die *innerbetriebliche Mobilität*. Offene Stellen können mit den Ausbildungsanforderungen ausgeschrieben werden. Die innerbetriebliche Mobilität fördert zugleich die Arbeitsproduktivität.

(9) Durch die genaue Beschreibung der Aufgaben entsteht eine gute Grundlage für eine vernünftige *job rotation* im Rahmen der *Personalentwicklung*. Nachwuchs-Führungskräfte können gezielt umgesetzt und/oder ihre Leistungen besser beurteilt werden.

(10) Stellenbeschreibungen *vereinfachen* die *Verwaltungsarbeit* im Rahmen der Personalarbeit. Eine Verschlüsselung der Daten, der Anforderungsprofile, der Stellenbeschreibungen und sonstiger Stellencharakteristika ermöglicht den Einsatz der EDV für Gehaltsfestsetzungen und Personalplanung. Die Gegenüberstellung mit den Daten des Eignungsprofils der Mitarbeiter verhilft – insbesondere in Großunternehmen – zu einem anforderungsgerechten Personaleinsatz.

(11) Durch die Beschreibung der Stelle in Verbindung mit den speziellen Anforderungen wird ersichtlich, *welche Stellen* insbesondere für *ältere Mitarbeiter geeignet* sind. Spezifische körperliche und psychische Anforderungen werden nun erkennbar, für die ältere Mitarbeiter sich weniger eignen. Dafür stellt sich andererseits auch heraus, wo die Erfahrungen dieser Mitarbeiter besonders nützlich sein können.

(12) Stellenbeschreibungen helfen zu erkennen, wo besondere *Maßnahmen* im Rahmen der *Arbeitssicherheit* erforderlich sind. Das Sicherheitswesen kann sich bei der Arbeit auf die Arbeitsplätze konzentrieren, an denen die Unfallgefahr vergleichsweise größer ist.

(13) Stellenbeschreibungen mit Anforderungsermittlung *fördern* den *Gesundheitsschutz* und die *Gesundheitsfürsorge*. Durch einen genauen Vergleich der detaillierten Anforderungen an den einzelnen Arbeitsplätzen mit den Fähigkeiten der Mitarbeiter kann der Betriebsarzt insbesondere die körperliche Tauglichkeit der Arbeitsplatzinhaber für die einzelnen Stellen erkennen.

(14) Die Stellenbeschreibung dient als *Grundlage für die Leistungsbeurteilung* der Mitarbeiter. Dadurch kann sichergestellt werden, daß nur Leistungen von Mitarbeitern beurteilt und miteinander verglichen werden, deren Anforderungen vom Arbeitsplatz her gleich sind.

(15) Die Stellenbeschreibung im Rahmen der Organisation *klärt* die *Über- oder Unterordnung* des jeweiligen Arbeitsplatzes innerhalb der betrieblichen Hierarchie und gibt Aufschluß über – in der Praxis gelegentlich strittige – Aufsichts- oder Anordnungsbefugnisse.

(16) Die Stellenbeschreibung *trägt* sehr *zur Motivation der Mitarbeiter bei*, da sie offene und klare Verhältnisse schafft. Sie kann die Entstehung von Mobbing-Situationen verhindern, und sie verbessert jedenfalls die Arbeitszufriedenheit und das Leistungsniveau, wenn sie die Bedürfnisse und Interessen der Mitarbeiter bei der Gestaltung des Arbeitsplatzes berücksichtigt.

(17) Die Stellenbeschreibung macht *Lohn- und Gehaltsvergleiche* zwischen verschiedenen Betrieben und Branchen erst möglich. Erst der genaue Vergleich der Aufgaben und Anforderungen an den zu vergleichenden Arbeitsplätzen kann zu einem vernünftigen Entlohnungsvergleich führen.

(18) Die Stellenbeschreibung mit Anforderungsprofil hat eine *ausgleichende Auswirkung auf die betriebliche Zusammenarbeit*. Da die Ermittlung des Anforderungsprofils keine Rücksicht nimmt auf die Besetzung der verschiedenen Positionen, führt das bei einer Entgeltdifferenzierung nach den Ergebnissen

Grafik 8: Aufbau und Inhalt der Stellenbeschreibung

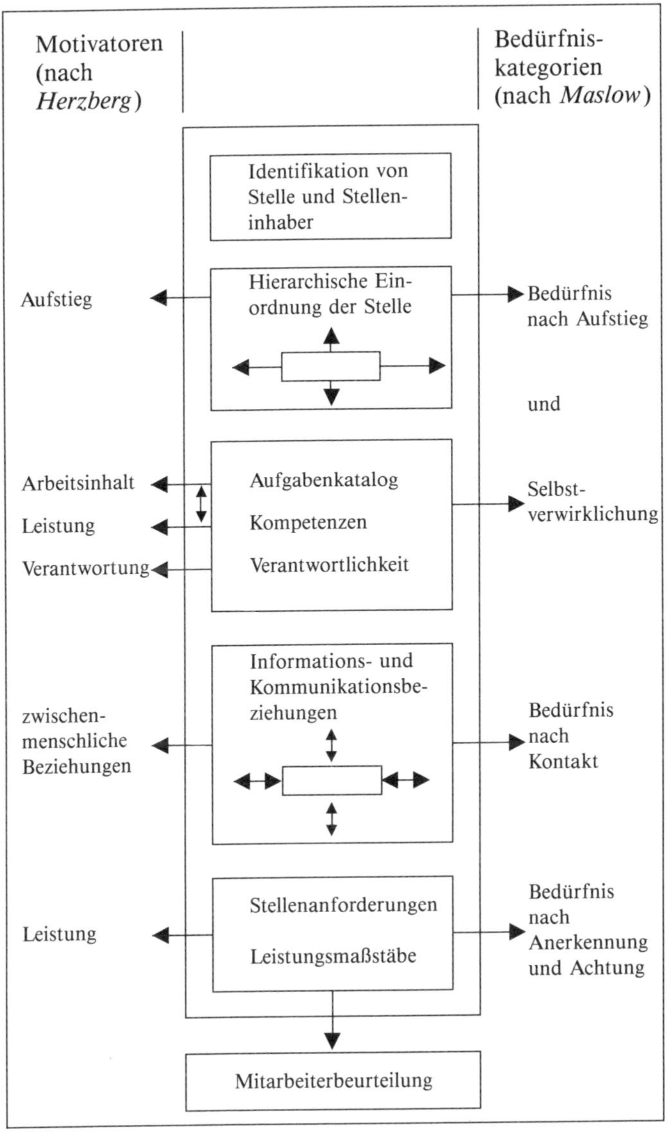

der Anforderungsermittlung zu einer *Gleichbehandlung von Frauen und Männern, Angestellten und Arbeitern.*

(19) Stellenbeschreibungen einschließlich Anforderungsermittlung führen zur *Versachlichung der Tarifverhandlungen.* Die von den Tarifpartnern gewünschten Veränderungen können gezielt den sich verändernden Anforderungen an die Mitarbeiter angepaßt werden.

(20) Inzwischen wird die Stellenbeschreibung immer wichtiger für die bessere Arbeitsgestaltung unter Mitwirkung der Betroffenen.

Zimmer (1978) hat die personellen Wirkungen von Stellenbeschreibungen sehr interessant in einer Abbildung dargestellt (Grafik 8).

20. Kritische Beurteilung von Stellenbeschreibungen

Als Nachteile werden immer wieder der mit der Beschreibung der Stellen verbundene Aufwand und die Einschränkung von Entfaltungsmöglichkeiten am Arbeitsplatz genannt.

Auch eine Lähmung des Arbeitsablaufes durch die „Zementierung" der Aufgaben wird befürchtet. Diesen Befürchtungen stehen bestimmte Erfahrungen gegenüber.

Der *Aufwand* ist sicherlich nicht gering, jedoch zu vertreten, wenn der Formalismus nicht übertrieben und Organisation wie Führung verbessert werden. Es lohnt nicht – wie bereits ausgeführt –, beim Beschreiben der Stellen die letzten Details zu erfassen, da sonst der Änderungsaufwand zu groß wird.

Eine *Einschränkung* der *persönlichen Entwicklungsmöglichkeiten auf seiten* der Stelleninhaber durch die Stellenbeschreibungen wird von den Unternehmen bestritten, die mit Stellenbeschreibungen arbeiten. Die Transparenz der verschiedenen Aufgaben und Kompetenzen auf den verschiedenen Ebenen und der Organisationsstruktur in allen Bereichen gibt mehr Übersicht über Aufstiegsmöglichkeiten, die wahrgenommen werden können, wenn die persönlichen Fähigkeiten über die Aufgaben des derzeitigen eigenen Arbeitsplatzes hinauswachsen. Eine gezielte Nachwuchsförderung und die innerbetriebliche Ausschreibung freier Stellen geben genügend Möglichkeiten, förderungswürdige Mitarbeiter ihrer Leistungsfähigkeit entsprechend einzusetzen. Die Zuteilung von Aufgaben und Kompetenzen auf die Stellen verhindert aber, daß planlos Aufgaben und Kompetenzen nach subjektiven Gesichtspunkten zugewiesen oder verweigert werden und dadurch die bestmögliche Erledigung der Aufgaben eingeschränkt wird.

Auf der anderen Seite hat jeder Mitarbeiter im Rahmen moderner Führung die Pflicht, seinen eigenen Aufgabenbereich zu intensivieren; das erfordert in den meisten Fällen für den Stelleninhaber zusätzliche Anstrengungen, da ihm diese Aufgabe früher vom Vorgesetzten abgenommen wurde.

Unternehmen können von einer bestimmten Größe ab nicht mehr mit einer „chaotischen Organisation" erfolgreich sein, die in der Gründungs- und Pionierphase normal ist. Neben der Dynamik braucht jedes Unternehmen eine gewisse Ordnung, die ihren Ausdruck in der Organisationsstruktur findet. Deshalb müssen Stellenbeschreibungen von Zeit zu Zeit auf ihre Aktualität geprüft und, wenn nötig, korrigiert werden.

Sehr häufig wird auch als Nachteil angegeben, daß die Mitarbeiter die Prinzipien der Stellenbeschreibung und des damit verbundenen Führungsstils zur selbständigen Durchführung der Aufgaben nicht begreifen oder nicht begrüßen. Insbesondere ältere Mitarbeiter seien oft gewohnt, nach Anweisung der Vorgesetzten zu arbeiten, und es fällt ihnen sehr schwer, sich plötzlich umzustellen. Es gibt häufig unter den jüngeren und älteren Mitarbeitern solche, die lieber nach Richtlinien und Anweisungen arbeiten und straff geführt werden wollen. Doch diese Erkenntnis darf nicht Richtschnur unseres gemeinsamen Handelns sein. Damit machen wir uns das Führen zu einfach und werden nur geringe Erfolge erzielen.

Es kann vorkommen, daß nach Einführung von Stellenbeschreibungen die Frage auftritt, *ob sich nun tatsächlich etwas verändert hat*, da manche Mitarbeiter nach wie vor nicht die Möglichkeit haben, im Rahmen der beschriebenen Aufgaben und Kompetenzen selbständig zu arbeiten. Natürlich, wenn viele Vorgesetzte nicht aufhören, in den Aufgabenbereich ihrer Mitarbeiter einzugreifen und wenn sie diese nicht zur selbständigen Arbeitsleistung heranziehen, wird keiner begreifen, wozu der Aufwand mit den Stellenbeschreibungen getrieben worden ist. Deshalb wird sich hier sehr schnell die Frage stellen, ob es ausreicht, Stellenbeschreibungen einzuführen oder ob nicht gleichzeitig die Führungskonzeption im Unternehmen zu überprüfen ist. Kooperative Führung, Delegation von Aufgaben und Kompetenzen sowie die Durchführung bestimmter Maßnahmen zur Organisation einer „besseren Arbeit“ müssen zusammenlaufen, um den mit der Einführung von Stellenbeschreibungen beabsichtigten Effekt im Rahmen der Führung von Mitarbeitern tatsächlich zum Tragen kommen zu lassen.

Verständlicherweise sind Stellenbeschreibungen unergiebig oder sogar oft nachteilig, wenn die *Arbeitsplätze nicht mit den geeigneten Mitarbeitern besetzt werden* können. Dann muß aus Rücksicht auf einzelne Personen organisiert werden, und der echte, geplante organisatorische Soll-Zustand kann nicht realisiert werden. Dadurch geht ein mit der Einführung von Stellenbeschreibungen beabsichtigter wichtiger Effekt verloren. Die Gefahr wird sich weniger in Verbindung mit der Einführungsaktion von Stellenbeschreibungen selbst ergeben, weil hier schon weitgehend auf besondere Fähigkeiten von Mitarbeitern bei der Konzeption der Arbeitsverteilung Rücksicht genommen worden ist; aber im Laufe der Zeit kann es sich bei Wechsel des Personals durchaus ergeben, daß Änderungen im Arbeitsablauf und zwangsläufig in den Stellenbeschreibungen vorgenommen werden müssen. Jeder weiß: Stellenbeschreibungen sind an den sachlichen Voraussetzungen zu orientieren. Das schließt nicht aus, daß in Einzelfällen, insbesondere bei höherwertigen Positionen oder bestimmten Aufgaben, personenbezogene Elemente Einfluß auf den Inhalt der Stellenbeschreibungen haben müssen.

In der Organisationswissenschaft ist dies nicht nur erkannt (vgl. *Schwarz*, 1988), sondern auch akzeptiert.

Wichtig ist für die Beschreibung der Stellen, daß personenorientierte Aufgaben und Kompetenzen erkannt und bei dem Wechsel des Stelleninhabers überprüft werden.

Alle diese Nachteile lassen sich jedoch durch vernünftige Handhabung der Organisation ohne Schwierigkeiten vermeiden. Die Voraussetzung dafür ist allerdings, daß die Vorgesetzten – auf allen Ebenen, insbesondere jedoch die Geschäftsleitung – nicht nur in der Phase der Einführung, sondern auch auf Dauer entschieden hinter dem Projekt der Stellenbeschreibung stehen. Regelmäßige Fortschrittskontrollen sind auch hier notwendig, damit das gewünschte Ziel erreicht wird.

Trotzdem, Stellenbeschreibungen sind nicht *immer wertungsfrei, unparteiisch oder rein deskriptiv* erstellbar. Wer immer sie durchführt – der Stelleninhaber, der Vorgesetzte, ein Personalsachbearbeiter, ein Stellenanalytiker oder ein Team von Stellenanalytikern und anderen Experten oder verschiedene Arbeitnehmervertreter –, Wahrnehmungsunterschiede sind nicht zu vermeiden: Die Komplexität der Anforderungen an den Stelleninhaber in der Realität geht durch die erforderliche Reduktion oder Abstraktion verloren.

Die Formulierung einer Beschreibung enthält zudem (wenn sie für die Arbeitsbewertung vorgesehen ist) ethische Komponenten. Wenn ein Merkmalskatalog vorgegeben ist, werden hier bereits Vorentscheidungen für die folgenden Schritte getroffen, weil Kataloge neben der Betonung bestimmter Aspekte notwendigerweise andere ausschließen. Beschreibungen der Stelle können bewußt breit oder eng angelegt oder zufällig – z. B. in Abhängigkeit von der Formulierungsfähigkeit – verfaßt werden. Daraus resultieren bewußte oder willkürliche Konsequenzen in der Bewertung.

Die *Einbeziehung der Stelleninhaber* erfolgt offensichtlich häufig nur unter dem Gesichtspunkt, daß durch sie ein Gefühl der Mitwirkung erzeugt und damit eine Erhöhung der Wahrscheinlichkeit der Akzeptanz erreicht werden kann, ohne echte Mitwirkung zu wollen. Das muß vermieden werden.

Die *fehlende Präzision* und die *notwendige* Unvollständigkeit der *Beschreibungen* macht es möglich, sie im Verlaufe des Verhandlungsprozesses relativ beliebig auszulegen.

Diesen kritischen Analysen kann nur zugestimmt werden. Wenn der Zweck die Mittel heiligt, dann sind andere Stellenbeschreibungen dazu geeignet, Arbeitsbewertungsergebnisse zu manipulieren, indem die Beschreibungsinhalte verfälscht bzw. die Schreibtechnik und Sprachwendungen mißbräuchlich eingesetzt werden. Wer dies bezweckt, versteht nichts von erfolgreicher Führung. Allerdings, was ist objektiv, wenn Menschen daran mitwirken?

Den Nutzen der Beschreibungen sollte man daran messen, wie die Situation für die Betroffenen ohne Stellenbeschreibungen aussieht; u. E. läge in jedem Fall eine stärker subjektiv geprägte Situation vor, die sich im Zweifel zum Nachteil des Unternehmens und der Mitarbeiter auswirkt.

21. Probleme beim Anfertigen von Stellenbeschreibungen

Bei der Einführung der Stellenbeschreibung ergeben sich die größten Schwierigkeiten durch personelle Engpässe. Unabhängig davon, bei wem die Verantwortung für die Stellenbeschreibungen liegt, erfordert in großen Unternehmen das Erstellen von Stellenbeschreibungen von vielen Beteiligten viel Zeit. Wenn Mitarbeiter und Vorgesetzte auf allen Ebenen bei dem Anfertigen der Stellenbeschreibungen mitwirken, geschieht das neben deren eigentlichen Hauptaufgaben. Wenn auch sonst eine rationelle Personalplanung und genaue Zuordnung der Arbeitskräfte entsprechend den Aufgaben vorliegt, werden Vorgesetzte die in diesem Zusammenhang auf sie zukommenden Aufgaben oft nur außerhalb der täglichen Arbeitszeit durchführen können. Selbst bei voller Übereinstimmung mit der Zielsetzung der Stellenbeschreibungsaktion kann es daher zu folgenden Schwierigkeiten bei der Einführung kommen:

Die Begeisterung wird im Hinblick auf die umfangreiche zusätzliche Arbeit gebremst.

Für die Güte und den Erfolg der Stellenbeschreibung und der vorausgehenden Analyse der Aufgaben und Arbeitsabläufe ist das bedenklich. Die mit der Stellenbeschreibung verbundenen organisatorischen Arbeiten dürfen jedoch nicht vernachlässigt werden, da sie einen großen Teil des Erfolges der Stellenbeschreibungsaktion ausmachen. Es wird daher immer wieder notwendig sein, von einer zentralen Stelle aus eine wirksame Unterstützung der Vorgesetzten zu organisieren. Darüber hinaus kommt es ganz besonders darauf an, daß die Geschäftsleitung und die oberen Führungskräfte mit Nachdruck auf die konsequente Durchführung der Beschreibung der Stellen und der Abwicklung der damit zusammenhängenden organisatorischen Aufgaben hinwirken. Die Identifizierung der oberen Führungskräfte mit dem Ziel der Stellenbeschreibungen ist daher ein wichtiger Impulsgeber für den erfolgreichen Verlauf der Aktion. Das erfordert zwangsläufig eine vorbildliche Haltung bezüglich der Anfertigung der eigenen Stellenbeschreibung im obersten Führungsbereich.

Die Organisationsanalyse zeigt oft recht schnell und deutlich, daß die bisherige Arbeitsverteilung und Kompetenzzuweisung zwischen verschiedenen Bereichen nicht einer zweckmäßigen Organisation entspricht.

Vielfach sind Führungskräfte davon persönlich betroffen. Sie sind nicht immer an einer Klärung oder Änderung der aufgezeigten Mißverhältnisse interessiert, weil sie eigenes Verschulden an der Situation empfinden oder eine Beschneidung ihrer Kompetenzen befürchten. Änderungen werden von vielen als störende und unbequeme Faktoren wahrgenommen.

Die Geschäftsleitung muß darauf hinwirken, daß solche Schwierigkeiten sachlich ausgetragen und geklärt werden. Vorhandene Organisationsformen, die eine wirtschaftliche Arbeitsweise erschweren, müssen korrigiert werden. Wird dabei zuviel persönliche Rücksicht genommen, zweifeln die Mitarbeiter an der Sachlichkeit und Konsequenz des dem Projekt Stellenbeschreibung zugrundeliegenden Führungsziels.

In Kraft gesetzte Stellenbeschreibungen sind verbindlich. Dennoch respektieren manche Führungskräfte nicht die Kompetenzen ihrer Mitarbeiter, sondern bestimmen in der alten Weise weiter.

Das ist oft nicht böse Absicht. Auch wenn der Wille dazu vorliegt, wird es immer wieder vorkommen, daß sich Führungskräfte weiterhin Kompetenzen herausnehmen, die sie bereits delegiert hatten oder haben sollten. Hier müssen die Mitarbeiter einerseits Geduld haben, weil Verhaltensänderungen schwerfallen und Zeit brauchen. Aber alle Stellen – auch die betroffenen Mitarbeiter selbst – müssen durch Gespräche und Hinweise an der Bewältigung dieses Problems arbeiten. Wenn erst die Offenheit in der Zusammenarbeit so weit ist, daß der Mitarbeiter ohne Nachteile für seine Person seine Vorgesetzten auf solche Mängel hinweisen kann – im kooperativen Führungssystem sein Recht und seine Pflicht –, ist schon viel erreicht.

Mißverständnisse entstehen in der betrieblichen Praxis allerdings dann, wenn der Vorgesetzte im Rahmen seiner Aufsicht und Erfolgskontrolle Fehlentscheidungen der Mitarbeiter kritisiert.

Oft wird dieses Verhalten von den Stelleninhabern als eine Einmischung in den eigenen Kompetenzbereich empfunden und mit

Unzufriedenheit quittiert. Viele Mitarbeiter glauben, daß ihnen mit der Übertragung der Aufgaben und Befugnisse und deren Festschreibung in der Stellenbeschreibung eine weitgehend unantastbare Selbständigkeit gegeben wird. Eine intensive Aufklärung aller Mitarbeiter über die verbleibende Notwendigkeit der Aufsicht (Verhaltenskontrolle) und Erfolgskontrolle (sowohl Zwischenergebnis- wie auch Endergebniskontrolle) auf allen Ebenen ist notwendig.

Andere Mitarbeiter glauben, sie brauchen jetzt nur noch das zu tun, was in der Stellenbeschreibung steht. Sie verweigern andere Arbeiten, soweit diese nicht reizvoll sind.

Es besteht jedoch kein Anlaß, davon auszugehen, jeder brauche nur noch das zu machen, was in seiner Stellenbeschreibung steht. Der Vorgesetzte muß seinem Mitarbeiter nach wie vor vorübergehend oder mittelfristig andere Aufgaben zuweisen können. Nur muß er ihm den vorübergehenden Charakter der Aufgabe erklären oder aber bei einer ständigen Übertragung neuer Aufgaben die Stellenbeschreibung ändern.

Für eine allgemein verbindliche Regelung könnte dazu in den „Führungsgrundsätzen" folgendes festgelegt werden:

> Der Vorgesetzte *kann* seinem Mitarbeiter gelegentlich und vorübergehend Sonderaufgaben mit den dazugehörenden Kompetenzen übertragen, auch wenn diese über die in der Stellenbeschreibung festgelegten Grenzen hinausgehen. Der Mitarbeiter muß es sich also gefallen lassen, wenn er von seinem Vorgesetzten gelegentlich Aufgaben zur Erledigung übertragen bekommt, die vorerst nicht in seiner Stellenbeschreibung zu finden sind, aber dem Wesen nach zu seiner Haupttätigkeit gehören.

Diese Tatsache kann nicht stark genug betont werden, denn dies ist für den wirtschaftlichen Arbeitsablauf genau so wichtig wie für das Fortkommen der Mitarbeiter. Eine schnelle Aufgabenerledigung hat im Interesse der betrieblichen Effizienz Vorrang und fordert deshalb oft, daß der Mitarbeiter auch einmal vorübergehend zusätzliche Aufgaben erledigt.

Das trifft insbesondere während der Urlaubszeit, bei Krankheitsfällen oder bei besonderen Arbeitsspitzen zu. In solchen Situationen müssen alle – unabhängig vom Inhalt ihrer Stellenbeschreibung – hilfsbereit einspringen. Die Stellenbeschreibungen brauchen deswegen nicht geändert zu werden. Abgesehen davon, daß es interessant sein kann, vorübergehend zusätzliche Aufgaben zu erledigen, ist dies auch eine Möglichkeit der Bewährung für den einzelnen. Sonderaufgaben erhalten oft nur diejenigen, denen man ihre Erledigung am ehesten zutraut. An zusätzlichen Aufgaben – gleich, ob mehr gleichwertige oder höherwertige –, kann man sein Können messen. Dies gilt insbesondere für qualifizierte Aufgaben.

Diese Möglichkeit erkennen auch die meisten Vorgesetzten, und nicht selten werden deshalb diejenigen zuerst gefördert, die sich in solchen Situationen bewährt, also ihre größere Leistungsfähigkeit unter Beweis gestellt haben. Die Stellenbeschreibung darf sich nicht den Anforderungen eines dynamischen Arbeitsprozesses entgegenstellen.

Wechselt die Tätigkeit der Mitarbeiter öfter oder ist dies zu erwarten, so hat sich folgendes Verfahren bewährt: Ein regelmäßig vorkommender vielseitiger Einsatz wird in der Stellenbeschreibung festgehalten als spezielle Anforderung mit den dazugehörigen Aufgaben und Kompetenzen – im Gegensatz zu den gelegentlichen und nicht vorhersehbaren Sonderaufgaben. Die Stellenbeschreibung wird dadurch nicht weniger genau, sondern informiert nur darüber, was betrieblich sein soll.

II. Beispiele für praktizierte Einführung von Stellenbeschreibungen*

* Beratung: CONSULECTRA Unternehmensberatung GmbH, Hamburg.

Beispiel 1

Ablaufplan für die Einführung von Stellenbeschreibungen und Arbeitsbewertung

---

Legende:

Aktivität		
Lfd. Nr.	Geschätzter Zeitaufwand für CONSULECTRA in Manntagen	an der Aktivität Beteiligte

- A = Auftraggeber
- C = CONSULECTRA
- P = Projektgruppe (Auftraggeber + CONSULECTRA)

Ablaufplan (Fortsetzung)

1. Phase: Erarbeitung von Stellenbeschreibungen als Voraussetzung für eine Arbeitsbewertung

Nr.	Projektschritte		Ziel/Erläuterungen
1	Eindeutige Aufgabenstellung und Zielsetzungen für das Projekt	A	Voraussetzung schaffen für effektive u. zielgerichtete Projektarbeit sowie für eindeutige u. einheitliche Argumentation gegenüber der Belegschaft.
2	Analyse der – Organisation – spez. Gegebenheiten des Auftraggebers – Gehaltsstruktur	C/A	Um die spezifischen Belange des Unternehmens bei der Konzeption u. Einführung der erforderlichen Organisations- u. Führungsmittel berücksichtigen zu können.
3	Vorschlag über Projekt-Organisation	C	Aufgaben, Zuständigkeiten, Größe, Besetzung u. Arbeitsweise der Projektgruppe, Notwendigkeit von Kontaktpersonen, Projektleitung.
4	Information der obersten Führungskräfte über Vorhaben	A	Die Einführung von Stellenbeschreibungen und die Bewertung der Arbeitsplätze muß von diesen Personen befürwortet und unterstützt werden. Deshalb rechtzeitige u. umfassende Information über Sinn u. Zweck sowie Ablauf des Projektes. Zusammenarbeit mit Berater darstellen.
5	Abstimmung mit Betriebsrat über Vorhaben	A	
6	Benennung der Mitglieder für Projektgruppe	A	

Ablaufplan (Fortsetzung)

Nr.	Aktivität		Erläuterung
7	Entwicklung und Darstellung der Einzelschritte u. Vorgehensweise für die Aktion **Stellenbeschreibung**	P	Alle erforderlichen Einzelschritte des Projektes soll die Gruppe erarbeiten (**Was** soll **wie** erreicht werden; **wer** soll aktiv einbezogen werden?)
8	Erarbeitung der Organisationsmittel sowie Konzept für Information und Schulung von Führungskräften zum Thema **Stellenbeschreibung** – Formulare – Hilfsmittel – Richtlinien	P	Abhängig von Aktivität 7 Erarbeitung der erforderlichen Formulare (Informationsinhalt, Aufmachung) sowie Hilfsmittel für deren Erstellung. Darüber hinaus muß Notwendigkeit sowie Inhalt, Art und Umfang von Schulungen geklärt werden.
9	Entscheidung Geschäftsleitung	A	
10	Information u. Diskussion über detaillierte Vorgehensweise mit höheren Führungskräften	C/A	Vorstellung der Ergebnisse der Projektgruppe bezüglich der Erarbeitung u. Einführung von Stellenbeschreibungen. Neben umfassender Information u. Diskussion muß hier Überzeugungsarbeit geleistet werden, um sicherzustellen, daß dieser Personenkreis sich hinter die Aktion stellt. (gilt für 10 und 11)
11	Information und Diskussion über detaillierte Vorgehensweise mit Betriebsrat	C/A	

Ablaufplan (Fortsetzung)

Information der Mitarbeiter über Aktion Stellenbeschreibung durch –Vorgesetzte –Werkzeitschrift –Sonder-Informationsdienst –Betriebsversammlung	12		C/A	Durch rechtzeitige u. umfassende Information soll Verständnis u. Aufgeschlossenheit der Mitarbeiter für die Notwendigkeit von Stellenbeschreibungen u. der damit verbundenen Vorteile erreicht werden.
Schulung der Vorgesetzten, die aktiv in die Erstellung von Stellenbeschreibungen einbezogen werden sollen	13	1 Tag pro Veranstaltung und 15–20 Teilnehmer	C	Ziel der Schulung ist neben der Unterweisung im Erstellen von Stellenbeschreibungen die Motivation der Vorgesetzten. Sie sollen die Vorteile der Stellenbeschreibungen als Führungs- u. Organisationsmittel erkennen und aufgezeigt bekommen, daß mit Hilfe der Stellenbeschreibungen bestimmte Führungsaufgaben leichter bewältigt werden können (Gehaltsfindung, Beurteilung, Personaleinsatz usw.).
Jeder Mitarbeiter füllt einen Aufnahmebogen für Stellenbeschreibung aus	14		A	Motivation der Mitarbeiter durch aktive Einbeziehung in die Ist-Aufnahme und ggf. Möglichkeit zur Mitgestaltung der Aufgabenstellung durch Soll-Vorschläge (abhängig von Aktivität 7).
Vorgesetzte erstellen erforderliche Unterlagen über den **Ist-Zustand** der Stellen ihres Bereiches, wie Stellenbeschreibungen, Arbeitsverteilungsübersichten usw.	15		A	Da jeder Vorgesetzte die Verantwortung für die Organisation seines Bereiches hat (haben sollte), muß er aus den Unterlagen der Mitarbeiter die entsprechenden Stellenbeschreibungen erarbeiten, d. h. er muß sich im Detail mit den Aufgaben seiner Mitarbeiter auseinandersetzen u. den Ist-Zustand beschreiben.

Ablaufplan (Fortsetzung)

Nr.	Aktivität		Erläuterung
16	Prüfung der Ist-Unterlagen auf Aussagefähigkeit, Abgrenzung der Aufgaben u. Rationalisierungsmöglichkeiten	C	Prüfung sollte sich z. B. beziehen auf Einheitlichkeit der Darstellung, Abgrenzung oder Lücken in der Aufgabenverteilung, Doppelarbeit, Delegationsmöglichkeiten, Vollmachtenregelung, klare Regelung von Kompetenzen, Zuständigkeiten, Vertretungen usw.
17	Bei Bedarf Durchführen von Arbeitsplatzanalysen für organisatorische Maßnahmen (Aufbau- u. Ablauforganisation) u. Erstellung von Soll-Stellenbeschreibungen	C	Schwachstellen sind durch Analysen abzusichern und im Sinne einer optimalen Aufbau- u. Ablauforganisation abzustellen. Der geänderte, anzustrebende Zustand wird in Form von Soll-Stellenbeschreibungen, Arbeitsverteilungsübersichten usw. dargestellt, Notwendigkeit u. Umfang sind erst nach Aktivität 16 überschaubar.
18	Abstimmung der Soll-Stellenbeschreibungen, Arbeitsverteilungsübersichten usw. mit Vorgesetzten, Organisation und Personalwesen	C	Die zu veröffentlichenden Stellenbeschreibungen sollten mit den genannten Stellen abgestimmt und von ihnen unterschrieben werden, um sicherzustellen, daß alle betrieblichen Belange berücksichtigt wurden.
19	Präsentation der Stellenbeschreibungen u. Inkraftsetzung durch Geschäftsleitung	C/A	Die abgestimmten u. ggf. überarbeiteten Stellenbeschreibungen müssen von der Geschäftsleitung zur Veröffentlichung freigegeben werden. Bei Differenzen in der Auffassung über anzustrebende Soll-Regelungen (z. B. Organisationsänderungen) muß die Geschäftsleitung entscheiden.

Ablaufplan (Fortsetzung)

Aushändigung der gültigen Stellenbeschreibungen an Mitarbeiter durch direkte Vorgesetzte 20 | A	Jeder Mitarbeiter sollte „seine" Stellenbeschreibung ausgehändigt bekommen, um damit informiert zu sein über die für seine Stelle verbindlich festgelegten Aufgaben, Zuständigkeiten, Kompetenzen usw. Dabei soll der Vorgesetzte auch die vorgesehenen Änderungen erläutern sowie zu Mitarbeiter-Vorschlägen (Aufnahmebogen), die nicht realisiert wurden, Stellung nehmen.

2. Phase: Entwicklung u. Anwendung eines Arbeitsbewertungssystems auf der Grundlage von Stellenbeschreibungen

Projektschritte	Ziel/Erläuterungen
Konzeption des Arbeitsbewertungssystems – Anforderungsarten – Stundendefinitionen – Anwendungsrichtlinien usw. 21 | P	Um eine realistische Ermittlung und Bewertung der Arbeitsanforderungen zu ermöglichen, müssen bei der Entwicklung des Systems die im betrieblichen Anwendungsbereich tatsächlich auftretenden Anforderungen sowie deren graduelle Abstufung berücksichtigt werden.
Bestimmung und vorläufige Bewertung von Schlüsselarbeitsplätzen nach – Systementwurf – Quervergleich 22 | P	Die Bewertung dieser Arbeitsplätze u. deren Abstufung zueinander ist wichtig, da sie im Quervergleich als Orientierungspunkte gelten.
Gewichtungsvergleich, Korrektur des Arbeitsbewertungs-Systems, Ermittlung der finanziellen Auswirkungen 23 | C	Sowohl die äußere als auch die innere Gewichtung des Systems muß der Anforderungsstruktur des Unternehmens Rechnung tragen.

Ablaufplan (Fortsetzung)

24	Präsentation des unternehmensbezogenen Arbeitsbewertungs-Systems (ggf. Alternative) bei der Geschäftsleitung	C/A	
25	Verhandlung, Diskussion, Korrektur, Verabschiedung, Tarifierung oder Betriebsvereinbarung	C/A	Da die Einführung u. Anwendung von Gehaltsfindungssystemen der Mitbestimmung unterliegen, müssen über Art u. Umfang der betrieblichen Anwendung des Systems entsprechende Vereinbarungen zwischen den Tarifvertragsparteien geschlossen werden.
26	Erarbeitung von Informations- u. Schulungsunterlagen zum Thema Arbeitsbewertung – Hilfsmittel – Richtlinien – Fibel usw.	P	Erarbeitung von Arbeitsmitteln sowie von Richtlinien für die praktische Anwendung des Systems. Darüber hinaus muß die Art und der Umfang von Informationsunterlagen für die Mitarbeiter sowie der Schulungen für die Mitglieder der Bewertungskommission geklärt werden.
27	Information der Führungskräfte und Diskussion	C/A	Information der Führungskräfte über Aufbau u. Anwendung des Arbeitsbewertungssystems.
28	Benennung der Mitglieder der Bewertungskommission	A	
29	Schulung der Mitglieder der Bewertungskommission über Anwendung des Arbeitsbewertungs-Systems	C	Soweit die Mitglieder der Bewertungskommission nicht schon in der Projektgruppe aktiv mitgearbeitet haben, müßte ihnen durch „Bewertungsübungen“ Sicherheit in der Anwendung des Bewertungssystems vermittelt werden.

Ablaufplan (Fortsetzung)

30	Vorläufige Bewertung aller Arbeitsplätze (Stellenbeschreibungen) durch Bewertungskommission – Arbeitsbewertungssystem – Quervergleich	C/A	Ergänzend zu den Schlüsselarbeitsplätzen werden von der Bewertungskommission sämtliche Arbeitsplätze/Stellenbeschreibungen bewertet.
31	Überprüfung aller Bewertungsergebnisse durch Gesamtvergleich, ggf. Korrektur der ersten Ergebnisse	C/A	Durch einen von der Bewertungskommission durchzuführenden Gesamt-Quervergleich soll sichergestellt werden, daß eventuell veränderte Bewertungsmaßstäbe und -grundsätze einheitlich für alle Arbeitsplätze Anwendung finden.
32	Verabschiedung der Bewertungsergebnisse und Zuordnung zum Entlohnungssystem	A	Festlegen der Arbeitswertentgelte.
33	Information der Mitarbeiter – Werkzeitschrift – Betriebsversammlung – Fibel – Vorträge	C/A	Durch umfassende Information soll Verständnis u. Aufgeschlossenheit bei den Mitarbeitern hinsichtlich der Anwendung u. Vorteile des Arbeitsbewertungsverfahrens erreicht werden.

Beispiel 2

Einführung von „Funktionsbeschreibungen" (Stellenbeschreibungen) in einem Unternehmen mit ca. 3000 Mitarbeitern

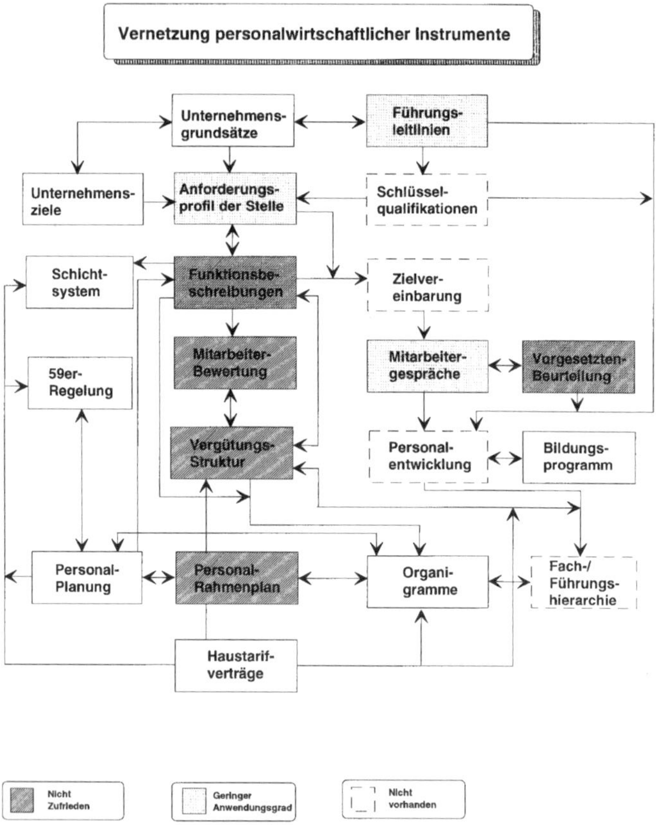

Ziele der „Funktionsbeschreibungen":

- **Sie sollen Transparenz schaffen ...**

  ... durch eindeutige Aufgabendefinitionen
  ... über sinnvolle Aufgabenabgrenzungen
  ... über die organisatorische Einbindung
  - Über- und Unterstellung
  - Stellvertretung bei Führungsstellen
  - Stellenbezeichnung

- **Sie sollen Grundlage sein ...**

  ... für die Einarbeitung neuer Mitarbeiter
  ... für die Anforderungsprofile
  ... für die vorgesehene summarische Arbeitsbewertung und damit für eine anforderungsgerechte Bezahlung

- **Sie sollen Hilfsmittel sein ...**

  ... für die Personalplanung
  ... für den Personaleinsatz
  ... für die Personalbeschaffung

- **Der Prozeß soll genutzt werden, um die Verantwortungsbereitschaft zu stärken und die Selbständigkeit zu fördern (z. B. durch Nutzung der Delegationsmöglichkeiten)**

Einführung von „Funktionsbeschreibungen“

Schritt	Weg	Wer mit wem
1	Vorstandsvorlage: o Darstellung der Ziele bei der Einführung von Funktionsbeschreibungen, Anforderungsprofile, Auswahlrichtlinien. o Darstellung der Vorgehensweise. Entscheidung des Vorstandes, ob Schritt 2 bis 4 durchgeführt werden soll.	- Vorstand - Personalwesen
2	Bildung einer Projektgruppe, die eine Konzeption erarbeitet unter Berücksichtigung der spezifischen Strukturen und Anforderungen im Unternehmen	- Mitarbeiter der Fachbereiche - Personalwesen - Consulectra
3	Präsentation der Konzeption vor den Fachbereichsleitern innerhalb eines Workshops, ggf. Modifikation	- Fachbereichsleiter - Personalwesen - Consulectra
4	Präsentation des modifizierten Konzepts für den Vorstand, ggf. Modifikation, Entscheidung über weitere Vorgehensschritte	- Vorstand - Personalwesen - Consulectra
5	Bildung einer Arbeitsgruppe "Funktionsbeschreibung"	- Personalwesen - Mitarbeiter der Fachbereiche - Consulectra
6	Erstellung von Funktionsbeschreibungen für eine Pilotgruppe	- Personalwesen - Consulectra
7	System der Funktionsbeschreibungen dem Vorstand präsentieren, (Erfahrungsbericht aus Pilotgruppe) Entscheidung über weitere Vorgehensweise	- Vorstand - Personalwesen - Consulectra

Einführung von „Funktionsbeschreibungen“ (Fortsetzung)

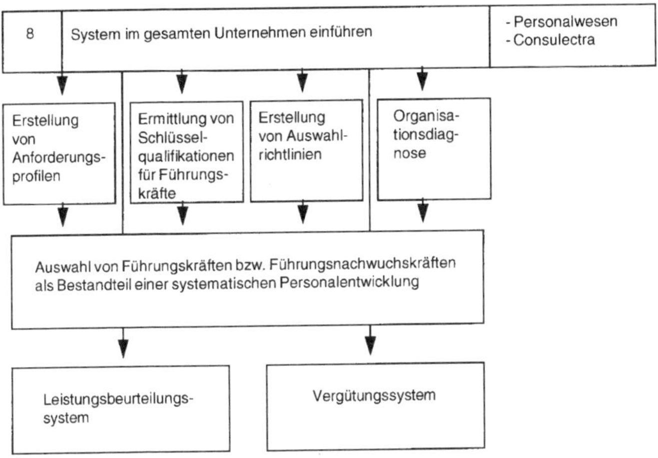

„Funktionsbeschreibungen" (Stellenbeschreibungen)
Ablauf der Erstellung

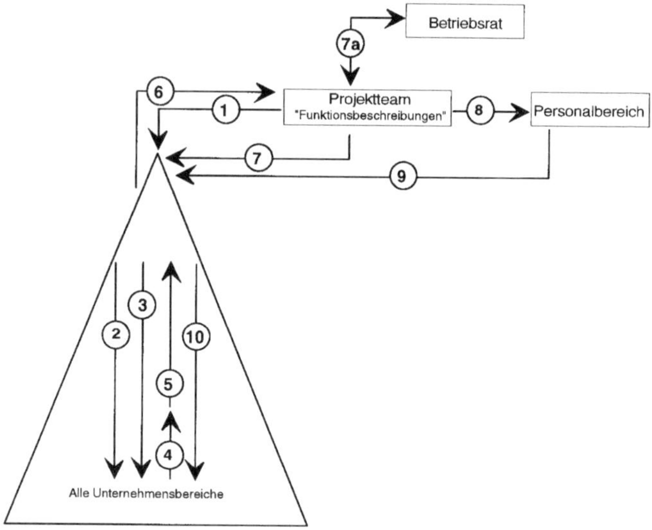

1 Das Projektteam „Funktionsbeschreibungen" weist die Führungskräfte der einzelnen Unternehmensbereiche in die Erstellung der Funktionsbeschreibungen ein.
2 Alle Mitarbeiter werden von ihrem jeweiligen Vorgesetzten informiert (persönliche Erläuterungen).
3 Für die Bereiche mit bis zu 3 Buchstaben werden Funktionsziele definiert. Hierbei sind die Vorgesetzten der entsprechenden Bereiche beteiligt (Vorgehen: von „oben" nach „unten"). Ferner werden die Bereichsorganigramme von den Vorgesetzten erstellt.
4 Jeder Mitarbeiter schreibt seine Aufgabe auf und gibt seinen Erfassungsbogen an seinen direkten Vorgesetzten zurück.
5 Vorgesetzter und Mitarbeiter definieren im gemeinsamen Gespräch die Inhalte der Funktionsbeschreibung. Eine Abstimmung mit dem örtlichen Betriebsrat hat zu erfolgen. Funktionsbeschreibungen und Bereichsorganigramme werden an die nächsthöhere Führungsebene zur Abstimmung und Koordination weitergegeben.

6 Weitergabe der im Bereich abgestimmten Funktionsziele, Funktionsbeschreibungen und Bereichsorganigramme durch die oberste Führungsebene an das Projektteam „Funktionsbeschreibungen“. Das Projektteam sichtet und überprüft die Unterlagen auf Einhaltung der Regeln und hinsichtlich des Aussagegehaltes.

7 Rückkoppelung des Projektteams „Funktionsbeschreibungen“ zum jeweiligen Bereich.

7a Information und ggf. Zustimmung Betriebsrat bezüglich der Erfassung der Daten in SAP/RP-Plan.

8 Weitergabe an Personalbereich zwecks Erfassung in das Personal-DV-System (SAP/RP-Plan), formularmäßiger Aufbereitung und offizieller Inkraft-Setzung.

9 Rückgabe der Endfassung der Funktionsbeschreibungen an die Vorgesetzten.

10 Jeder Vorgesetzte sorgt dafür, daß alle Mitarbeiter seines Bereiches eine aktuelle Funktionsbeschreibung erhalten.

Wie geht es weiter?

Ablauf und Terminvereinbarung für den Bereich: ....

Ablauf	Termine	Zuständig
Einweisung der Führungskräfte des Bereiches in einer Einweisungsveranstaltung.	Heute:	Projektteam "Funktionsbeschreibungen"
Information und Einweisung der Mitarbeiter des Bereiches in das Projekt, in die Aufgabendefinition u. -aufschreibung.	Nachdem Führungskräfte an der Einweisung teilgenommen haben:	Führungskräfte des Bereiches
Formulierung der Funktionsziele bis zur Ebene von 3 Buchstaben und Erstellung der Organigramme bis zur ausführenden Ebene *(falls gewünscht: Unterstützung durch das Projektteam)*.	....	Führungskräfte: ....

Arbeitsschritt	Termin	Beteiligte
Ist-Erfassung der Aufgaben. Rückgabe an den direkten Vorgesetzten.	bis zum:	Alle Mitarbeiter des Bereiches
Erstellung des Funktionsbeschreibungsentwurfs für die einzelnen Stellen im gemeinsamen Gespräch zwischen Vorgesetzten und Mitarbeitern.	bis zum:	Alle Mitarbeiter und Vorgesetzte des Bereiches
Weitergabe des Funktionsbeschreibungsentwurfs und der Bereichsorganigramme über den nächsthöheren Vorgesetzten an den Bereichsleiter. Ggf. Weitergabe von Verbesserungsvorschlägen, die nicht im eigenen Bereich geklärt oder realisiert werden können.	bis zum:	Alle Vorgesetzte des Bereiches
Rückgabe der Unterlagen (Funktionsziele, Bereichsorganigramme und Funktionsbeschreibungsentwürfe) an das Projektteam "Funktionsbeschreibungen".	**bis zum:**	Bereichsleiter des Bereiches: ....
Sichtung und Bearbeitung der rückläufigen Funktionsbeschreibungsentwürfe, Rückkoppelung zum jeweiligen Bereich.	bis zum:	Projektteam "Funktionsbeschreibungen"

Verantwortlich für den Ablauf und die Prozeßgestaltung sind die Bereichsleiter der Bereiche. Der örtliche Betriebsrat ist einzubeziehen. Auf Wunsch des jew. Vorg setzten u/o. des Mitarbeiters können Mitglieder des Projektteams hinzugezogen werden.

Regeln

1 Vorgehen von „oben“ nach „unten“ erleichtert das Arbeiten! Also: Erst die Ziele, dann die Aufgaben!

2 Jede Aufgabe muß nützlich sein, d. h. zum Bereichsziel passen (Nutzen = Beitrag zur Zielerfüllung)!

3 Die maximal 10 wesentlichen Fachaufgaben der Stelle!

4 Leitungs- und Führungsaufgaben nur als Zeitblock (Zeile „L/F“)!

5 Das „Was“ beschreiben, kurz und prägnant!
Das „Wie“ nur wenn es wichtig ist!

6 Nur 80–90% Zeitgewichtung.
Eine Aufgabe: mindestens 5%!
Kein Hang zu perfekten 100%!!

Hinweise zur Aufgabendefinition im Rahmen der „Funktionsbeschreibung"

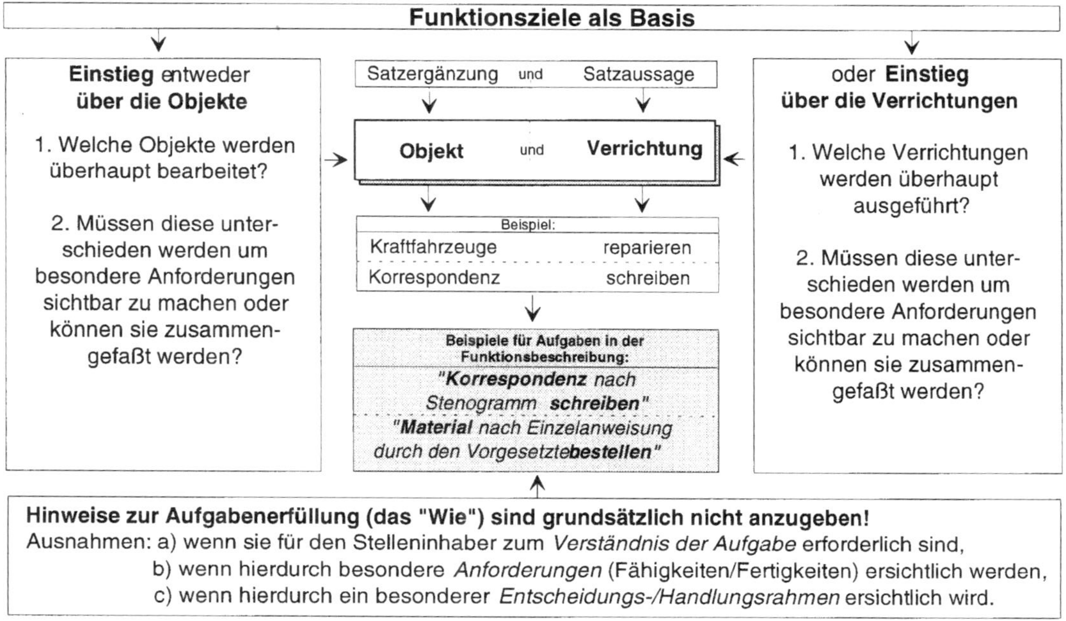

Hinweise zur Zeitaufteilung

		Beispiel: Vollzeit-Stelle	Beispiel: 50%-Stelle
Bruttoarbeitszeit pro Jahr		ca. 250	ca. 125 Tage
-	Fehlzeiten (Urlaub, Krankheit, etc.) ca. 20 %	ca. 50	ca. 25 Tage
=	Nettoarbeitszeit (incl. pers. Verteilzeit)	ca. 200	ca. 100 Tage

⇩

Hiervon sind 80-90% über die maximal 10 Hauptaufgaben darzustellen, d.h.

⇩

-	**1% der Nettoarbeitszeit =**	**ca. 2**	**ca. 1 Tag**
-	**5% der Nettoarbeitszeit =**	**ca. 10**	**ca. 5 Tage**
bzw.			
-	**80% der Nettoarbeitszeit =**	**ca. 160**	**ca. 80 Tage**

⇩

- ***Bei der Schätzung und Festlegung der prozentualen Verteilung der Nettoarbeitszeit auf die Hauptaufgaben ist eine Auf- bzw. Abrundung auf 5% vorzunehmen. Anderes führt (verführt) zur nutzlosen Scheinpräzision.***
- ***Die kleinste Aufgabeneinheit soll 5% sein.***
- ***Keinen unnötigen Ehrgeiz entwickeln = keine 100%-Lösungen!!***

Beispiele für zweifelhafte Aufgabendefinitionen

- „Beobachten des Betriebsgeschehens“
- „Zusammenarbeiten mit Abteilung XY“
- „Koordinieren des Ablaufes“
- „Beeinflussen der Kostenentwicklung“
- „Veranlassen der Kostenkontrolle“
- „Abstimmen der Vorgehensweise mit Abteilung XY“
- „Mitwirken bei der Erstellung der Produktionspläne“
- „Tragen der Verantwortung für die sachgerechte Dokumentation“
- „Mitarbeiten an Projekten“
- „Vertreten des Unternehmens in der Öffentlichkeit“
- „Bearbeiten der Buchungen“

Vertretungsregelung bei Führungsstellen

Warum?	Jederzeitige Sicherstellung der Personalführungsaufgaben und der unaufschiebbaren Leitungsfunktionen!
In welchem Umfang?	Nebenamtliche Vertretung! Nur die zeitkritischen Entscheidungen treffen, wichtige Dinge, die Zeit haben, liegen lassen!
Wie?	Dauerhafte Regelung, d. h. nicht Vertretungswechsel von Fall zu Fall. Idealer Weise von „unten“ nach „oben“. Offiziell bekannt machen (Organigramm) und in die Funktionsbeschreibung aufnehmen.

Vertretungsregelung bei Sachbearbeiter- und Handwerkerstellen

Wenn regelmäßig vorgesehen: in die Rubrik „Fachaufgaben“ mit aufnehmen und den sachlichen Umfang festhalten (Zeitanteil gleich/größer 5%).

Bereichsorganigramm

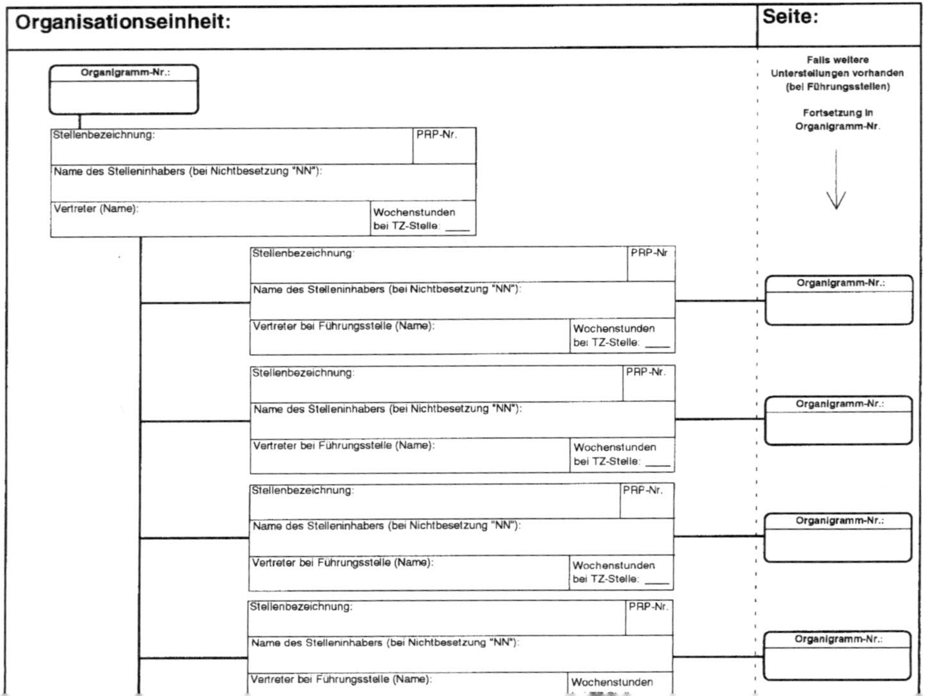

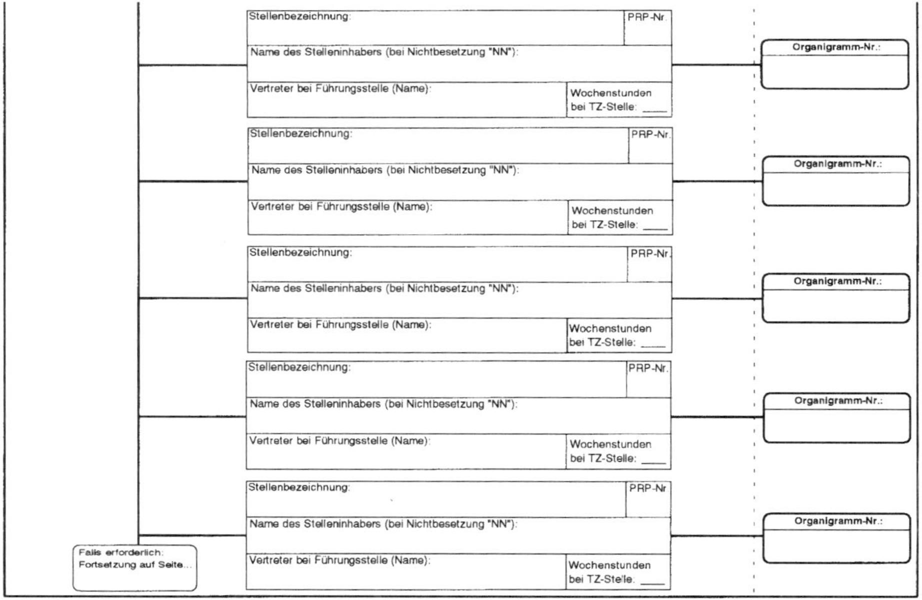
Stellenbezeichnung:
PRP-Nr.
Name des Stelleninhabers (bei Nichtbesetzung "NN"):
Vertreter bei Führungsstelle (Name):
Wochenstunden bei TZ-Stelle: ____
Organigramm-Nr.:
Stellenbezeichnung:
PRP-Nr.
Name des Stelleninhabers (bei Nichtbesetzung "NN"):
Vertreter bei Führungsstelle (Name):
Wochenstunden bei TZ-Stelle: ____
Organigramm-Nr.:
Stellenbezeichnung:
PRP-Nr.
Name des Stelleninhabers (bei Nichtbesetzung "NN"):
Vertreter bei Führungsstelle (Name):
Wochenstunden bei TZ-Stelle: ____
Organigramm-Nr.:
Stellenbezeichnung:
PRP-Nr.
Name des Stelleninhabers (bei Nichtbesetzung "NN"):
Vertreter bei Führungsstelle (Name):
Wochenstunden bei TZ-Stelle: ____
Organigramm-Nr.:
Stellenbezeichnung:
PRP-Nr
Name des Stelleninhabers (bei Nichtbesetzung "NN"):
Vertreter bei Führungsstelle (Name):
Wochenstunden bei TZ-Stelle: ____
Organigramm-Nr.:
Falls erforderlich: Fortsetzung auf Seite...

Funktions- und Leistungsziele in „Funktionsbeschreibungen“

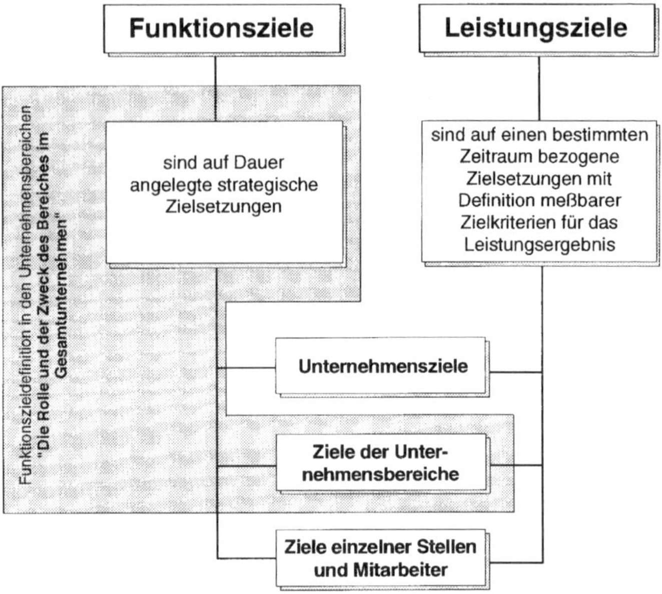

„Funktionsbeschreibungen“ Was ist an das Projektteam zurückzugeben?

1. Die Funktionsziele
für die Bereiche bis zu 3 Buchstaben

2. Die Bereichsorganigramme
(pro organisatorischer Einheit = 1 Organigramm)

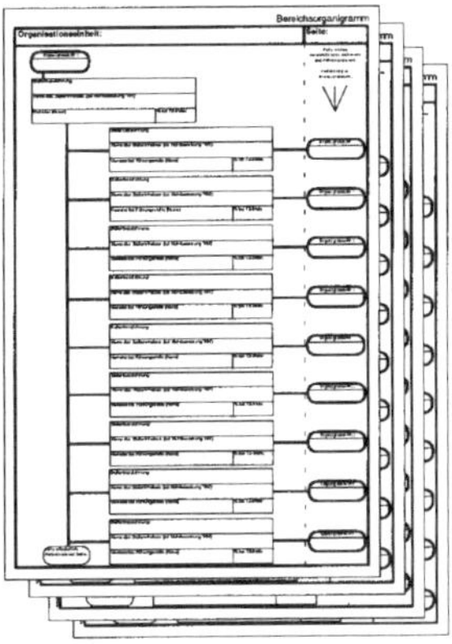

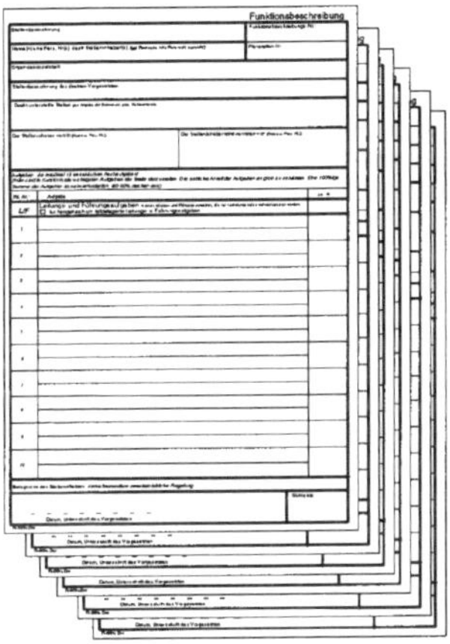

3. Die Funktionsbeschreibungen
(pro Stelle = 1 Funktionsbeschreibung)

Erfassungsbogen zum IST-Zustand von jedem Mitarbeiter selbst auszufüllen

Bezeichnung Ihrer Stelle:	
Ihr Name und Ihre Pers.-Nr.: :	
Organisationseinheit, in der sich Ihre Stelle befindet :	
Stellenbezeichnung Ihres direkten Vorgesetzten :	
Ihnen direkt unterstellte Stellen bzw. Mitarbeiter :	
Name des Leiters, den Sie vertreten : Tragen Sie hier nur die Vertretungsregelung ein, wenn Sie den Leiter einer Organisationseinheit - also eine Führungskraft - vertreten.	**Name desjenigen der Sie vertritt :** Tragen Sie hier nur die Regelung für Ihre Vertretung ein, wenn Sie selbst Leiter einer Organisationseinheit sind.

Aufgaben: *die maximal 10 wesentlichen Fachaufgaben!*
(Hier sind in Kurzform Ihre wichtigsten Aufgaben darzustellen. Der zeitliche Anteil der Aufgaben ist grob zu schätzen. Eine 100%ige Summe der Aufgaben ist nicht erforderlich, 80-90% reichen aus)

lfd. Nr.:	***Aufgabe:***	***ca. %***
L/F	Leitungs- und Führungsaufgaben (sofern Sie Leiter einer Organisationseinheit sind). Keine Leitungs- und Führungsaufgaben, die nur vertretungsweise wahrgenommen werden. ☐ Es handelt sich um teildelegierte Leitungs- u.Führungsaufgaben	
1		
2		

3		
4		
5		
6		
7		
8		
9		
10		

- -
Datum, Unterschrift des Erstellers (Mitarbeiters)

Funktionsbeschreibung

Stellenbezeichnung:	Funktionsbeschreibungs-Nr.:
Name(n) und Pers.-Nr(n). des/r Stelleninhaber(s), (ggf. Rückseite, falls Platz nicht ausreicht) **:**	Planstellen-Nr.:
Organisationseinheit:	
Stellenbezeichnung des direkten Vorgesetzten:	
Direkt unterstellte Stellen (mit Angabe der Stellen-Nr. gem. Rahmenplan) **:**	
Der Stelleninhaber vertritt (Name u. Pers.-Nr.) **:**	**Der Stelleninhaber wird vertreten von** (Name u. Pers.-Nr.) **:**

Aufgaben: ***die maximal 10 wesentlichen Fachaufgaben!***
(Hier sind in Kurzform die wichtigsten Aufgaben der Stelle darzustellen. Der zeitliche Anteil der Aufgaben ist grob zu schätzen. Eine 100%ige Summe der Aufgaben ist nicht erforderlich, 80-90% reichen aus)

lfd. Nr.:	*Aufgabe:*	*ca. %*
L/F	Leitungs- und Führungsaufgaben Keine Leitungs- und Führungsaufgaben, die nur vertretungsweise wahrgenommen werden. ☐ Es handelt sich um teildelegierte Leitungs- u. Führungsaufgaben	
1		
2		

3		
4		
5		
6		
7		
8		
9		
10		

Befugnisse des Stelleninhabers: *siehe besondere innerbetriebliche Regelung*

Datum, Unterschrift des Vorgesetzten	Sichtvermerk BR	Gültig ab:

Funktionsbeschreibung - Kurzhinweise

Stellenbezeichnung:	Funktionsbeschreibungs-Nr.:
Name(n) und Pers.-Nr(n). des/r Stelleninhaber(s), (ggf. Rückseite, …	Planstellen-Nr.:
Organisationseinheit:	
Stellenbezeichnung des direkten Vorgesetzten:	
Direkt unterstellte Stellen (mit Angabe der Stellen-Nr. gem. Rahme	
Der Stelleninhaber vertritt (Name u. Pers.-Nr.):	**Der Stelleninhaber wird vertreten von** (Name u. Pers.-Nr.):

Formulieren Sie bitte, aufgrund des Aufgabenbildes der Stelle, eine möglichst aussagefähige Stellenbezeichnung.

Bitte freilassen.

Tragen Sie hier den/die Namen der/des Stelleninhaber(s) und die Pers.-Nr(n). ein. Falls mehrere Mitarbeiter die gleichen Aufgaben wahrnehmen gilt für alle die gleiche Funktionsbeschreibung (Stellenzusammenfassung).

Bezeichnung der Organisationseinheit in der der/die Stelleninhaber tätig ist/sind.

Falls es sich um die Funktionsbeschreibung einer Führungskraft handelt: hier die direkt unterstellten Stellen aufführen.

Hier nur die Vertretungen mit Namen aufführen, wenn es sich um die Vertretung für eine Führungsstelle handelt (Vertretung für die Leitungs- und Führungsfunktion) Siehe auch "Vertretungsregelung bei Führungsstellen".

Aufgaben: ***die maximal 10 wesentlichen Fachaufgaben!***
(Hier sind in Kurzform die wichtigsten Aufgaben der Stelle darzustellen. Der zeitliche Anteil der Aufgaben ist grob zu schätzen. Eine 100%ige Summe der Aufgaben ist nicht erforderlich, 80-90% reichen aus)

lfd. Nr.:	*Aufgabe:*	*ca. %*
L/F	Leitungs- und Führungsaufgaben Keine Leitungs- und Führungsaufgaben, die nur vertretungsweise wahrgenommen werden.	
1		
2		
3		

Leitungs- und Führungsaufgaben können nur von Führungsstellen (mit direkt unterstellten Mitarbeitern) wahrgenommen werden.

Falls ein Mitarbeiter die Vertretung für eine Führungsstelle übernimmt, ist der Zeitanteil hier nicht gesondert zu gewichten (Es wird nur die "Stammfunktion" dargestellt, die Vertretung ergibt sich aus dem Feld "Der Stelleninhaber vertritt").

Zur Definition von Leitungs- und Führungsaufgaben auf den unterschiedlichen Führungsebenen: siehe bes. Beschreibung

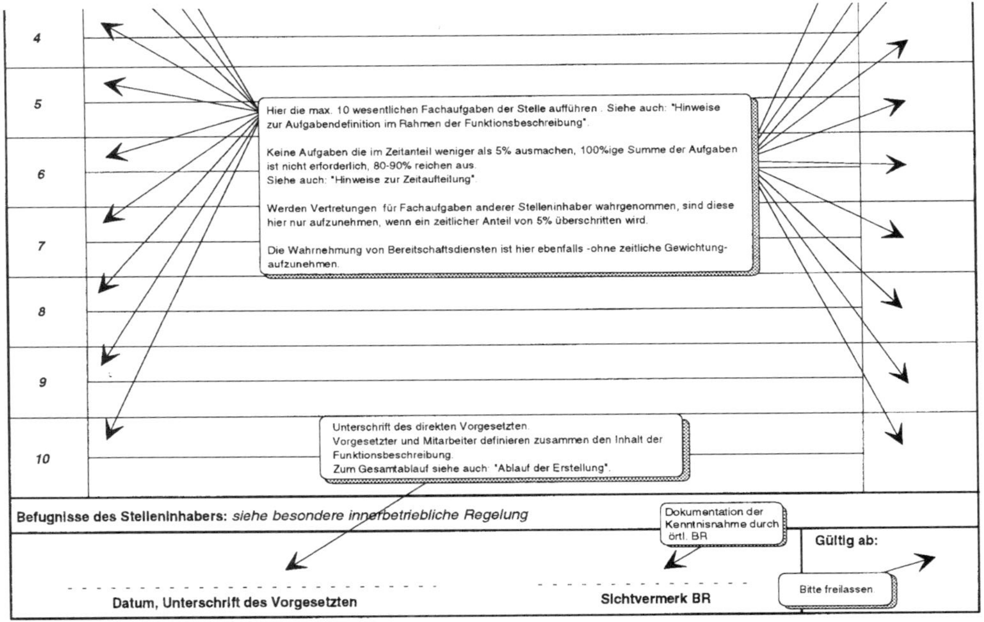
4
5
6
7
8
9
10
Hier die max. 10 wesentlichen Fachaufgaben der Stelle aufführen . Siehe auch: "Hinweise zur Aufgabendefinition im Rahmen der Funktionsbeschreibung".
Keine Aufgaben die im Zeitanteil weniger als 5% ausmachen, 100%ige Summe der Aufgaben ist nicht erforderlich, 80-90% reichen aus. Siehe auch: "Hinweise zur Zeitaufteilung".
Werden Vertretungen für Fachaufgaben anderer Stelleninhaber wahrgenommen, sind diese hier nur aufzunehmen, wenn ein zeitlicher Anteil von 5% überschritten wird.
Die Wahrnehmung von Bereitschaftsdiensten ist hier ebenfalls -ohne zeitliche Gewichtung- aufzunehmen.
Unterschrift des direkten Vorgesetzten. Vorgesetzter und Mitarbeiter definieren zusammen den Inhalt der Funktionsbeschreibung. Zum Gesamtablauf siehe auch: "Ablauf der Erstellung".
Befugnisse des Stelleninhabers: *siehe besondere innerbetriebliche Regelung*
Dokumentation der Kenntnisnahme durch örtl. BR
Gültig ab:
Bitte freilassen
Datum, Unterschrift des Vorgesetzten
Sichtvermerk BR

Laufende Pflege der „Funktionsbeschreibungen“

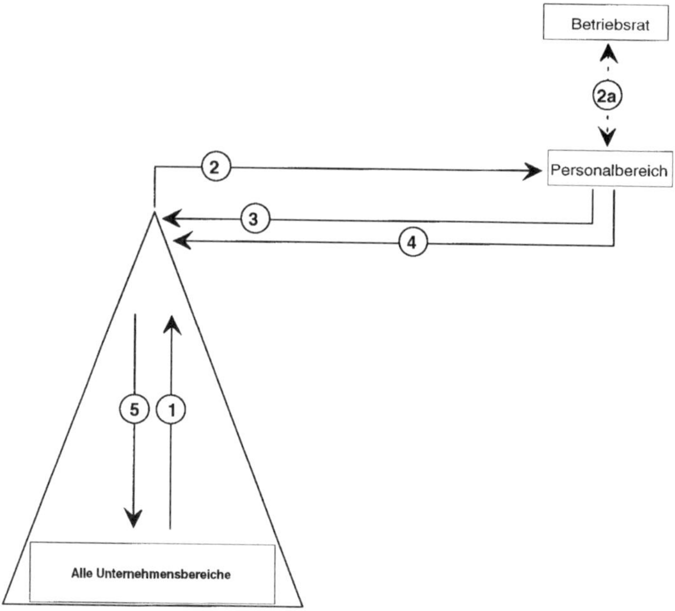

1 Führungskräfte ändern bei entspr. Erfordernis – unter Beteiligung ihrer Mitarbeiter – die Funktionsbeschreibungen für die ihnen direkt unterstellten Mitarbeiter (ggf. Anpassung weiterer Instrumente).
Weitergabe an die jeweils nächsthöhere Führungsebene zur Koordination.

2 Weitergabe der im Bereich abgestimmten Änderungen der Funktionsbeschreibungen an die Personalabteilung durch die Bereichsleiter. Die Personalabteilung sichtet und überprüft die Änderungen auf Einhaltung der Regeln, Aussagegehalt und Stimmigkeit zu anderen Instrumenten.

2a Information und ggf. Zustimmung des Betriebsrates bezüglich der Erfassung der Daten in SAP/RP-Plan.

3 Rückkoppelung Personalabteilung zum jeweiligen Bereich. Erfassung der Funktionsbeschreibung in Personalabteilung, formularmäßige Aufbereitung und offizielle Inkraft-Setzung.
4 Rückgabe der Endfassung der Funktionsbeschreibungen an jeweiligen Bereichsleiter.
5 Jeder Vorgesetzte sorgt dafür, daß alle Mitarbeiter seines Bereiches eine aktuelle Funktionsbeschreibung erhalten.

Zusätzlich zum laufenden Änderungsverfahren werden die in den Bereichen vorliegenden „Funktionsbeschreibungen“ einmal jährlich durch die Führungskräfte des jeweiligen Bereiches auf Aktualität überprüft.

Beispiel 3

Ablauf Aktion Stellenbeschreibung in der Vorsorgungswirtschaft

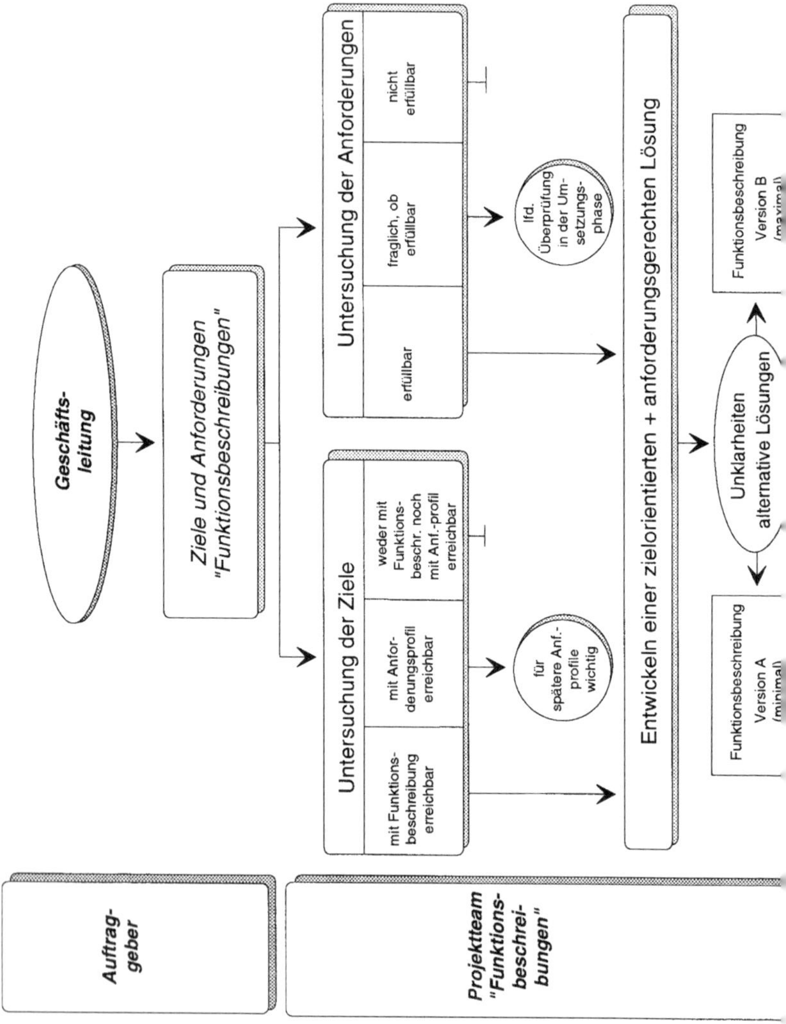

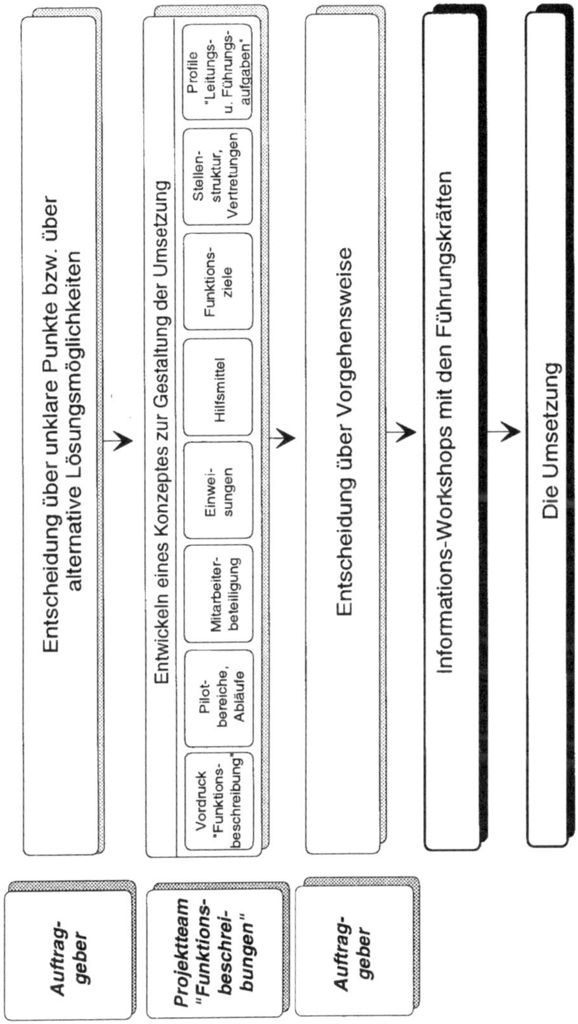

Auftrag-
geber
Entscheidung über unklare Punkte bzw. über
alternative Lösungsmöglichkeiten
Projektteam
"Funktions-
beschrei-
bungen"
Entwickeln eines Konzeptes zur Gestaltung der Umsetzung
Vordruck
"Funktions-
beschreibung"
Pilot-
bereiche,
Abläufe
Mitarbeiter-
beteiligung
Einwei-
sungen
Hilfsmittel
Funktions-
ziele
Stellen-
struktur,
Vertretungen
Profile
"Leitungs-
u. Führungs-
aufgaben"
Auftrag-
geber
Entscheidung über Vorgehensweise
Informations-Workshops mit den Führungskräften
Die Umsetzung

Beispiel 4

Einführung von Aufgabenbeschreibung (Stellenbeschreibung) und Anforderungsprofil in der Versicherungswirtschaft

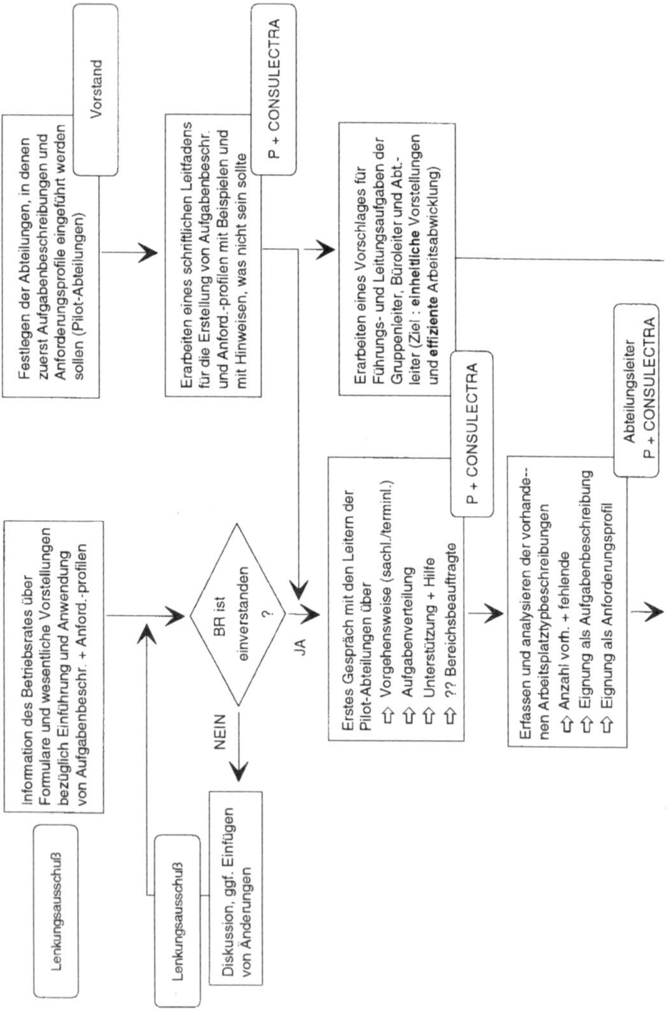

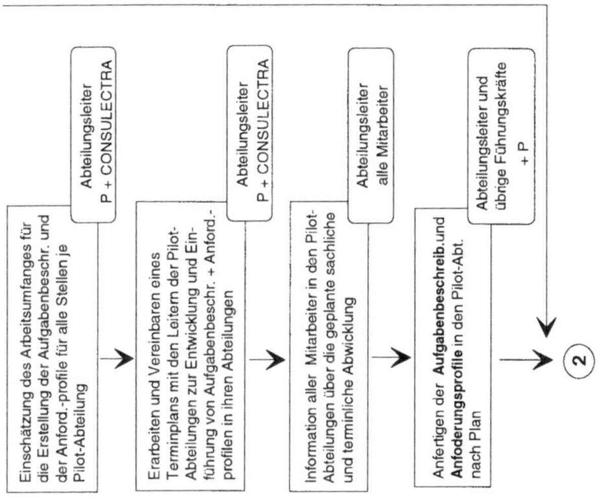
Einschätzung des Arbeitsumfanges für die Erstellung der Aufgabenbeschr. und der Anford.-profile für alle Stellen je Pilot-Abteilung
Abteilungsleiter P + CONSULECTRA
Erarbeiten und Vereinbaren eines Terminplans mit den Leitern der Pilot-Abteilungen zur Entwicklung und Einführung von Aufgabenbeschr. + Anford.-profilen in ihren Abteilungen
Abteilungsleiter P + CONSULECTRA
Information aller Mitarbeiter in den Pilot-Abteilungen über die geplante sachliche und terminliche Abwicklung
Abteilungsleiter alle Mitarbeiter
Anfertigen der **Aufgabenbeschreib.** und **Anfoderungsprofile** in den Pilot-Abt. nach Plan
Abteilungsleiter und übrige Führungskräfte + P
2

Detailplanung „Einführung von Aufgabenbeschreibung und Anforderungsprofil" (Fortsetzung)

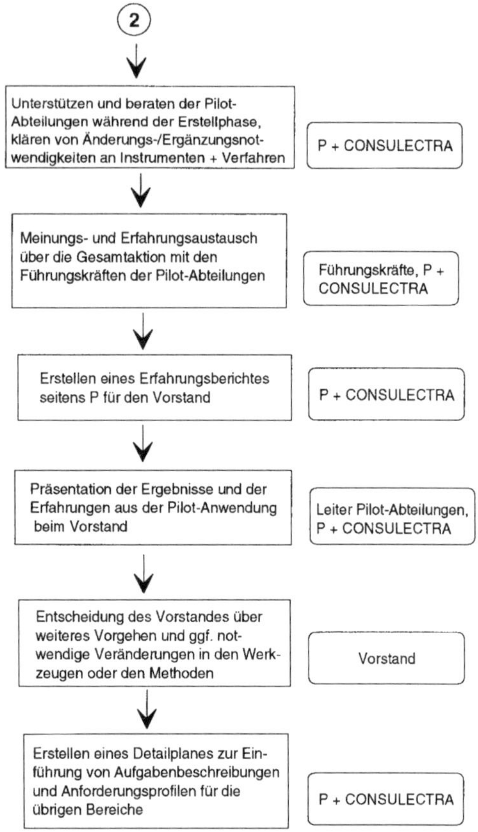

Beispiel 5

Inhaltsübersicht und Stichwortsammlung für einen „Leitfaden zur Erstellung, Einführung und Pflege von Aufgabenbeschreibungen (Stellenbeschreibungen) und Anforderungsprofilen“

1 Einleitung

Die Hintergründe für die Einführung von Aufgabenbechreibungen und Anforderungsprofilen und der Gesamtkomplex PPK werden als bekannt vorausgesetzt.

Die nachfolgenden Kapitel sollen vornehmlich eine Hilfe für die Führungskräfte in den Bereichen sein, um die beiden Instrumente „Aufgabenbeschreibung“ und „Anforderungsprofil“ zielgerichtet und mit dem geringstmöglichen Aufwand erstellen, einführen und später auch pflegen zu können.

2 Die Aufgabenbeschreibung (Stellenbeschreibung)

2.1 Was soll erreicht werden?

- klare Darstellung, welche wesentlichen Aufgaben einer Stelle zugewiesen wind (nicht das, was der einzelne Mitarbeiter abweichend davon aus persönlichen Gründen nicht oder zusätzlich macht)
- zweckmäßige Grundlage für die nachvollziehbare Ableitung/Ermittlung der fachlichen und persönlichen Anforderungen der Stelle
- dokumentieren derjenigen sonstigen Aspekte am Arbeitsplatz, die zur Einschätzung der Anforderungen noch nötig sind (siehe BV!)
- auf die Beschreibung von Details, Einzeltätigkeiten und insbesondere die Art der Aufgabenerfüllung verzichten, um von vornherein den Anpassungsaufwand in Grenzen zu halten
- schaffen einer aussagefähigen Unterlage als Hilfe für interne und externe Persoanlbeschaffungsmaßnahmen

2.2 *Was muß vermieden werden?*

Vermieden werden muß, daß

- Aufgaben und Anforderungen vermischt werden
- Tätigkeiten, Einzelverrichtungen und sonstige Sachverhalte statt Aufgaben beschrieben werden
- neben dem WAS auch noch das WIE der Aufgabenerfüllung im einzelnen beschrieben wird
- mit Akribie und hohem Aufwand eine 100%-ige Vollständigkeit angestrebt wird statt sich auf das Wesentliche zu konzentrieren
- auch allgemeine Pflichten und Aufgaben beschrieben werden, die sich generell und für alle Mitarbeiter gleichermaßen aus dem Arbeitsverhältnis ergeben

2.3 *Strukturierung und Einheitlichkeit*

- Strukturierung erleichtert das Erstellen, Ordnen und Wiederfinden sowie den Quervergleich
- Einheitlichkeit – insbesondere in formalen Dingen – erspart Zeit und unnötige Diskussion und fördert die Beschäftigung mit dem Besonderen (was die Unterschiede der Stellen ausmacht)
- Strukturierung fördert die Konzentration auf gewollte Inhalte und hilft in die angestrebte Zielrichtung zu lenken

2.4 *Das Formular*

- beschreiben der im Formular vorgegebenen Felder und – wo nötig – erläutern des Zweckes von Feldinhalten

  folgt im einzelnen noch

- es ist das Ergebnis aus praktischen Erfahrungen bei anderen Unternehmen und der Berücksichtigung der in der BV vereinbarten Mindest-Inhalte
- zusätzlich zum Formular (d. h. verknüpft damit) ist auf das jeweilige Organigramm der Abteilung hinzuweisen, weil dort Detailinformationen zum Unterstellungsverhältnis zu entnehmen sind und auch die Stellvertretung bei Führungsstellen dokumentiert sein soll (diese Angaben sollen in der Aufgabenbeschreibung nicht wiederhholt werden)

2.5 Fachaufgaben und Führungsaufgaben

- Problem der Vermischung und Abgrenzung von Fachaufgaben und Führungsaufgaben in Aufgabenbeschreibungen
- Führungsaufgaben sollen nur einmal einheitlich definiert und für alle Führungskräfte generell festgelegt werden
- Hinweis auf den bestehenden Katalog der Leitungs- und Führungsaufgaben vom 23. April 1981

2.6 Arbeitsplatztypbeschreibung oder Aufgabenbeschreibung?

- wenn die Aufgabenbeschreibung in den vorhandenen Arbeitsplatztypbeschreibungen aussagefähig und klar sind, dann können sie übernommen werden (in jedem Fall aber Überprüfung nötig, ob noch zusätzliche Angaben im Sinne der Mindestangaben lt. BV gemacht werden müssen)
- Ziel soll es sein, die Arbeitsplatztypbeschreibungen durch Aufgabenbeschreibungen Zug um Zug zu ersetzen

2.7 Formulierungs- und Verständnishilfen

- Beispiele für unzweckmäßige Formulierungen, weil
  - es keine fachliche Aufgabe ist,
  - der Aussagegehalt nicht zielführend ist (schwammige vieldeutige Formulierungen),
  - der Charakter der Aufgabe nicht deutlich genug wird (Beratung-, Ausführungs-, Planungsaufgabe?)
- Beispiele für zweckmäßige Formulierungen
  - je nach Charakter einer Aufgabe,
  - mit besonderen Schutzvorschriften und/oder besonderen Arbeitsanweisungen,
  - mit zusätzlicher Arbeitsplatzausstattung (über die Standard-Ausstattung hinausgehend und wichtig für das Anforderungsprofil)

3 Das Anforderungsprofil

3.1 Was soll erreicht werden?

- einen Bezug herstellen können zwischen den beschriebenen Aufgaben in der Aufgabenbeschreibung (Formular-Vorderseite), den sich daraus ergebenden fachlichen und persönlichen Anforderungen und der Erfüllung/Nichterfüllung dieser Anforderungen durch eine bestimmte Person

- klare Abgrenzung zwischen den Anforderungen, die sich aus der einer Stelle zugewiesenen Aufgaben ergeben, und der persönlichen Eignung einer bestimmten Person (Anforderungsprofil ⟺ Eignungsprofil)
- gewährleisten, daß Aussagen über die Erfüllung oder Nichterfüllung von Anforderungen durch eine Person nachvollziehbar sind
- zweckmäßige Grundlage für B+E-Gespräch schaffen

3.2 Was muß vermieden werden?

Vermieden werden muß, daß

- allgemeingültige, generelle Anforderungen beschrieben werden, die sich für alle Mitarbeiter aus dem Arbeitsverhältnis ergeben (Ehrlichkeit, Pünktlichkeit etc.)
- kein Bezug zwischen einer formulierten Anforderung und zumindest einer Aufgabe hergestellt werden kann

3.3 Zusätzliche Anforderungen bei Führungsstellen

Erläutern der zusätzlichen Anforderungen, die sich bei Führungsstellen ergeben.

3.4 Das Formular

Abbilden und Hinweise auf Bedeutung und Inhalte der Felder

3.5 Formulierungs- und Verständnishilfen

Beispiele für Formulierungen, die unterschiedliche Ausprägungen bestimmter Anforderungen beschreiben

a) für Sachbearbeiter-Stellen
b) für Führungsstellen (zusätzliche Anforderungen bei Führungsstellen gem. Ziffer 3.3)

4 Die Einführung und Pflege

4.1 Zuständigkeit und Verantwortlichkeit
4.2 Koordinierungsfunktion der Personalabteilung
4.3 Meinungsverschiedenheiten
4.4 Information und Dokumentation

III. Speziallexikon zur Stellenbeschreibung

Abteilung. Als organisatorische Einheit die Zusammenfassung mehrerer Stellen, die ein weitgehend abgegrenztes, zusammengehöriges Aufgabengebiet abwickeln und eine koordinierte Leistung erbringen sollen, zu einer Stellengruppierung oder einem Stellenbereich (Fachbereich, Sachgebiet, Sektion, Department, Referat) unter Zuordnung einer Führungsstelle (Instanz, s. dort), deren Inhaber Führungsaufgaben und Führungskompetenzen, bezogen auf die anderen Stelleninhaber, übertragen sind. Abteilungsbezeichnungen sind häufig vom Aufgabenkomplex, vom gleichen fachlichen Bearbeitungsobjekt, von einem charakteristischen Aufgabenträger oder vom gleichen Arbeitsmittel abgeleitet, z. B. Personalabteilung, (Abteilung) Rechenzentrum, Vervielfältigungsabteilung, Abteilung Fertigungsplanung (vgl. *Schwarz*, 1995).

Anforderungsprofil. Eine systematische Zusammenstellung der Anforderungen, die ein bestimmter Arbeitsplatz (Stelle) an die Person stellt, die ihn optimal ausfüllen soll oder will. Das Anforderungsprofil spezifiziert diese Arbeitsanforderungen nach Art und Umfang. Daraus läßt sich ein Soll-Fähigkeitsprofil ableiten, wobei es darum geht, für den Arbeitsplatz die Soll-Eigenschaften des „richtigen Mannes" zu bestimmen. Der Vergleich des Anforderungsprofils eines bestimmten Arbeitsplatzes bzw. des daraus abgeleiteten Soll-Fähigkeitsprofils mit dem Ist-Fähigkeitsprofil des Mitarbeiters, d. h. mit dem tatsächlich vorhandenen Ausprägungsgrad der Einzelfähigkeiten und Persönlichkeitsmerkmale, ermöglicht Bewerber- und Mitarbeiterbeurteilung sowie *Arbeitsbewertung* (s. dort; vgl. REFA, 1981).

Anordnungskompetenz. Die Befugnis des Vorgesetzten zur verbindlichen Bestimmung des Arbeits- und Leistungsverhaltens seiner Mitarbeiter; sie ist immer notwendig, wenn Entscheidung und Ausführung auseinanderfallen, also wenn eine Fremdentscheidung vorliegt (s. Kompetenzen).

Arbeitsablaufbeschreibung. Verbale Detailbeschreibung einzelner Arbeitsabläufe. Derartige Darstellungen ersetzen für einzelne Stellen die Stellenbeschreibung, speziell dann, wenn in einer Abteilung die Arbeitszerlegung so weit fortgeschritten ist, daß jeder Arbeitsplatz einen integrierenden Bestandteil des genau fixierten Gesamtablaufs bildet, dessen isolierte Beschreibung wenig Sinn hätte (vgl. *Schwarz*, 1995).

Arbeitsbewertung. Als Instrument der Lohn- und Gehaltsbemessung ein Verfahren, das der Bestimmung und dem bewertenden Vergleich der qualitativen Merkmale von industriellen und verwaltungsmäßigen Arbeiten dient. Maßstab für die Bewertung ist nicht der Arbeitsumfang (z. B. Aufwand an Arbeitsstunden), der zur Erreichung eines bestimmten Arbeitsergebnisses erforderlich ist, sondern der *Arbeitsinhalt,* die *Arbeitsschwierigkeit* (Grad und Dauer oder Häufigkeit der Beanspruchungen) und die *Arbeitsanforderungen* (Art, Größe und Grad). Grundlage und Voraussetzung der Arbeitsbewertung ist die *Arbeitsplatzanalyse* (s. dort), Ziel, die Entlohnung der Arbeitnehmer schwierigkeits- und anforderungsgerecht zu gestalten. Berücksichtigt wird nur der Arbeitsplatz und die von ihm aus gesehenen Beanspruchungen und Anforderungen an einen durchschnittlich befähigten Stelleninhaber; die Person des Stelleninhabers spielt bei der Arbeitsbewertung keine Rolle. Wenn der Stellenbeschreibung (als Teil davon) ein *Anforderungsprofil* (s. dort) hinzugefügt ist, das hinreichende Angaben über die qualitativen Merkmale enthält, die über die Arbeitsschwierigkeiten und Arbeitsanforderungen der Stellenaufgabe Aufschluß geben, können die Stellenbeschreibungen jeweils für die Arbeitsbewertung und damit als Grundlage für die Festsetzung schwierigkeits- und anforderungsgerechter Löhne und Gehälter verwendet werden (vgl. *Schwarz,* 1995; *Knebel/Zander,* 1989; *Zander*, 1990).

Arbeitsplatz. Der betriebliche Aufgabenkomplex, der einer austauschbar gedachten Person zugeordnet ist. Er ist weiterhin gekennzeichnet durch die zu seiner Bewältigung erforderlichen (Soll-) oder tatsächlich bereitgestellten (Ist-)Einrichtungen, Ausstattung und Arbeitsmittel sowie durch die spezifischen Erfordernisse (Soll) bzw. Tatbestände (Ist) seiner Verknüpfung innerhalb der Aufbau- und Ablauforganisation des Betriebes.

Arbeitsplatzanalyse. Gedankliche, zweckorientierte Zergliederung eines *Arbeitsplatzes* (s. dort) zum Zwecke der kritischen Beurteilung nach bestimmten Merkmalen. Sie umfaßt auch die Aufnahme des Ist-Zustandes und dessen zweckmäßige Darstellung.

Arbeitsplatzbeschreibung. Vielfach identisch mit *Stellenbeschreibung* gebraucht, jedoch zu unterscheiden, weil ihr Zweck nicht die organisatorische Regelung ist; vielmehr wird in der Wirtschaftspraxis darunter überwiegend die arbeitswissenschaftlich-analytische Untersuchung eines isoliert gedachten Arbeitsplatzes verstanden, die als Grundlage für die Arbeitsbewertung dient. Organisatorische Probleme, z. B. die Zusammenarbeit mit anderen Stellen, bleiben entweder außerhalb der Betrachtung, oder aber die organisatorischen Gegebenheiten werden nur als Faktum erwähnt (vgl. *Schwarz*, 1995).

Arbeitsverteilung (Aufgabenverteilung). Vorgang der Zuteilung der einzelnen Sachaufgaben (Teilaufgaben) aus dem *Aufgabengliederungsplan* (s. dort) an die einzelnen Aufgabenträger, welche die zugeteilten Aufgaben zu lösen haben. Das Ergebnis und das Wie der Arbeitsverteilung liegt in der *Arbeitsverteilungsübersicht* (s. dort) vor.

Arbeitsverteilungsübersicht (Aufgabenverteilungsübersicht). Eine als Hilfsmittel für Vorbereitung, Ausarbeitung und Einführung von Stellenbeschreibungen dienende, mit den Angaben der *Ist-Aufnahme* (s. dort) vorgenommene systematische Erfassung aller Aufgaben und Funktionen einer Abteilung oder eines Bereiches zur raschen Feststellung, welchen Beitrag jede Stelle zur Erreichung der Abteilungs- oder Bereichsziele leistet, welche Stelle also bei welcher Aufgabe auf welche Art und Weise mitzuwirken hat oder zu informieren ist.

Aufgabe. Eine sinnvolle Kombination unterschiedlicher (zunehmend weniger) physischer und/oder (zunehmend nur) mentaler Arbeitsverrichtungen, die vom Aufgabenträger, einer Einzelperson oder einer Arbeitsgruppe bzw. einem Team grundsätzlich selbständig auszuführen sind, um – unter Zuhilfenahme entsprechender Kompetenz – ein konkretes Handlungsziel zu erreichen. Es erweist sich als zweckmäßig, die Aufgaben wie folgt zu unterscheiden:

- *Repetitive Aufgaben*, d. h. zielgerichtet kombinierte Arbeitsverrichtungen mit hohem Routinisierungsgrad, wofür im allgemeinen Mitarbeiter eingesetzt werden, deren Anspruchsniveau weniger ausgeprägt und deren Qualitätsstufe weniger hoch ist, z. B. in Verwaltungs- und Fertigungsabteilungen, mit z. T. ausgebildeten, z. T. angelernten Arbeitskräften, sofern diese Arbeitsverrichtungen hochtechnologische Maschinen nicht schon übernommen haben.

- *Aufgaben* mit überwiegend kreativen bzw. *innovativem Inhalt*, ausgeführt von hochqualifizierten Mitarbeitern. Es handelt sich überwiegend um Tätigkeiten, die vorgreifen auf informationelles Neuland, z. B. Forschung und Entwicklung.
- Spezifische *Führungsaufgaben*, nicht delegierbar, sondern auszuführen von offiziellen Führungspersonen, z. B. Personal auswählen und einweisen, Ziele setzen, Abläufe organisieren, Kompetenzbereiche festlegen, informieren, koordinieren, Entscheidungen treffen, kontrollieren, beurteilen, beraten und sich beraten lassen, Anregungen geben, Innovationen fördern, Motivation positiv beeinflussen, Konflikte lösen.

Aufgabenanalyse (Organisationsanalyse). Ermittlung und Sichtbarmachung der zur Erfüllung der Gesamtaufgabe (Betriebsaufgabe, Oberaufgabe, Hauptaufgabe) notwendigen Teilaufgaben. Hierbei wird gedanklich eine schrittweise Zerlegung oder Aufspaltung der komplexen Gesamtaufgabe in ihre einzelnen Bestandteile (Teilaufgaben, Unteraufgaben, Elementaraufgaben, Einzelaufgaben) vorgenommen. Als analytische *Gliederungsmerkmale,* nach denen jede umfassende Aufgabe in die in ihr enthaltenen Unteraufgaben aufgelöst wird, kommen zunächst die beiden *sachlichen* Aufgabenmerkmale in Betracht: *Verrichtung* (Funktion, die zur Erfüllung der Aufgabe notwendige Tätigkeitsart) und *Objekt* (z. B. Produktart, Produktgruppe, Projekt, Dienstleistung). Darüber hinaus können noch folgende formale Aufgabenmerkmale zum Vollzug der Aufgabenanalyse herangezogen werden: *Phase* der Aufgabenerfüllung (z. B. Planung, Durchführung, Kontrolle), *Ort* bzw. *Region* (z. B. innerbetrieblicher Standort oder Außendienst), *Zweckbeziehung* (Aufgaben- bzw. Funktionsbereiche, z. B. Forschung, Entwicklung, Konstruktion, Fertigung, Vertrieb, Marketing, Rechnungswesen), *Rang* (Entscheidung oder Ausführung bzw. Abteilungs- oder Stellenaufgabe, Haupt- oder Nebenaufgaben), *Häufigkeitscharakter* (repetitive, programmierbare, operative, Normal- oder Daueraufgaben und kreative, innovative, einmalige oder

Projektaufgaben), *Strukturierungsgrad* (hochstrukturierte und unstrukturierte Aufgaben), *Orientierung nach Kunden* bzw. *Abnehmern,* auch im Büro. Tiefe, Stufenfolge und Differenzierungsgrad der Gliederung hängen vom Grad der jeweils angestrebten Arbeitsteilung sowie vom Zweck der Aufgabenanalyse ab.

Die Aufgabenanalyse nach diesen Kriterien ist eine wichtige Voraussetzung für die Gestaltung der Aufbau- und Ablauforganisation sowie für die Berechnung des Personalbedarfs. Sie gibt Hinweise auf Unter- und Überordnungen, Zentralisation und Dezentralisation sowie auf die Möglichkeiten der Stellenbildung (vgl. *Hill/Fehlbaum/Ulrich,* 1994).

Aufgabenbereich. Die Summe der dem Stelleninhaber übertragenen *Teilaufgaben* (Sachaufgaben), die im Aufgabenkatalog der *Stellenbeschreibung* einzeln und eindeutig festgehalten sind und die der Stelleninhaber unter Wahrnehmung der mit den Aufgaben gekoppelten, umfangmäßig und inhaltlich deckungsgleichen *Kompetenzen* (s. dort) selbständig zu erfüllen hat (vgl. *Goossens,* 1975).

Außergewöhnliche Fälle (Notfallsituationen, Ausnahmefälle, Sonderfälle). Fälle, die Tatbestände enthalten, die durchaus nicht „üblich" bzw. nicht bereits programmiert sind, die wesentlich über den normalen täglichen Arbeitsablauf hinausgehen, also Fälle, die zwar im Aufgaben- und Kompetenzbereich des Stelleninhabers entstehen, die aber nicht mit der Festlegung der Routineaufgaben bewältigt werden können und für deren Erledigung, vor allem für die zu treffende Entscheidung, seine Kompetenzen nicht ausreichen bzw. überschritten werden, z. B. schwere Betriebsunfälle, größere Pannen und Meinungsverschiedenheiten, nennenswert hohe Abweichungen des Ist vom Soll. Je nach Reichweite und Bedeutung der außergewöhnlichen Vorkommnisse muß entweder der nächsthöhere Vorgesetzte eingeschaltet werden, um die notwendig werdenden Entscheidungen und Anordnungen zu treffen, oder es ist unerläßlich, einen Krisenstab einzurichten bzw. eine Notfallorganisation bereitzuhalten, damit gegebenenfalls die erforderlichen Eingriffe erfolgen können (vgl. *Höhn/Böhme*, 1971; *Schwarz*, 1995; *Adams*, 1990).

Beauftragte. Qualifizierte Mitarbeiter, die sich – losgelöst von der funktional-hierarchischen Organisation des Unternehmens – nur mit der Regelung von Sonderproblemen beschäftigen und sicherstellen sollen, daß die gewünschten Maßnahmen nicht nur vorgegeben und durch die Linienvorgesetzten überwacht, sondern zusätzlich durch besondere Kompetenzen, z. B. die Berechtigung zur uneingeschränkten Selbstinformationseinholung, die Befugnis zur massiven Information der Betroffenen, gewährleistet werden. Gesellschaft und Staat mit ihrem externen Regelsystem, z. B. Gesetze, Verordnungen, Vorschriften, Richtlinien, fordern von den Unternehmen, zunehmend schärfer, bestimmte neue Aufgaben, z. B. Umweltschutz, Datenschutz, Arbeitssicherheit, durch Beauftragte erledigen zu lassen. Um eine ausreichende Sicherheit der Abläufe in der Unternehmung zu garantieren, ist es jedoch notwendig, daß die Aufgaben, Kompetenzen und die Verantwortung der Beauftragten durch eine *Stellenbeschreibung* dokumentiert und darin auch die organisatorische Eingliederung sowie das erwünschte Zusammenwirken mit der bestehenden Organisation festgelegt werden (vgl. *Adams*, 1990).

Berufsbeschreibungen. Broschüren, herausgegeben von der Bundesanstalt für Arbeit, die Einzelberufe katalogartig beschreiben und in Sammelbänden auch über ganze Berufsbereiche informieren.

Delegation von Aufgaben, Kompetenzen und Verantwortung. Ein Organisations- und Führungsprinzip, wonach möglichst viele eindeutig definierte und klar abgegrenzte *Aufgaben*(vollständige Sachaufgaben) und die zu ihrer zielentsprechenden Erfüllung notwendigen *Kompetenzen* (s. dort) sowie die damit gekoppelte *Verantwortung* (s. dort) sinnvoll und vertretbar auf untere hierarchische Ebenen (*Instanzen,* s. dort) übertragen werden sollen, und dies bis zur *niedrigstmöglichen Ebene,* dorthin, wo noch eine Chance zur anforderungsgerechten und zielentsprechenden Erfüllung der Aufgaben besteht. Die Entscheidung ist von demjenigen zu treffen, der mit dem Problem unmittelbar Berührung hat: „So viel wie möglich soll unten, so wenig wie gerade nötig oben entschieden werden!" Aufgaben und Kompetenzen müssen im einzelnen in der *Stellenbeschreibung* festgelegt und so als geschlossene Aufgaben-und Kompetenzbereiche ausgewiesen sein; nur durch die organisatorische Absicherung in Form der Stellenbeschreibung kann eine sorgfältige Praktizierung des Delegationsprinzips erfolgen.

Die Delegation umschließt den Anspruch auf Vertrauen auf der Seite des Mitarbeiters, dem Aufgaben, Kompetenzen und Verantwortung delegiert werden, und die Befugnis wie die Pflicht zur Kontrolle auf der Seite des Vorgesetzten, der delegiert, dem aber die letzte Verantwortung für die Durchführung der Aufgaben verbleibt. Das Ausmaß risikofreier Delegation richtet sich nach den vorhandenen *Fähigkeiten* (s. *Kompetenzen* und *Prinzip der Entsprechung von Fachkompetenz und Führungskompetenzen*) und der Leistungs- und *Verantwortungsbereitschaft* des jeweiligen Mitarbeiters (vgl. *Grochla/Vahle/Puhlmann/Lehmann,* 1981; *Hill/Fehlbaum/Ulrich,* 1994; *Höhn/Böhme,* 1983).

Delegation auf Widerruf. Verhalten eines Vorgesetzten, der delegiert, sich jedoch alle Vorgänge weiter zur endgültigen Entscheidung vorlegen läßt („Jeder Vorgang läuft über meinen Schreibtisch!") und somit fortgesetzt Totalkontrolle gegenüber seinem unterstellten Mitarbeiter ausübt. Er hat dem Mitarbeiter zwar Aufgaben zugewiesen, aber Kompetenzen und Verantwortung nur scheinbar an ihn abgetreten, und hat somit – zumeist aus der Vorstellung heraus, delegieren bedeute nur vorübergehende Entlastung – mit der Delegation keineswegs ernst gemacht; denn tatsächlich entscheidet weiterhin er selbst (s. *Rücknahme von Kompetenzen und Verantwortung*; vgl. *Höhn/Böhme,* 1983).

Delegationsvorbehalt. Die Berechtigung eines Mitarbeiters, von einer Sache zu sagen, sie sei *seine* Aufgabe und nicht die seines Vorgesetzten. Er darf sich direkte Anordnungen seines Vorgesetzten an seine nachgeordneten Mitarbeiter („Instanzensprung nach unten") verbitten. Das bedeutet darüber hinaus, daß der Vorgesetzte dem Mitarbeiter, dem er bestimmte Aufgaben und Kompetenzen delegiert hat, nicht jedesmal im einzelnen in dessen Bereich hineinreden darf, vielmehr besitzt der Mitarbeiter nach erfolgter Delegation die alleinige Entscheidungskompetenz für die von ihm zu treffenden bzw. getroffenen Entscheidungen. Grundsätzlich hat dann der delegierende Vorgesetzte lediglich, aber immerhin, die *Auswahlverantwortung* (Verantwortung der Delegation: Wem delegiert er?), die *Übertragungsverantwortung* (Verantwortung für die Durchführung der Aufgabe) sowie die *Überwachungsverantwortung* (er hat die Erfolgskontrolle wahrzunehmen).

Delegierbarkeit – Nichtdelegierbarkeit. Das für bestimmte Aufgaben und Kompetenzen gegebene bzw. ausdrücklich nicht gegebene, rechtlich, organisatorisch und führungstechnisch wirksame Kriterium der Übertragbarkeit auf untere Entscheidungsebenen. Zu den delegierbaren Aufgaben gehören die Fachaufgaben. Nichtdelegierbare Aufgaben sind die Führungsaufgaben, z. B. die Kontrolle über die delegierten Teilaufgaben und deren Ausführung, die Koordinierung der untergeordneten Aufgaben- und Kompetenzbereiche; sie bedeuten originäre Eigenaufgaben jedes delegierenden Vorgesetzten (vgl. *Adams*, 1990; *Knebel/Schneider*, 1994).

Dezentralisation. Zwei Hauptbedeutungen sind auseinanderzuhalten:

1. Aufgliederung einer Unternehmung in nebengelagerte, gleichrangige Teileinheiten (Subsysteme, divisions, Sparten) mit möglichst weitgehender Automomie; Zweck ist die Erhöhung der Flexibilität der Organisation.
2. Vertikale Abtretung von Teilaufgaben mit Vollmachten und Entscheidungsbefugnissen („Entvertikalisation“) auf nachgeordnete Abteilungen, auf Einzelarbeitsplätze und/oder Arbeitsgruppen und Teams so, daß schon auf den entsprechenden mittleren und unteren Ebenen sowie für die Arbeitsgruppen und Teams ein möglichst hohes Maß an Autonomie gewährleistet ist; es handelt sich um das Ergebnis des Delegationsprozesses. Zweck ist die Beschleunigung der zu treffenden Entscheidungen, die Verteilung der Machtfülle im Unternehmen und die Motivationsverstärkung.

Dienstleistungsfunktion (Durchführungsfunktion, Ausführungsfunktion. Der Beauftragte trifft bei Erfüllung des Auftrags keinerlei Entscheidungen; er berät und informiert auch nicht wie eine Stabsstelle, sondern er stellt lediglich seine Dienste bei der Durchführung von Aufgaben zur Verfügung, z. B. Botendienste. „Unterstellung in Dienstleistungsfunktion“ bedeutet: der so unterstellte Mitarbeiter ist ausschließlich an der Durchführungsphase des Entscheidungsprozesses beteiligt; er führt gewissermaßen die Entscheidung eines anderen, hier des Stelleninhabers, ohne eigenen Ermessensspielraum in der Sache rein exekutiv aus („verlängerter Arm des Auftraggebers"). Die Alternative besteht beispielsweise nur noch darin, dieses oder jenes Gerät zu benutzen. Dienstleistungsfunktionen können sich auf allen Stufen der Hierarchie ergeben. Sie sind gegenüber der Linien- und der Stabsfunktion keineswegs als etwas Geringwertiges zu betrachten; mit ihnen kann ein hoher Grad von Verantwortung verbunden sein (vgl. *Höhn,* 1974/75).

Direktionsrecht (Weisungsrecht) des Arbeitgebers. Die Berechtigung des Arbeitgebers, die Arbeitskraft des seiner Belegschaft zugehörigen Arbeitnehmers innerhalb der gesetzlichen und/oder sich aus dem Arbeitsvertrag ergebenden Grenzen für seine betrieblichen Zwecke einzusetzen; er hat insbesondere die Befugnis, Art, Zeit, Dauer und Ort der Arbeitsleistung durch einseitige Anordnung zu bestimmen. Diese Befugnis ist begrenzt durch das Mitbestimmungsrecht des Betriebsrats gemäß Betriebsverfassungsgesetz, durch die Bestimmungen eines Tarifvertrags oder einer Betriebsvereinbarung, durch die verkehrsübliche Handhabung, durch die Gesetzgebung des Arbeitsschutzes, Datenschutzes und Umweltschutzes sowie durch die Bestimmungen der Arbeitszeitordnung. Sie kann bereits eingeengt sein durch den individuellen Arbeitsvertrag (Spezifizierung der Tätigkeit des Arbeitnehmers), jedenfalls aber durch den im Arbeitsrecht geltenden Grundsatz, daß gleichstehende Arbeitnehmer gleich zu behandeln sind (Diskriminierungsverbot). Aus dem Direktionsrecht des Arbeitgebers sind sowohl Delegationsrecht wie auch Organisationsrecht ableitbar.

Eingliederung des Stelleninhabers, organisatorische. Ein Bestandteil der *Stellenbeschreibung*, wobei festgelegt wird, wie die beschriebene Stelle in die personelle und funktionelle Aufbauorganisation eingeordnet ist und wie die Beziehungen geregelt sind zu übergeordneten und untergeordneten Stellen (*Unter-* und *Überstellungsverhältnisse,* s. dort) sowie zu benachbarten (gleichgeordneten) Stellen (z. B. Verbindungen zu *Stabsstellen* und *Fachinstanzen,* s. dort), ferner wie die aktive und passive *Stellvertretung* (s. dort) geregelt ist.

Eingruppierung, entgeltbedingte. Die Festsetzung der für die Entlohnung des einzelnen Arbeitnehmers maßgebenden ersten bzw. nächsthöheren Lohn- bzw. Gehaltsgruppe (vgl. *Knebel/Zander,* 1989).

Einzelauftrag (Sonderaufgabe). Die Übertragung einer einzelnen Aufgabe durch den Vorgesetzten an den Mitarbeiter unter Begrenzung von dessen Handlungsfreiheit, also Fälle, in denen kurzfristig Sonderaufgaben zugewiesen werden und eine evtl. „Ad-hoc-Schaffung von Kompetenz" erforderlich ist. Aus Gründen, die sich aus betrieblichen Notwendigkeiten ergeben, werden immer und überall wieder Aufgaben zum Vorschein kommen, die nicht vorhersehbar waren. Um auch diese erfüllen zu können, besteht die Notwendigkeit, Einzelaufträge zu erteilen. Durch eine entsprechende Anmerkung in der *Stellenbeschreibung*, daß der Stelleninhaber verpflichtet ist, Einzelaufträge auszuführen, die dem Wesen nach zu seiner (Haupt-)Tätigkeit gehören, soll abgesichert werden, daß sich der Mitarbeiter unter Hinweis auf die in seiner *Stellenbeschreibung* festgelegten Aufgaben nicht weigern kann, einen derartigen Einzelauftrag auszuführen. Allerdings dürfen die Einzelaufträge auch nicht gehäuft erteilt werden, sozusagen täglich oder gar stündlich, wenn das System der Aufgabenverteilung und die sorgfältige Wahrnehmung der in den *Stellenbeschreibungen* festgelegten Aufgaben nicht gefährdet werden sollen (vgl. *Höhn/Böhme,* 1971).

Erfolgskontrolle. Der Vorgesetzte ist berechtigt und verpflichtet, alles, was er delegiert hat, auch zu kontrollieren. Er muß nach einem bestimmten (längeren) Zeitabschnitt überprüfen, ob das erreichte Ergebnis der Leistung des Mitarbeiters in fachlicher und führungsmäßiger Hinsicht dem vorgegebenen (bzw. abgesprochenen) Ziel entspricht. Hierbei handelt es sich zunächst um eine Soll-Ist-Analyse; stellt der Vorgesetzte beim Soll-Ist-Vergleich erhebliche Abweichungen fest, so hat er die Ursachen zu ermitteln, z. B. ob ein objektiv feststellbares Fehlverhalten des Mitarbeiters der Grund ist für die Nichterreichung des klar formulierten Zieles. Schließlich hat er während des Kontrollgesprächs mit dem Mitarbeiter Überlegungen anzustellen, wie die jetzigen Abweichungen zu korrigieren sind, um das gesetzte Ziel doch noch zu erreichen, und wie künftigen Abweichungen vorzubeugen ist (vgl. *Struwe,* 1980).

Fachinstanzen (Zentralstellen). Oft ehemalige Stabsabteilungen bzw. Stabsstellen (s. dort), die sich dadurch ausgeweitet haben, daß sie nicht mehr bloß Informations- und Beratungsfunktion haben, sondern daß ihnen jetzt zusätzlich fachbezogene *Entscheidungs-* und *Anordnungsbefugnisse,* evtl. auch *Vollmachten* (s. dort), zugeteilt sind, mit deren Hilfe sie selbständig eine ganze Reihe von speziellen Aufgaben für die Betriebs- und Abteilungsziele lösen und direkten Einfluß gegenüber anderen Abteilungen bzw. Stellen im Betrieb gewinnen können. Typische Beispiele für Fachinstanzen, die auch als „Kompetenzstäbe" bezeichnet werden können, sind die Organisationsabteilung, zentrale Planungsabteilungen, die EDV-Abteilung, die Public-Relations-Abteilung (vgl. *Hill/Fehlbaum/Ulrich,* 1994).

Fachvorgesetzter (Nebenvorgesetzter). Derjenige Vorgesetzte, der berechtigt ist, gegenüber dem Stelleninhaber, der ihm disziplinarisch nicht untersteht, als *Teilvorgesetzter* in einem bestimmten Fachgebiet seiner (Haupt-)Tätigkeit Führungsaufgaben zu erfüllen, z. B. Anordnungen zu geben, diese durchzusetzen und zu kontrollieren; er hat diesem Mitarbeiter gegenüber auch die *Rechte und Pflichten* des *Vorgesetzten* wahrzunehmen, wie umgekehrt der Stelleninhaber, der einem Fachvorgesetzten mitunterstellt ist, die *Rechte und Pflichten des Mitarbeiters* zu erfüllen hat. Die Einschaltung von Fachvorgesetzten verletzt zwar gewissermaßen das *Prinzip der Einheit der Führung und des Auftragsempfangs* (s. dort), aber der Einsatz von Fachvorgesetzten *neben dem Hauptvorgesetzten* (s. dort) läßt sich in der organisatorischen und führungstechnischen Praxis kaum mehr umgehen.

Obgleich aus der Unterstellung unter mehrere verschiedene Vorgesetzte sowohl auf der Seite der Vorgesetzten wie auch auf der Seite des Mitarbeiters psychologische Schwierigkeiten und Konflikte entstehen können, gibt es wichtige Gründe für die Einschaltung von Fachvorgesetzten, z. B. der Ausgleich des fehlenden Spezialwissens des Hauptvorgesetzten, was zu dessen Entlastung in der Entscheidung beiträgt; es stehen wirkliche Könner in den einzelnen Fachgebieten für bestimmte Regelungen zur Verfügung (*Prinzip der optimalen Spezialisierung*); und infolge der Ausschaltung des oft langen und schwerfälligen Instanzenweges können Entscheidungen schneller getroffen werden (s.

Prinzip des kürzesten Weges). Jedenfalls ist zu prüfen, ob die Einschaltung von Fachvorgesetzten die optimale Lösung bedeutet; dabei ist der Grundsatz zu beachten: So viele Fachvorgesetzte wie unbedingt nötig, aber dennoch so wenig wie möglich! (vgl. *Höhn,* 1974/75).

Führungsgrundsätze. „Leitsätze für Führung und Zusammenarbeit in der Unternehmung", „Allgemeine Führungsleitsätze", „Verhaltensleitsätze", „Allgemeine Führungsanweisung", „Führungsrichtlinien". Gemeint ist mit diesen weitgehend im gleichen Sinne gebrauchten Ausdrücken die schriftliche Festlegung der für die Führungskräfte wie für die Mitarbeiter geltenden allgemeinen Führungsaufgaben. Zur Erstellung eines praxisnahen Leitbildes für die Ausübung der Führungsfunktionen und die Anwendung geeigneter Führungsinstrumente werden bestimmte Regelungen als formalisierte Handlungsleitsätze und konstanter Orientierungsrahmen für alle Bereiche, Gruppen und Ebenen in bezug auf Führung und Zusammenarbeit systematisch erfaßt und verbindliche Richtlinien für das führungsmäßig und kooperativ richtige Verhalten im Unternehmen insgesamt vorgegeben. Führungsgrundsätze bieten die Grundlage für die Gesamtbeurteilung der Führungskräfte auf allen Ebenen hinsichtlich der Erfüllung ihrer Führungsaufgaben. Fehlen sie, so können weder die Mitarbeiter noch die Arbeitsgruppen und Teams noch die Führungskräfte für Verstöße gegen die Verhaltensrichtlinien verantwortlich gemacht werden (vgl. *Knebel/Schneider,* 1994; *Hill/Fehlbaum/Ulrich,* 1994; *Wunderer/Grunwald,* 1980).

Führungsspanne. Leitungs-, Management-, Autoritäts- oder Kontrollspanne, Verantwortungsbreite, Subordinationsquote, Beherrschbarkeit durch eine Instanz. In der Organisations- und Führungsliteratur sind diese verschiedenen Bezeichnungen gebräuchlich, die alle ein bestimmtes Problem, das bei der Gestaltung der Aufbauorganisation, speziell beim Prozeß der Abteilungsbildung und des Instanzenaufbaus sowie bei der Stellenplanung und der Aufgabenzuteilung entsteht, lösen sollen: Wie groß ist die Quote direkt unterstellter Mitarbeiter zu bemessen, die ein Vorgesetzter – im Hinblick auf die Erfüllung der Unternehmensziele – wirkungsvoll und selbstverantwortlich führen und kontrollieren kann, soll oder muß? Breite und Grenzen der

Führungsspannen bestimmen sich, wie Untersuchungen gezeigt haben, nach Maßgabe des Umfangs, der Häufigkeit und der Stärke der Beanspruchung des Vorgesetzten durch seine Mitarbeiter in der verfügbaren Zeit. Diese Kriterien der Beanspruchung (Kommunikations-und Koordinierungsintensität) sind insbesondere abhängig von einer Reihe interdependenter Einflußgrößen:

- *Wirtschaftlichkeit:* Eine Änderung der Zahl der Führungsstellen führt konsequenterweise zu einer Änderung der gesamten Personalaufwendungen. Reduziert wird gerade der Führungsaufwand durch eine Verringerung der Zahl der Führungsebenen sowie der Leitungstiefe und die damit begründete Vergrößerung der Führungsspannen.
- *Art und Komplexität der Aufgaben* der Mitarbeiter und der Vorgesetzten: Wenn die zu erledigenden Aufgaben (z. B. Durchführungsaufgaben) in der Problemstellung weitgehend gleichartig, standardisiert und eng zusammenhängend sind und wenn der Arbeitsablauf der Einzelaufgabe festgelegt und konstant ist, dann reduziert sich die Belastung des Vorgesetzten – die Führungsspanne kann größer werden.
- *Räumliche Gegebenheiten:* Die Stellen werden oft nach der zweckgerichteten räumlichen Verteilung der Arbeitsplätze und der guten räumlichen Überschaubarkeit der Mitarbeiter sowie unter dem Gesichtspunkt der örtlichen Ausdehnung der zu leistenden Aktivitäten zugeordnet.
- *Führungs- und Arbeitsstil der Vorgesetzten:* Das kooperative Führungsverhalten kann die Beziehungen zwischen dem Vorgesetzten und seinen Mitarbeitern insofern stärker beanspruchen, als dabei meist mehr Aufwand an Diskussion und Argumentation erforderlich ist. Eine umfassende und schriftlich (z. B. in Form von Stellenbeschreibungen) festgelegte Delegation von Aufgaben, Kompetenzen und Verantwortung ist geeignet, die Selbständigkeit der unterstellten Mitarbeiter zu vergrößern, die Zahl der notwendigen Entscheidungen und Eingriffe des Vorgesetzten einzuschränken und somit das Führen zu erleichtern – ein Grund, die Führungsspanne größer zu bemessen.
- *Qualifikation* des Vorgesetzten wie auch der Mitarbeiter: Beim Vorgesetzten ist es das Potential an Führungsfähigkeit, das die Zahl der direkt unterstellten Mitarbeiter begrenzen

oder vergrößern läßt. Bei den Mitarbeitern sind es insbesondere Ausbildungsstand, Fachkenntnisse, Erfahrungen und Persönlichkeitseigenschaften wie Bereitschaft zur Kooperation, Bereitschaft und Fähigkeit zum selbständigen Arbeiten, die den zeitlichen Aufwand des Vorgesetzten für die klassischen Führungsaufgaben größer oder geringer sein lassen.

- *Sicherheitsaspekt:* Die Wahrung der Arbeitssicherheit sowie die natürliche Begrenztheit der Aufmerksamkeitskapazität und des realen Überblicks der Vorgesetzten verlangen, daß der Arbeitsablauf so durchdacht, organisiert, gesteuert und der Aufgabenbereich – somit die Kontrollspanne – jedes Vorgesetzten so bemessen ist, daß er seine Sicherheitsverantwortung tatsächlich wahrnehmen kann.
- *Informationstechnologische Hilfsmittel:* Eine Unterstützung des Vorgesetzten bei der Erfüllung seiner Führungsaufgaben, z. B. in Form der Programmier-und Standardisierbarkeit wiederkehrender Entscheidungen und Anordnungen oder in Form der Austauschbarkeit möglichst vieler arbeitsrelevanter Informationen und Daten, kann durch den Einsatz verfügbarer EDV-Anlagen und insbesondere durch die Wirksamkeit moderner Kommunikationssysteme und -techniken (z. B. Datenerfassungsgeräte) ermöglicht werden. Dies ist zweckdienlich für eine Vergrößerung der Führungsspanne (vgl. *Wunderer/Grunwald*, 1980; *Schneider*, 1990).

Führungsstil (Führungskonzeption, Führungsmodell, Führungssystem). Das zeitlich überdauernde und in konkreten Situationen relativ einheitliche Führungsverhalten der Vorgesetzten gegenüber ihren Mitarbeitern. In der Führungsliteratur werden namentlich drei idealtypische Führungsstile herausgehoben:

- der *autoritäre Führungsstil*, Sammelbegriff für die Ausprägungen von autokratischem, absolutistischem, diktatorischem, partriarchalischem, hierarchischem, bürokratischem Führungsverhalten mit dem gemeinsamen Kennzeichen der betonten Produktivitätsorientierung der Vorgesetzten sowie der Vorgesetztenzentrierung der Mitarbeiter;
- der *Führungsstil des laissez-faire*, Sammelbegriff für die passiven, laxen, völlig liberalen, permissiven Führungsformen, die gekennzeichnet sind durch fahrlässiges oder ab-

sichtliches Gewährenlassen und/oder weitgehender Abstinenz im Gebrauch der Führungsautorität, Führungskompetenzen und Führungsmittel;
- der *kooperative Führungsstil*, Sammelbegriff für die Ausprägungen demokratisches, partnerschaftliches, partizipatives, sozial-integratives, mitarbeiter- und gruppenorientiertes Führungsverhalten mit dem gemeinsamen Kennzeichen eines hohen Grades der Beteiligung der Mitarbeiter an den Prozessen der Zielsetzung, Planung, Entscheidung, Problemlösung und Kontrolle.

Für die Führungspraxis stellt sich die Frage nicht in der Form, welches Führungsverhalten allen anderen unter allen Umständen überlegen ist, sondern vielmehr so: In welcher Situation bzw. unter welchen Bedingungen ist ein bestimmtes Führungsverhalten weniger erfolgreich oder nach aller Erfahrung erfolgreich und allen anderen überlegen? (vgl. *Knebel/Schneider*, 1994).

Funktion. Mehrere Wortbedeutungen können unterschieden werden:

- jede *Verrichtung*, insbesondere die Bearbeitung bestimmter Aufgaben, das Besorgen bestimmter Arbeiten;
- die *soziale Stellung* innerhalb einer betrieblichen Organisation, z. B. Bekleidung der Funktion eines Personalleiters;
- die dem Stelleninhaber zugewiesene *Aufgabe*, z. B. Funktion des Personalleiters, Arbeitsverträge auszuhandeln und abzuschließen; dabei handelt es sich um eine jener personengebundenen Teilaufgaben mit Glied- oder Abhängigkeitscharakter in einem größeren Rahmen, wie es, umfassender gedacht, die Führungsfunktion, Ausführungsfunktion, Beratungsfunktion, Kontrollfunktion und Repräsentationsfunktion darstellen. Gemeint sind die Anteile an der Erfüllung einer Gesamtaufgabe, die auf eine Person oder Personengruppe (Stellen) übertragen sind und die sich sowohl an diese Gesamtaufgabe wie auch an die Art der Lösung der anderen Teilaufgaben anpassen müssen;
- jeder *Zweckbereich*, z. B. die Grund- oder Kernfunktionen des Betriebes Beschaffung, Fertigung, Vertrieb, Verwaltung:
- die *Art und Weise*, wie die Stelleninhaber die *einzelnen Aufgaben wahrzunehmen* haben, z. B. in Linien-, Stabs- oder Dienstleistungsfunktion (Durchführungsfunktion).

Funktionendiagramm (Aufgaben- und Kompetenzendiagramm). Die matrixförmige Darstellung der Verteilung der Funktionen (Teilaufgaben) auf die Abteilungen bzw. Stellen. Ein derartiges Diagramm führt zeilenweise die Sachaufgaben eines Bereiches untereinander auf; im Kopf des Diagramms werden spaltenweise die Abteilungsgliederung bzw. die Stellen nebeneinander festgehalten, die an der Erfüllung komplexerer Aufgaben beteiligt sind; in die Felder der Matrix werden, sichtbar durch graphische Symbole oder Buchstabenkombinationen, die Funktionen (Teilaufgaben) und die erforderlichen Entscheidungsbefugnisse eingetragen. Somit stehen jeweils an einer Zeile alle Funktionen, die zur Erfüllung einer Aufgabe notwendig sind, in einer Spalte jeweils alle Funktionen, die zusammen die Stellenaufgabe bedeuten. Funktionendiagramme sind wegen ihrer Zeichensprache nicht etwa eine Arbeitsunterlage für die Mitarbeiter, sondern vielmehr ein wertvolles Instrument für den Organisator bzw. *Stellenanalytiker* (s. dort), um Aussagen machen zu können über die sich aus der Verteilung der Funktionen ergebenden Probleme der Eindeutigkeit der Verteilung, der sinnvollen Durchführbarkeit der Aufgaben, der richtigen Kompetenzzuteilung und Kompetenzabgrenzung sowie der Koordination. Sie dienen auf diese Weise zugleich der Vorbereitung und Ergänzung der *Stellenbeschreibungen* (vgl. *Bisani*, 1982; *Dressler/Keßler/Köhler/Widmann*, 1975; *Hill/Fehlbaum/Ulrich*, 1994; *Hub/Fischer*, 1976; *Menzl/Nauer*, 1974; *Schmidt*, 1974; *Schwarz*, 1995; *Struwe*, 1980; *Weigand*, 1975).

Funktionsbeschreibung. Bei der vor allem im Öffentlichen Dienst, z. B. Hochschulen (Beschreibung von Professorenstellen), vorkommenden Benennung sind zwei Arten zu unterscheiden:

– *Funktionsbeschreibung für eine Instanz;* darin erfolgt, neben der genauen Funktionsbezeichnung für die gesamte Instanz (nicht für eine einzelne Stelle), eine umfassende Aufzählung von eigenständigen, z. T. verschiedengestaltigen Hauptaufgaben mit stichwortartiger Ergänzung von Einzelaufgaben und Verrichtungen. Es werden darin jedoch nicht die Art und Weise der Aufgabenerfüllung (z. B. in Linien- oder Stabsfunktion) und auch nicht die Kompetenzen, die zu der Aufgabenerfüllung notwendig sind, festgelegt;

- *Funktionsbeschreibung für eine Stelle;* darin wird, neben der Stellenbezeichnung, nur eine Aufzählung der Hauptaufgaben für den Stelleninhaber vorgenommen, nicht der gesamten Einzelaufgaben, der Kompetenzen und der Stellvertretung, und nicht in Unterscheidungen der Hauptaufgaben, z. B. nach Linien-, Stabs- und/oder Dienstleistungsfunktion.

Seit wenigen Jahren kursiert auch in der Privatwirtschaft die Vokabel *„Funktionsbeschreibung"*, praktisch als Synonym für *„Stellenbeschreibung"*. Diese Benennung hat wohl kaum einen Vorteil, jedoch den entscheidenden Nachteil, daß sie den Stelleninhaber – bewußt oder unbewußt – auf seine Funktion innerhalb der betrieblichen Organisation, nämlich auf die ihm zugewiesenen Aufgaben, reduziert. Das bedeutet, die beschriebene Funktion stellt lediglich den Anteil an der Erfüllung der Gesamtaufgabe dar, der ihm übertragen ist und der sich an die Art der Lösung der anderen Teilaufgaben anzupassen hat. Daher kann diese Benennung eigentlich nicht in die Landschaft des „Empowerment", des Trends nach vermehrter Autonomie für Einzelmitarbeiter (sowohl auf den strategischen wie auch der operativen Ebenen) bzw. für echte Teams, passen.

Hauptvorgesetzter (direkter Vorgesetzter). Derjenige Vorgesetzte, der unmittelbar dem Stelleninhaber überstellt ist und der diesem gegenüber die *grundsätzlichen Führungsaufgaben* wahrzunehmen hat; er kann gleichzeitig *Disziplinarvorgesetzter* sein.

Hierarchie. Als „pyramidenförmige Autoritätsstruktur" ein System der mehrstufigen Über- und Unterordnung, die Strukturierung und Regelung der Aufbauorganisation der Betriebe durch aufeinandergeschichtete Subsysteme und abgestufte Rang-Ebenen, wofür – in schematischer Darstellung – folgende Benennungen gebräuchlich sind:
- höchste Führungsebene (Top Management), die Ebene der Unternehmensleitung, der Inhaberchefs, Geschäftsführer, Vorstandsmitglieder;
- obere Führungsebene (Upper Management), die Ebene der Direktoren, Werk-, Hauptabteilungs-, Bereichs- oder Ressortleiter;
- mittlere Führungsebene (Middle Management), die Ebene der Betriebs- und Abteilungsleiter;

– untere Führungsebene (Lower Management), die Ebene der Büroleiter und Hauptsachbearbeiter im Bürosektor, der Meister und Vorarbeiter im Fertigungssektor.

In der modernen Industrie- und Dienstleistungsgesellschaft sind Bestrebungen im Gange, durch Delegation (s. dort), Dezentralisation (s. dort), autonome Gruppenarbeit, Verminderung der Zahl der hierarchischen Stufen und Rang-Ebenen („Enthierarchisierung", „Entvertikalisierung"), Vergrößerung der Führungsspannen (s. dort) eine Abflachung der Hierarchie zu bewirken und damit eine Verkürzung der Entscheidungs-, Anordnungs- und Informationswege herbeizuführen und das Bedürfnis der Mitarbeiter nach (mehr) Autonomie zu erfüllen. Hauptsächlich soll jedoch durch die flachere Organisationspyramide ein effizienterer Ablauf des Betriebsgeschehens gewährleistet werden. Die moderne Hierarchie bedeutet demzufolge weniger das Abbild einer von oben nach unten ausgerichteten Leitungs- und Führungsstruktur, sondern sie stellt vielmehr eine von unten nach oben vorgenommene Stellenordnung dar, die als „Kommunikations- und Verantwortungshierarchie" bezeichnet werden kann.

Instanz. In einer hierarchisch gegliederten Organisation eine Stelle, die Führungsaufgaben ausübt und die mit den entsprechenden Entscheidungs- und Anordnungsbefugnissen und der damit gekoppelten Verantwortung für die Aufgabenstellung und die Aufgabenerfüllung anderer Stellen ausgestattet ist.

Interview-Methode. Ein Verfahren, das die vorangehende Fragebogenaktion zur Aufnahme des Ist-Zustandes abrunden und ergänzen soll, denn die Kombination von Fragebogen und Interview ist als das allgemein zweckmäßigste Verfahren zu bezeichnen. Dabei sollen nur diejenigen Stelleninhaber interviewt werden, deren Fragebogen Unklarheiten, Lücken und Widersprüche in sich oder zu anderen Fragebögen aufweisen. Die bereits ausgewerteten Fragebögen dienen als Grundlage zur Vorbereitung der Gesprächsführung, wodurch zeitlich eine wünschenswerte Straffung eintritt. Kostspielig im Verhältnis zur schriftlichen Befragung werden Interviews hauptsächlich dadurch, daß Mangel besteht an eigenen, für diesen Zweck genügend geschulten und mit der Methode der *Stellenbeschreibung* im Detail vertrauten

Mitarbeitern und deshalb externe Kräfte herangezogen werden müssen (vgl. *Schwarz*, 1995).

Inventur, organisatorische. Als geistige und psychologische Vorbereitung auf die Einführung von *Stellenbeschreibungen* eine systematische *Durchleuchtung der Gesamtzielsetzung* des Unternehmens, der *Zielsetzungen der verschiedenen Ebenen* und Bereiche des Unternehmens sowie der daraus abgeleiteten *Aufgaben*; das bedeutet Überprüfung, ob Änderungen im Unternehmensziel eintreten müssen, die es notwendig machen, die Teilzielsetzungen und die Aufgaben entsprechend zu ändern. Zu überprüfen ist auch die Zielsetzung jeder einzelnen Stelle, ob sie im Einklang steht mit der Gesamtzielsetzung, ob sich die Stelleninhaber über das Ziel im klaren sind und ob sie sich damit identifizieren. Ferner ist zu überprüfen, ob und wo in Führung und Organisation bestimmte Mängel und Fehlerquellen vorhanden sind, ob und wo organisatorische Tabus vorliegen, die es aufzudecken und zu beseitigen gilt, ob und wo Unklarheiten und Konflikte über Aufgaben, Kompetenzen und Verantwortung bestehen. Weiterhin ist zu überprüfen, ob das Unternehmen über- oder unterorganisiert oder nur unzweckmäßig organisiert ist. Schließlich ist die vorhandene Stellengliederung zu durchleuchten und die Voraussetzung für eine evtl. Neugliederung zu schaffen (vgl. *Höhn/Böhme*, 1971).

Ist-Aufnahme. Systematische Erfassung und Analyse des Ist-Zustandes der vorhandenen Stellen, ihrer derzeitigen Aufgaben insgesamt und der zu ihrer Erfüllung bestehenden formellen (schriftlich festgelegten) und informellen (tatsächlich gehandhabten) organisatorischen Regelungen, z. B. Über- und Unterstellung, Stellvertretung, Zielsetzung, Kompetenzen, Kontakte. Die Ist-Aufnahme soll die Voraussetzungen und Ausgangsbedingungen schaffen für die einzelnen *Stellenbeschreibungen*, ist also einer der ersten und wichtigsten Schritte der ganzen Stellenbeschreibungsaktion. Am Beginn der Erhebung steht eine indirekte Befragung in Form einer Fragebogenaktion, in die alle Stelleninhaber einbezogen werden. Weisen nach der Grobauswertung einzelne Fragebogen noch Unklarheiten auf, so wird, begrenzt auf die betreffenden Stellen, die schriftliche Befragung ergänzt und abgerundet durch eine gezielte Direktbefragung in Form von Interviews (s. *Interview-Methode*). Die Analyse des

Ist-Zustandes, die sich auf die Feinauswertung der u. U. kombinierten Befragung stützt, soll der Abgrenzung und Inhaltserklärung der jeweiligen Aufgabenstellung, der Ermittlung der überflüssigen wie auch der fehlenden Stellenaufgaben, der Offenlegung der Schwächen und Fehler der praktizierten (oft durch Arrangements zustandekommenden) organisatorischen Regelungen sowie der Aufdeckung der Ursachen vorhandener organisatorischer Mängel dienen (vgl. *Schwarz*, 1995).

Job Description. Amerikanisch-englische Bezeichnung für Stellenbeschreibung, und zwar bedeutet „managerial job description" die Stellenbeschreibung für Führungskräfte. Ohne dieses den Inhalt und die Zwecksetzung kennzeichnende Beiwort ist jedoch nur eine in den USA entwickelte Art der *Arbeitsplatzbeschreibung* (s. dort) gemeint.

Job Enrichment. Ein Konzept der Arbeitsstrukturierung, wobei mehrere strukturell verschiedenartige und unterschiedlich schwierige Arbeitsvorgänge, z. B. Planung, Entscheidung, Ausführung und Kontrolle, zu einer neuen, komplexen, ganzheitlich erlebbaren Aufgabeneinheit für den Mitarbeiter als Einzelperson und/oder als Mitglied einer Arbeitsgruppe zusammengefügt werden. Es handelt sich nicht so sehr um eine quantitative als vielmehr um qualitative Veränderung der Arbeit durch *Anreicherung* ihres Inhalts, und dies durch Einbau höherwertiger, nicht nur Vollzugs-, sondern auch lenkender Tätigkeit (vgl. *Schreyögg/Steinmann/Zauner*, 1978).

Job Rotation. Verschiedene Bedeutungsinhalte werden damit bezeichnet:

- Job Rotation als innerbetriebliches *Ausbildungsverfahren* bedeutet Informationsversetzung, Mehrfachausbildung;
- Job Rotation als innerbetriebliches *Weiterbildungsverfahren* zielt auf eine Art von gelenktem Stellenwechsel, d. h. planmäßige Versetzung besonders qualifizierter Mitarbeiter von Stelle zu Stelle, im Spiralgang nach oben;
- Job Rotation als *Konzept der Arbeitsstrukturierung* meint den systematischen Arbeitswechsel, ein Vorgehen, demzufolge innerhalb einer Arbeitsgruppe in vorgeschriebener oder selbstgewählter Zeit- und Reihenfolge der Mitarbeiter A die

Arbeit von B, dieser die Arbeit von C übernimmt, so daß schließlich ein „Rundumwechsel" zwischen den Arbeitsplätzen der Gruppe zustande kommt.

Job Sharing. Die auf freiwilliger Basis und dauerhaft angelegte Teilung eines bisher vollzeitlich besetzten Arbeitsplatzes zwischen zwei oder mehreren Mitarbeitern. Dabei geschieht die Aufteilung der Aufgaben eigenverantwortlich unter den Teilzeitbeschäftigten (also flexible Arbeitszeitregelung für Job-Sharing-Partner). Zur Abgrenzung der Einzelaufgaben, zur Sicherung der Kontinuität bei der Erledigung der Aufgaben, zur eindeutigen Aufgliederung der Kompetenzen sowie zur Klarstellung der Verantwortlichkeit für die Gesamtaufgaben empfiehlt sich die *Stellenbeschreibung*. Die Aufgabenerfüllungsprozesse erfordern Kooperation und Koordination der Arbeitsplatzinhaber („Job-Sharer") im Innenverhältnis (im Team, s. dort). Dieser erhöhte Koordinationsbedarf (zur Vermeidung von Leistungsstörungen) bedingt, daß die *Stellenbeschreibungen* insbesondere um die Kommunikationsbeziehungen im Innenverhältnis der Sharing-Partner und um die vielfältigeren Beziehungen zu anderen Stellen ergänzt werden müssen (vgl. *Berthel/Koch*, 1982; *Pahlberg*, 1982; *Paschen*, 1982).

Kommunikation. *Intensiver Informationsaustausch*, ein grundlegendes Erfordernis jeder Organisation und Basis jeder Kooperation. Die Mitarbeiter, auf die zur Durchführung ihrer Aufgaben Entscheidungs- und Anordnungsbefugnisse übertragen sind, sollen miteinander in echte Wechselbeziehung treten und Informationen (Daten, Nachrichten, Fakten), die betrieblich und speziell für die zielentsprechende Erfüllung ihrer Aufgaben wichtig sind, sich wechselseitig und lückenlos weitergeben sowie gefundene Problemlösungen einander mitteilen; dadurch soll eine verbesserte Koordination zwischen den Stellen ermöglicht werden. Auch auf der Seite der Vorgesetzten soll Wert darauf gelegt werden, im Mitarbeitergespräch die Ansichten der unterstellten Mitarbeiter zu hören und sich von ihnen beraten zu lassen. Die Vorgesetzten sollen ständig bereit sein, aktiv Kontakt auf eine Verständigung, zumindest auf eine Abklärung hin, aufzunehmen, die Mitarbeiter rechtzeitig und umfassend mit Auskünften zu versorgen („Keine Delegation ohne Information"!) sowie beschlossene Maßnahmen bekanntzugeben und zu begründen. Auf diese Weise soll eine größtmögliche „Transparenz des Entscheidungsprozesses“ herbeigeführt werden (vgl. *Zander*, 1982).

Kommunikationsanalyse. Als evtl. Teil der Ist-Aufnahme (s. dort) eine systematische Untersuchung der Informationswege, d. h. Erfassung aller offiziell für die gegenseitige Weitergabe von Informationen vorgesehenen wie auch der nicht formell geregelten Kanäle und Kontakte zwischen den Stelleninhabern einschließlich Ermittlung der Kontakthäufigkeit im Hinblick auf die Regelung und Festlegung einer notwendigen und zweckmäßigen Kommunikation.

Kompetenzen. Diese Vokabel ist im jeweiligen Gesamtzusammenhang zu erfassen. In der einschlägigen Fachliteratur wie auch im aktuellen Managementvokabular bestehen hauptsächlich drei Möglichkeiten der Begriffsverwendung, die auseinanderzuhalten sind. (S. Abb. S. 224).

1. *„Kompetenzen“* als Fachausdruck der Funktionsbereiche Personalorganisation und Personalführung. Gemeint sind *aufgabenbezogene Befugnisse*, die legitimen Zuständigkeiten und formal begründeten Berechtigungen eines Stelleninhabers, seine Bevollmächtigungen zu aktuell notwendigem Handeln.

Für die Abfassung von Stellenbeschreibungen ist es zweckdienlich, eine weitere Unterscheidung in der Weise vorzunehmen, dass man von den einzelnen Phasen des Führungs- und Leistungsprozesses ausgeht. Entsprechend können je nach Inhalt der zu erfüllenden Aufgaben *Führungskompetenzen* und *Durchführungskompetenzen* unterschieden werden.

In einer auf effektive und vertrauensvolle Kooperation ausgerichteten Führungskonzeption bezeichnet der Begriff *Führungskompetenzen* die Gesamtheit der Befugnisse, die eine Führungskraft benötigt zur Erfüllung der ihr übertragenen Aufgaben und Verantwortlichkeiten, zum Beispiel:

- *Entscheidungskompetenz*, die Befugnis einer Führungsperson, in ihrem Aufgabenbereich eine Entscheidung allein oder zusammen mit anderen Personen zu treffen;
- *Zielsetzungskompetenz*, die Befugnis, im Aufgabenbereich der unterstellten Mitarbeiter Prioritäten festzulegen, im Rah-

men der Stellenziele Teil- und Einzelziele aufzuzeigen, die in einem bestimmten Zeitraum zu erreichen sind;
- *Organisationskompetenz*, die Befugnis, bestimmte Kompetenzen im allgemeinen oder in Ausnahmefällen noch weiter zu delegieren, somit untergeordnete Kompetenzbereiche zu schaffen und diese abzugrenzen *(Delegationskompetenz)* sowie die Befugnis, selbständig Organisationsveränderungen (z. B. organisatorische Innovationen) vorzunehmen.

Mit *Durchführungskompetenzen* (Realisationskompetenzen) ist die Gesamtheit der einem Stelleninhaber formell zugewiesenen und zu regelnden Befugnisse gemeint, die er benötigt, um Tätigkeiten bestimmter Art und Komplexität zur Ausführung der ihm zugewiesenen Sachaufgaben zu ergreifen und durchzuziehen, zum Beispiel:

- *Entscheidungskompetenz* (geringerer Bedeutung und Reichweite), die Befugnis, im Rahmen einer übertragenen Sachaufgabe zwischen gewissen Handlungsalternativen zu wählen (z. B. Festlegung von Bestellmengen, die Selbstbestimmung des eigenen Arbeitsrhythmus wie auch der eigenen Arbeitsmethode und die entsprechenden Maßnahmen selbst zu treffen;
- *Selbstkoordinierungskompetenz*, die Befugnis, die notwendigen Maßnahmen durch direkten Kontakt mit den Kollegen auf der gleichen Ebene selbständig miteinander abzustimmen und sich mit ihnen im Normalfall selbst zu arrangieren;
- *Verfügungskompetenz*, die Befugnis, über Hilfsmittel zu verfügen, auch wenn diese sich (noch) nicht im Besitz der Stelle befinden; verbunden ist die Befugnis, sich diese Hilfsmittel bei den entsprechenden Stellen, z. B. einem Lager, formell zu beschaffen (*Beschaffungskompetenz*),
- *Antragskompetenz* (Initiativkompetenz), die Befugnis, zu beantragen, dass über einen bestimmten Gegenstand oder eine Maßnahme und in einer bestimmten Richtung entschieden werden sollte;
- *Selbstkontrollkompetenz*, die Befugnis, durch einen eigenständigen Soll-Ist-Vergleich zu prüfen, ob die persönlichen Leistungen den gestellten Anforderungen wie auch in fachlicher Hinsicht dem vorgegebenen Ziel entsprechen.

Für den gesamten Komplex der *Führungs-* und *Durchführungskompetenzen* gilt ein Prinzip unabdingbar: „Keine Kompetenz ohne Verantwortung und keine Verantwortung ohne Kompetenz!" Das bedeutet, es gibt keine Auferlegung von Verantwortung ohne vorausgehende offizielle Übertragung der erforderlichen Kompetenzen, wenn die zugewiesenen Aufgaben zielentsprechend erfüllt werden sollen. Andererseits darf es keine Kompetenzzuteilung für autonomes Handeln und Entscheiden ohne entsprechende Verantwortungsübernahme geben.

2. Bezieht sich der Gebrauch der Bezeichnung „Kompetenzen" auf die Funktionsbereiche Personalauswahl (i. S. v. Anforderungsschwerpunkt des Bewerbers bzw. Anwärters für eine Stelle), Personalbeurteilung (i. S. v. Persönlichkeits-, Leistungs- und Potentialbeurteilung) und Personalentwicklung (i. S. v. primäres Lehr- und Lernziel der über- und innerbetrieblichen Aus- und Weiterbildung), dann bedeutet sie *aufgabenorientierte Fähigkeit*. In diesem Kontext setzt sich der Begriff *Kompetenz* im wesentlichen aus vier Komponenten zusammen: aus Fachkompetenz, Methodenkompetenz, Sozialkompetenz und Individualkompetenz.

Fachkompetenz („Sachkompetenz") heißt „professionelle Zuständigkeit", Besitz des berufsnotwendigen Sachverstandes in Angelegenheiten des eigenen Aufgaben- und Verantwortungsbereichs, die erforderliche funktionale (= fachliche und direkt auf den Leistungsprozess bezogene) Basisqualifikation" plus spezifischer Praxiserfahrung im Blick auf die fachliche Bewältigung der zugewiesenen bekannten bzw. noch nicht bekannten Sachaufgabe. Darüber hinaus ist mit *Fachkompetenz* die durchschnittlich erwartete Fähigkeit gemeint, gegebenenfalls auch zu einer über- oder nebengeordneten Aufgabe einen fachkundigen und sachverständigen Lösungsbeitrag zu leisten.

Unter *Methodenkompetenz* ist die Fähigkeit zu verstehen, für die gestellte Sachaufgabe selbständig Problemlösungswege zu finden und zu begehen. Sie umgreift folgende Elemente:

- die Fähigkeit des vernetzten und verfahrensorientierten Denkens;
- die Fähigkeit des Reflektierens alternativer Arbeitsverfahren sowie die Kenntnis im Umgang mit neuen Technologien und deren prozess-orientierte Handhabung;
- die Fähigkeit des selbständigen analytischen und kreativen Vorgehens bei der Problemlösung.

Kompetenzen

- **Kompetenzen** als Terminus von Personalorganisation und Personalführung; ein dem Verfassungsrecht entliehener Begriff: aufgabenbezogene **Befugnisse**
  - (personenbezogene) **Führungskompetenzen:** z. B. Entscheidungsbefugnis
  - (sach- und prozessbezogene) **Durchführungskompetenzen:** z. B. Entscheidungsbefugnis geringerer Reichweite und Bedeutung
- **Kompetenzen** als Terminus der Personalauswahl und der Personalbeurteilung sowie Lehr- und Lernziel von Personalentwicklungsmaßnahmen: aufgabenorientierte **Fähigkeiten**
  - **Fachkompetenz:** berufs- bzw. fachspezifischer Sachverstand
  - **Methodenkompetenz:** Wissen um den optimalen prozessorientierten Verfahrenseinsatz
  - **Sozialkompetenz:** Drei Dimensionen:
    - **interpersonale Kompetenz:** z. B. Teamfähigkeit
    - **intrahierarchische Kompetenz:** z. B. Führungsfähigkeit, Moderationsfähigkeit
    - **interkulturelle Kompetenz:** z. B. Auslandsfähigkeit, Fähigkeit zum Global-Manager
  - **Individualkompetenz:** z. B. Durchsetzungsfähigkeit, Belastbarkeit, Innovationsbereitschaft
- **Kompetenzen** als Terminus des Strategischen Managements, des Marketings und der Organisationsentwicklung: marktorientierte **Fähigkeiten**
  - **Kernkompetenzen:** unternehmensspezifische Stärken, einzigartige Technologien und exklusives Know-how, deren Bündelung und Nutzung ein zentraler Wettbewerbsfaktor bedeutet

Quelle: *H. Schneider* (1998)

Mit der allgemeinen Bezeichnung *Sozialkompetenz* sind „extrafunktionale (= fach- bzw. personenübergreifende) Qualifikationen“, somit die Zusammenfassung der außerfachlichen Anforderungen und der entsprechenden trainierbaren Einzelfähigkeiten von Führungskräften, aber auch der von Spezialisten gemeint. Der Begriffsinhalt von Sozialkompetenz kann aufgeteilt werden in drei unterschiedliche Dimensionen: in „Interpersonale Kompetenz“, „Intrahierarchische Kompetenz“ und „Interkulturelle Kompetenz“.

Interpersonale Kompetenz, im Wortgebrauch häufig gleichgesetzt mit der Bedeutung „Sozialkompetenz“, jedoch zu reduzieren auf die Kombination z. B. folgender Teilfähigkeiten:

- die Fähigkeit, innerhalb eines Arbeitszusammenhangs mit Partnern zielgerichtet umzugehen, und dies auf der Basis der Bereitschaft zum solidarischen Handeln;
- die Fähigkeit zu beziehungsorientiertem, den inneren Zusammenhalt der Arbeitsgruppe (*Kohäsion*) stärkendem, eine angenehme und anregende Atmosphäre sowie Gruppenzufriedenheit erzeugendem Verhalten;
- die Fähigkeit, in objektiv zwischenmenschlichen Problemsituationen mit Führungspersonen, Kollegen und/oder Geschäftspartnern erfolgreich zu interagieren (*Interaktionsfähigkeit*) und zu kooperieren (*Kooperationsfähigkeit*);
- die Fähigkeit zur konstruktiven Konflikthandhabung und die Bereitschaft zur fairen Konfliktlösung.

Als weitere Dimension der *Sozialkompetenz* erscheint die *Intrahierarchische Kompetenz*, die das Verhältnis von Führenden zu den Geführten betrifft und die sich im wesentlichen auf *Führungsfähigkeit* und *Moderationsfähigkeit* erstreckt.

Führungsfähigkeit setzt sich aus folgenden Einzelfähigkeiten zusammen:

- die Fähigkeit, die Aufgaben der unterstellten Mitarbeiter zu definieren, Ziele festzulegen, die Rollen zu verteilen, die Aktivitäten der einzelnen Mitarbeiter zu koordinieren und sie zur termingerechten Erfüllung ihrer Sachaufgaben zu bringen;
- die Fähigkeit, dabei zugleich die sozialen und psychischen Bedürfnisse der Mitarbeiter zu befriedigen und die zwischenmenschlichen Verhaltensprobleme zu bewältigen, indem den

Geführten bei Schwierigkeiten emotionale Unterstützung gewährt wird; ferner die Fähigkeit, die Atmosphäre und das Kooperationsverhalten in der Arbeitsgruppe, insgesamt die Motive, Verhaltensweisen und interpersonalen Beziehungen der Mitarbeiter so zu beeinflussen, dass eine positive Wirkung, zumindest keine Störung, auf den Leistungsprozess ausgeht und sich gegenseitiges Vertrauen entwickeln kann.

Moderationsfähigkeit („Moderatorische Kompetenz") bezeichnet die Fähigkeit, Träger der Funktionen eines Teamführers und als solcher Prozess- und Integrationsspezialist zu sein, zum Beispiel mit der Fähigkeit als „Promotor des Teamgeistes" zu fungieren und zu bewirken, dass im Team ein dauerhafter innerer Zusammenhalt und die innere Übereinstimmung der Mitglieder („Wir-Gefühl") sowie eine förderliche Akzeptanz, offene Kommunikation und enge, vertrauensvolle Zusammenarbeit herrschen.

Als dritte Dimension der *Sozialkompetenz* rückt heutzutage zunehmend die *„Interkulturelle Kompetenz"* („Auslandsfähigkeit", „Fähigkeit zum Euro-" bzw. „Global-Manager") ins Blickfeld, eine besondere Qualifikation, worüber Einzelpersonen zu verfügen haben, wenn ihr Eignungsprofil den spezifischen Anforderungen einer Auslandsposition entsprechen soll. Basis der Auswahlentscheidung sind folgende Merkmale dieses Kriteriums:

- *interkulturelles Wissen*; das bedeutet hinreichende Beherrschung der Verhaltensspielregeln anderer Kulturen und die elementare Erkenntnis der divergierenden Bedeutung von Pünktlichkeit, Exaktheit und Direktheit sowie der unterschiedlich strukturierten Rituale bei Begrüßung, Gesprächseröffnung und Kritik;
- *interkulturelle Kommunikationsfähigkeit*; sie zielt auf die Fähigkeit, mit Menschen der anderen Kulturen einfühlsam, kontakt- und hilfsbereit zur Zufriedenheit aller Beteiligten umzugehen, mit Partnern aus den ungewohnten anderen technischen, wirtschaftlichen und gesellschaftlichen Umfeldbedingungen und fremden Denk- und Verhaltensstrukturen zu kommunizieren.

Der Begriff *Individualkompetenz* (Personale Kompetenz) verweist auf die individuelle Qualifikation, auf das Leistungspotential einer Einzelperson, z. B. werden folgende Persönlichkeitsmerkmale, die erfahrungsgemäß in den meisten Fällen zu den

Hauptkriterien für die Auswahl von Führungsnachwuchskräften zählen, mit dieser Vokabel bezeichnet:

- *Durchsetzungsfähigkeit*, die Fähigkeit, die von der übergeordneten Instanz getroffene Entscheidung – unter Einsatz von rhetorischen Fähigkeiten, Überzeugungskraft und Willensstärke – bei den Mitarbeitern und durch sie zu realisieren; zugleich die Fähigkeit, sich mit eigenen Ideen und Konzepten im Unternehmen und/oder bei Geschäftspartnern zur Geltung zu bringen und u. U. gegen harte Widerstände die Oberhand zu gewinnen;
- *Belastbarkeit*, die Fähigkeit, stress-intensive Belastungssituationen durchzustehen und Frustrationstoleranz zu zeigen, die Fähigkeit, tiefgreifende Frustration zu ertragen und schwere Enttäuschungen und Rückschläge konstruktiv zu bewältigen.

3. Kompetenzen als Benennung für *die marktorientierten Fähigkeiten eines Unternehmens*. Häufig hat sich in der Fachliteratur wie auch im Sprachgebrauch der oberen und obersten Führungsschicht in Industrie-, Bank- und Dienstleistungsunternehmen sowie im Vokabular der Experten der Organisationsentwicklung eine Neudefinition für „Kompetenzen" in den Vordergrund geschoben. Der Begriff *„Kern-Kompetenzen"* („core competencies") ist heutzutage zu einem Terminus und zugleich Basiselement des Strategischen Managements geworden.

Diese Bezeichnung bezieht sich auf die Neuorientierung des Managements und dessen Identifizierung mit den unternehmensspezifischen Fähigkeiten, den einzigartigen Stärken und originären immateriellen Ressourcen des Unternehmens, dem besonderen firmeneigenen Forschungs- und Entwicklungs-Know-how sowie mit den exklusiven, von der Konkurrenz schlecht imitier- und transferierbaren Produkt- und Prozess-Technologien (vgl. *Hill/Fehlbaum/Ulrich*, 1994; *Schneider*, 1998).

Kompetenzabgrenzung. In vier Richtungen ist der Kompetenzbereich eines Stelleninhabers durch die Stellenbeschreibung klar und sinnvoll abzugrenzen:

1. *Abgrenzung nach oben* gegenüber dem Kompetenzbereich seines Vorgesetzten, also gegenüber der nächsthöheren Führungsebene;

2. *Abgrenzung nach unten* gegenüber den Kompetenzbereichen seiner Mitarbeiter, also gegenüber der nächst unteren Führungsebene bzw. der nachgeordneten Stufe der Betriebshierarchie, sofern der Stelleninhaber selbst Vorgesetzter ist;
3. *Abgrenzung nach der Seite* gegenüber den Kompetenzbereichen der benachbarten Stellen der gleichen Ebene, also gegenüber den gleichgeordneten Kollegen;
4. *Abgrenzung* des Kompetenzbereiches einer *Linieninstanz* von den Kompetenzbereichen der mit ihr in Beziehung stehenden *Stabsstellen* oder *Fachinstanzen* (s. dort).

Kompetenzzuteilung, falsche. Nach ihrer Entstehung sind hauptsächlich drei Arten der falschen Zuteilung von Entscheidungs- und/oder Anordnungskompetenzen zu unterscheiden:

– *zu enge Kompetenzen:* Der Vorgesetzte delegiert Aufgaben, für deren sach- und termingemäße Erfüllung weder genügend Zeit noch entsprechende Kompetenzen zur Verfügung stehen; entweder will er weiter möglichst viel selbst entscheiden („die Fäden in der Hand behalten"), wodurch z. B. auch die Autorität eines Zwischenvorgesetzten gegenüber dessen unterstellten Mitarbeitern leiden wird; oder der Vorgesetzte überläßt es dem betreffenden Mitarbeiter, sich die entsprechenden Befugnisse selbst anzueignen (ein typischer Auftrag auf diese Weise: „Also bis zum Wochenende muß die Lieferung hinausgehen, wie Sie das machen, ist mir egal!") – ein Führungsfehler, weil es für den Mitarbeiter unbefriedigend und leistungshemmend ist, einen zu engen Handlungsspielraum zu haben.
– *zu weite Kompetenzen:* Der Vorgesetzte weiß nicht oder läßt zu, daß die Kompetenzen eines Mitarbeiters größer sind, als zur selbständigen Ausführung der Aufgabe notwendig ist. Hat sich z. B. ein Mitarbeiter eigenmächtig Kompetenzen auf Kosten seiner nebengeordneten Kollegen angeeignet („Kompetenzräuber" in fremden Aufgabenbereichen!), so höhlt er deren Kompetenzen aus, „gräbt ihnen das Wasser ab"; derartige, vom Vorgesetzten in fahrlässiger Weise unentdeckte oder aus Entlastungsgründen billigend hingenommene Kompetenzüberschreitungen und Kompetenzerweiterungen führen zu dauernden Reibereien und Konflikten zwischen den Mitarbeitern – der Vorgesetzte begeht wiederum einen Führungsfehler;

– *zu wenig klare Kompetenzen:* Der Vorgesetzte weicht einer Klärung der Kompetenzen seiner Mitarbeiter aus, er „läßt alles in der Schwebe“ und umgeht dabei bewußt die Schwierigkeiten bei der genauen Abgrenzung der Kompetenzbereiche, wodurch bei den Mitarbeitern – mangels Identifikationsmöglichkeiten mit einer klar umrissenen Stellenaufgabe – Verunsicherung, Initiativlähmung und Leistungshemmung verursacht wird. Es gibt auch Fälle, wo die Grenzlinien zwischen den einzelnen Kompetenzbereichen absichtlich unklar gehalten werden, um auf diese Weise eine Konkurrenz zwischen den Inhabern von nachgeordneten Führungsstellen zu fördern, und dies aus Überschätzung der leistungssteigernden Möglichkeiten einer solchen Konkurrenz; oder es kommt vor, daß Mitarbeiter kritisiert und für Versäumnisse oder Eigenmächtigkeiten von Stellen verantwortlich gemacht werden, denen gegenüber sie keine klar ausgesprochene Anordnungsbefugnis hatten – abermals Führungsfehler des Vorgesetzten.

Solche Fälle der führungstechnisch falschen Kompetenzzuteilung wirken sich, betriebspsychologisch gesehen, keineswegs günstig auf die Beziehungen zwischen Vorgesetzten und Mitarbeitern wie zwischen den Mitarbeitern untereinander aus; die Zusammenarbeit ist gestört. Das geeignete Organisations- und Führungsmittel, um derartigen Führungsfehlern effektiver begegnen bzw. vorbeugen zu können, ist die *Stellenbeschreibung*, und dies dadurch, daß ihr erstens das *Prinzip der Kongruenz von Aufgaben, Kompetenzen und Verantwortung* (s. dort) zugrundeliegt, und daß mit ihr zweitens eine sinnvolle Regelung und Abgrenzung der Aufgaben-und Kompetenzbereiche bewußt angestrebt und schriftlich fixiert ist (vgl. *Institut für Betriebswirtschaft an der Universität St. Gallen*, 1968).

Komplexität. Gemeint ist die Vielschichtigkeit, Mehrdimensionalität, Vernetztheit, Variantenvielfalt und „Überfülle der Möglichkeiten“, d. h. die Gesamtheit der variablen Elemente, Einflußgrößen, Beziehungen und Chancen-Potentiale eines Systems bzw. eines Projekts. Für die Beurteilung ist es wichtig zu wissen, ob unter diesem Aspekt die Komplexität einer bestimmten Stelle vom Stelleninhaber angemessen gehandhabt wird.

Koordination. Eine Führungsaufgabe, die darin besteht, daß der Vorgesetzte die Teilaufgabe bzw. deren Träger fortlaufend aufeinander abstimmen muß und daß er die durch die einzelnen Aufgabenträger vollzogenen Teilleistungen zur Gesamtleistung im Sinne der gemeinsamen Zielsetzung zusammenzufassen hat. Als Ergebnis dieser Führungstätigkeit bedeutet Koordination, daß die von den verschiedenen organisatorischen Bereichen oder verschiedenen Mitarbeitern bzw. Teams entwickelten Aktivitäten und getroffenen Maßnahmen so aufeinander ausgerichtet sind, daß sie sich wechselseitig nicht widersprechen oder stören, sondern sich vielmehr reibungslos ergänzen und im Hinblick auf die übergeordnete Zielsetzung verstärken.

Lean Management. Eine sich an japanischen Vorbildern orientierende und durch spezielle MIT-Studien vertiefte Management-Philosophie, die ein umfassendes Überdenken und Überarbeiten der Grundannahmen des eigenen Führungssystems, der eigenen Management-Strategien und -Methoden erfordert, und die darauf abzielt, daß die Führungskräfte eine grundlegend veränderte Denk- und Verhaltensweise bezüglich der Unternehmens- und Personalorganisation (s. dort) praktizieren. Ihre charakteristischen Elemente liegen im folgenden: „schlankere Strukturen“, Rückbau von Überorganisation und Überkapazitäten, Ausdünnung und Abflachung der Hierarchie, Vergrößerung der Führungsspannen (s. dort), Delegation (s. dort) von Entscheidungsbefugnissen vor Ort, Flexibilisierung der Ablauforganisation, Verstärkung der bereichsübergreifenden Zusammenarbeit, offene Kommunikation, umfassende Information und ständige Rückmeldung, Intensivierung der Mitarbeiterbeteiligung, bessere Nutzung der Ressource Mensch, Reduzierung nicht-wertschöpfender Tätigkeit und Vermeidung von Verschwendung, permanentes Lernen und fortgesetztes Verbessern, Abbau der aufgeblähten „Wasserköpfe“ im Management.

Leistungsbeurteilung. Als ein wesentlicher Schwerpunkt der Personalbeurteilung gilt die Beurteilung des von den einzelnen Mitarbeitern jeweils bei der Erfüllung ihrer Aufgaben gezeigten Verhaltens und das insgesamt erbrachte Leistungsergebnis. Sie findet entweder periodisch wiederkehrend oder nur einmalig, jedenfalls nach einheitlichen und untereinander abgestimmten funktionsspezifischen Kriterien statt, und dies in der Abfolge:

Leistungsfeststellung, Leistungseinstufung, Leistungsbewertung und Analyse der Ursachen von Leistungsmängeln. Die Leistungsbeurteilung ist gesetzlich sowie tariflich verankert und Grundlage für die Beförderungsentscheidung ebenso wie für die Erstellung von Arbeitszeugnissen (vgl. *Zander/Knebel*, 1993).

Leistungsstandards (Leistungsziele). Normierte, feste Maßstäbe, die für eine einzelne Stelle (oder für mehrere Stellen) während einer bestimmten Zeit (z. B. Planungsperiode) Gültigkeit besitzen und für den Stelleninhaber schriftlich jene Bedingungen definieren, bei denen eine erwartete oder verabredete gute oder sehr gute Leistung gegeben ist. Er erhält dadurch eine klare Vorstellung über die Leistungskriterien, nach welchen seine Ergebnisse (durch einen Soll-Ist-Vergleich) beurteilt werden. Die Leistungsstandards informieren ihn darüber,

- wie, d. h. auf welchem Lösungsweg unter Ergreifen welcher Tätigkeiten, die seiner Stelle zugeordneten und in seiner *Stellenbeschreibung* festgelegten Aufgaben erfüllt werden müssen,
- wann, d. h. unter Erfüllung welcher Bedingungen, die von ihm aus seiner Tätigkeit erwartete Soll-Leistung eingetreten ist.

Aus amerikanischen, schweizerischen und deutschen Unternehmen (z. B. Hamburgische Electricitäts-Werke, IBM, Vorwerk) ist bekannt, daß bei den *Stellenbeschreibungen* ihrer Führungskräfte die darin aufgelisteten Aufgaben durch derartige qualitative und quantitative Leistungsstandards ergänzt sind. Sie stellen den dynamischen Teil der *Stellenbeschreibung* dar, indem sie dem Prinzip *management by objectives* (s. dort) zur Verwirklichung verhelfen und zugleich die Beantwortung der Frage ermöglichen, ob und wie der Stelleninhaber seine Aufgaben erfüllt hat, wie also seine Leistung zu beurteilen ist (vgl. *Lattmann*, 1975; *Schwarz*, 1995; *Zander/Knebel*, 1982).

Leitende Angestellte. Eine Gruppe hochqualifizierter Personen in für das Unternehmen wichtigen Schlüsselstellungen (Bundesarbeitsgericht, Beschluß vom 19. 11. 1974). Die Leitenden Angestellten nehmen unter den Angestellten somit eine Sonderstellung ein (BetrVG § 5 Abs. 3 und AVG § 5 I), die folgendermaßen zu kennzeichnen ist:

- „nach Dienststellung und Dienstvertrag" zu Einstellung und Entlassung von im Betrieb oder in der Betriebsabteilung beschäftigten Arbeitnehmern berechtigt („Angestellte mit Arbeitgeberfunktion": Vorstandsmitglieder, Geschäftsführer, Betriebsleiter u. ä.);
- ausgestattet mit Generalvollmacht oder Prokura;
- im wesentlichen eigenverantwortlich Aufgaben wahrnehmend, ihnen regelmäßig wegen deren Bedeutung für den Bestand und die Entwicklung des Betriebs im Hinblick auf besondere Erfahrungen und Kenntnisse übertragen (z. B. nach sorgfältiger Prüfung: die einzelnen Mitglieder einer Forschungs- oder Entwicklungsgruppe).

Leitende Angestellte haben demzufolge eine Doppelfunktion: Sie sind nach wie vor Arbeitnehmer, haben aber aufgrund der ihnen übertragenen Aufgaben und der von ihnen auszuübenden spezifischen Funktionen typische Unternehmerinteressen zu wahren, gleich, ob in Linien- oder in Stabsfunktion. Aufgrund dieser Kennzeichen können die Leitenden Angestellten aus dem Kreis der Arbeitnehmer herausgehoben werden; sie haben größere Pflichten und dementsprechend mehr Rechte. Sie sind persönlich verantwortlich für das Ergebnis der eigenen Arbeit oder der Arbeit der ihnen unterstellten Mitarbeiter; ihre Arbeitsleistung ist durch das feste Monatsgehalt und die Nebenbezüge voll abgegolten. In der Stellenbeschreibung für diese Kategorie von Angestellten im Führungsbereich sind diese Fakten differenziert zu berücksichtigen (vgl. *Struwe*, 1982).

Leiter. Eine Führungsperson, die, begründet durch ihre offizielle hierarchische Position und ausgestattet mit der entsprechenden Qualifikation sowie den erforderlichen Entscheidungs- und Anordnungsbefugnissen, beauftragt ist, die Leitungsfunktion für eine organisatorische Einheit wahrzunehmen, d. h. Aufgaben zu erfüllen, bei welchen die administrativen Belange, z. B. Steuerung des Verwaltungsapparats einer Kostenstelle, im Vordergrund stehen.

Linie. Der formell geregelte, direkte Verkehrsweg, über den die vertikale Verbindung von der obersten Führungsinstanz (Unternehmensleitung) über mehrere Zwischenstufen (Zwischeninstanzen) bis zu jeder untersten Stelle auf der reinen Ausführungsebene (und umgekehrt) hergestellt wird und der somit zugleich Träger der offiziellen Beziehungen (Anordnungen und Informationen) zwischen dem Vorgesetzten und den ihm unmittelbar unterstellten Mitarbeitern ist. „Linie“ (als Gegenbegriff zu „Stab“) ist vielfach auch die abkürzende Bezeichnung für die Ranggruppe der *Linienvorgesetzten* (s. dort; vgl. *Hill/Fehlbaum/Ulrich*, 1995).

Linienfunktion. Der vom Stelleninhaber Beauftragte hat die Befugnis, bei der Erledigung der Aufgaben die dazu notwendigen und im einzelnen angegebenen Entscheidungen gegenüber dritten Stellen im Unternehmen zu treffen, und zwar er und kein anderer, also weder sein Vorgesetzter noch sein Kollege oder sein Mitarbeiter. „Unterstellung in Linienfunktion“ bedeutet, der so unterstellte Mitarbeiter hat einen eigenen Aufgaben- und Kompetenzbereich, innerhalb dessen er selbständig handelt und entscheidet, und der Stelleninhaber (als Vorgesetzter) hat lediglich die Führungspflichten wahrzunehmen (vgl. *Höhn*, 1974/75).

Liniensystem (Einliniensystem, Linienorganisation). Ein Grundmodell der Aufbauorganisation, dessen Grundgedanken darin bestehen, daß

- der Mitarbeiter nur von einer einzigen übergeordneten Instanz Anordnungen erhalten darf, entsprechend dem hier zugrundeliegenden *Prinzip der Einheit der Führung und des Auftragsempfangs* (s. dort), womit ausgeschlossen ist, daß der Mitarbeiter von mehreren Vorgesetzten Anordnungen empfängt;
- gleichgeordnete Instanzen nicht unmittelbar miteinander offiziell Verbindung aufnehmen können, sondern den Umweg über die nächste gemeinsame übergeordnete Instanz machen sollen *(Prinzip der hierarchischen Koordination)*.

Liniensystem mit Querfunktionen. Ein Modell der Aufbauorganisation, erprobt namentlich in Mittelbetrieben, das sich gegenüber *Liniensystem* (s. dort) und *Stab-Liniensystem* (s. dort) durch einen höheren Grad der Anpassungs- und Problemlösungsfähigkeit auszeichnet. Bestimmte zentrale Funktionen, die sich auf den ganzen Betrieb beziehen und für alle Ressorts gemeinsam wahrzunehmen sind (z. B. Finanzen, Organisation, Arbeitsvorbereitung, Personal), werden nicht als Stabsstellen ohne Entscheidungs- und Anordnungsbefugnis, sondern als Funktionsbereiche (Fachinstanzen, s. dort) mit Entscheidungs- und Anordnungsbefugnis aus dem vorhandenen Liniensystem ausgegliedert; und zwar besteht für definierte Vorgänge Kompetenzteilung, das bedeutet, die Kompetenzen zur Erfüllung einer und derselben Aufgabe (z. B. Einstellung eines neuen Mitarbeiters) werden auf zwei verschiedene Instanzen (z. B. den Personalleiter und den zuständigen Linienvorgesetzten) aufgeteilt; jeweils der anderen Instanz ist eine Mitentscheidungsbefugnis eingeräumt; die Einwilligung ist einzuholen (vgl. *Institut für Betriebswirtschaft an der Hochschule St. Gallen*, 1968).

Linienvorgesetzter (Linieninstanz). Im Gegensatz zu einer *Stabsstelle,* zu einem *Fachvorgesetzten* (s. dort) und zu einer *Fachinstanz* (s. dort) eine Führungsstelle *(Instanz,* s. dort), die grundsätzlich uneingeschränkte disziplinarische und sachliche (funktionale) Entscheidungs- und Anordnungsbefugnisse gegenüber untergeordneten Stellen besitzt (s. auch *Hauptvorgesetzter*). Diese Befugnisse können in Ausnahmefällen durch Kompetenzen anderer Stellen, z. B. eines Fachvorgesetzten, eingeschränkt sein.

Matrix-Organisation. Ein Modell der Aufbauorganisation, dessen Grundgedanke darin besteht, die Schwierigkeiten und Schwächen des betont hierarchisch gegliederten *Stab-Linien-Systems* (s. dort) dadurch zu beseitigen, daß es die *unmittelbare Koordination* (s. dort) zwischen den *Funktions-Managern* (Abteilungsleitern) *und den Projekt-Managern* (Projektbeauftragten, Projektleitern) organisatorisch bindend vorschreibt, mit dem Ziel, mehr Freiraum für Initiativentfaltung und effiziente Kooperation zu bieten. Kennzeichnend ist, daß an die Stelle einer allumfassenden Führungsinstanz eine grundsätzliche Kompetenzteilung zwischen dem Projekt- (bzw. Produkt-) Manager und der jeweiligen Fachabteilung bzw. des jeweiligen Funktionsbereichs (Funktions-Manager) tritt. Die *Projekt-Manager* haben die Aufgabe, alle Teilaufgaben hinsichtlich ihres Projekts quer durch die vorhandenen Funktions- und Abteilungslinien zielentsprechend zu koordinieren. Sie orientieren sich an den Gesichtspunkten und Problemen ihres Projekts und legen fest, welche projektbezogenen Leistungen zu welchem Termin zu erbringen sind. Dabei greifen sie mit ihrer Anordnungskompetenz gegenüber allen am Projekt mitarbeitenden Personen unmittelbar in den ursprünglichen Aufgaben- und Kompetenzbereich der *vertikalen Linieninstanzen* ein und werden somit umfunktioniert zu *Fachvorgesetzten* (s. dort) mit projektgebundenen Entscheidungs- und Anordnungsbefugnissen quer zur *Linie* (s. dort).

In der Matrix-Organisation ist zur Sicherstellung der von ihr erwarteten Anpassungs- und Problemlösungsfähigkeit das *Prinzip der Einheit der Führung und des Auftragsempfangs* (s. dort) fallengelassen zugunsten einer geregelten Einheitlichkeit der mehrfachen (doppelten) Unterstellung; jede Ausführungsstelle innerhalb der Matrix-Organisation ist zwei Entscheidungsstellen unterstellt („Kompetenzdualismus"). Eine solche Stellung im Kreuzungspunkt zweiseitiger Anordnungen bedingt ein hohes Maß an Kooperationsbereitschaft der Projekt-Mitarbeiter. Die Effizienz dieses Systems der beabsichtigten Kompetenzkreuzungen ist weitgehend davon abhängig, daß bei einem Projektauftrag jeder Matrix-Manager genau weiß, welche Entscheidungen und Anordnungen in welcher Richtung und zu welcher Sachfrage von ihm zu erwarten sind; seine Kompetenzen müssen den Projekt-Mitarbeitern bekannt oder zumindest erkennbar sein. Das bedeutet, daß der Kompetenzbereich sowohl des Projekt-Managers wie des Funktions-Managers vorher genau festgelegt und klar definiert sein muß, und dies in einer *Stellenbeschreibung*. Darüber hinaus sind, um es vor allem bei der Suche nach einer Problemlösung nicht zu dysfunktionalen Kompetenzüberschreitungen und damit zu einem initiativ- und leistungslähmenden Kompetenzkonflikt kommen zu lassen, Regeln erforderlich, bei welchen Entscheidungen *wer* den Vortritt *(Stichentscheid)* in welchem Ausmaß hat. Dies läßt sich gerade in der *Stellenbeschreibung* erreichen. Dabei gilt für den Projekt-Manager, daß er im allgemeinen bei den Fragen über das „Was" (Projekt) und „Wann" (Termine) einen stärkeren Einfluß auf die Entscheidung haben sollte, dagegen bei den Fragen des „Wer" (Personaleinsatz) und des „Wie" (Ressourceneinsatz und Verfahrensanwendung) der jeweilige Funktions-Manager (Abteilungsleiter). (Vgl. *Hill/Fehlbaum/Ulrich,* 1994; *Schneider,* 1975.)

Mehrfachunterstellung. Der organisatorische Tatbestand, wenn jede Stelle (z. B. im *Mehrliniensystem* und in der *Matrix-*

Organisation, s. dort) offiziell einer Mehrzahl von übergeordneten Stellen unterstellt ist. Das *Prinzip der Einheit der Führung und des Auftragsempfangs* (s. dort) ist ersetzt durch ein Prinzip der *geregelten Mehrheit der Auftragserteilung.* Dabei geht es um eine Aufteilung der Anordnungsbefugnisse unter den Linienvorgesetzten (Funktions-Manager) und den bzw. die Fachvorgesetzten (s. dort) oder Produkt- bzw. Projekt-Manager. Trotz richtiger Einschätzung der Gefahr negativer Auswirkungen auf die Mitarbeiter lassen sich Mehrfachunterstellungen (oder Doppelunterstellung) dort nicht vermeiden, wo Spezialisten und spezialisierte Führungskräfte einen stärkeren Einfluß auf den Leistungsprozeß nehmen sollen. Der Vorteil liegt in der Verkürzung der Kommunikations- und Anordungswege und in gezielten Problemlösungen. Die Abgrenzung der Anordnungsbefugnisse der verschiedenen Instanzen sowie die Regelung der Prioritäten (Vortrittsregeln) sollten in Stellenbeschreibungen fixiert werden (vgl. *Schwarz*, 1995).

Mehrliniensystem (Funktions-Organisation). Ein Modell der Aufbauorganisation, dessen Grundgedanke darin besteht, daß die Stellen einer Führungsebene für alle Stellen der nächstunteren Führungsebene unterschiedliche Entscheidungs- und Anordnungsbefugnisse haben entsprechend den unterschiedlichen Aufgaben der nachgeordneten Stellen, wovon somit jede Stelle so vielen übergeordneten Stellen unterstellt sein kann, wie sie Entscheidungs- und Anordnungserfordernisse hat.

Dieses System der Funktionalisierung der Auftragserteilung hat zwar den Vorteil, daß wirkliche Fachleute auf den einzelnen Fachgebieten für bestimmte Problemlösungen zur Verfügung stehen und daß infolge Ausschaltung eines langen und schwerfälligen Instanzenweges Entscheidungen schnell getroffen werden können *(Prinzip des kürzesten Weges,* s. dort). Nachteilig wirkt sich jedoch aus, daß auf das *Prinzip der Einheit der Führung und des Auftragsempfangs* (s. dort) verzichtet wird; daraus resultiert nicht nur die Unübersichtlichkeit dieses Systems, sondern es ergeben sich insbesondere Schwierigkeiten bei der Abgrenzung überlappender Funktionsbereiche; seine Schwächen liegen gerade in den vielfältigen Kreuzungen der verschiedenen Kompetenzen („Linien-Dschungel“).

Die Unterstellung unter viele verschiedene Vorgesetzte hat aber auch negative Konsequenzen psychologischer Art: Unsicherheit, Streß, Autoritätsschwund, Lähmung der Leistungsbereitschaft, passiver Widerstand gegen die Vielzahl formeller Regelungen u. ä. m. In seiner reinen Form konnte sich das Mehrliniensystem in der Praxis nicht durchsetzen. Die Grundidee taucht aber wieder auf in neueren Modellen, z. B. in der Matrix-Organisation (s. dort), wenngleich in veränderter Ausformung und zumeist reduziert auf eine Doppelunterstellung.

Mobbing (Psychoterror am Arbeitsplatz). Nach *H. Leymann* ist von Mobbing dann zu sprechen, wenn entweder der Arbeitgeber oder ein einzelner Vorgesetzter, einzelne oder einige Kollegen oder eine Gruppe unterstellter Mitarbeiter versuchen, gegenüber einem bestimmten Vorgesetzten, Kollegen oder Mitarbeiter systematisch über einen längeren zusammenhängenden Zeitabschnitt hinweg tagtäglich, zumindest einmal pro Woche, intensiven Psychoterror zu betreiben, und wenn dieses Verhalten zur Folge hat, daß bei der betroffenen Person schwerwiegende psychosomatische Störungen eintreten. Das strategische Hauptziel, das die Mobbing-Aktivitäten verfolgen, ist, die zwischenmenschliche Kommunikation der attackierten Person verkümmern zu lassen, die Kooperation mit ihr zu minimieren, ihre sozialen Beziehungen abzublocken und ihr Ansehen zu schädigen, in der Erwartung, daß sich die betroffene Person schließlich selbst zurückziehen wird und von sich aus die Kündigung anstrebt bzw. vornehmen muß.

Zur Bekämpfung der wohl gravierendsten Begünstigungsfaktoren für Mobbing dient – neben arbeitsrechtlichen und Schulungsmaßnahmen – die Behebung von Mängeln in der Personal- und Arbeitsorganisation. In Betracht kommt in erster Linie die Einführung von *Stellenbeschreibungen* auf allen Ebenen des Unternehmens. Diese sollen eine klare Definition der individuellen Arbeitsaufgaben, die eindeutige Abgrenzung der Kompetenzen, die Fixierung der Verantwortlichkeiten für die einzelnen Stelleninhaber sowie die Herstellung einer größeren Übersichtlichkeit der Arbeitsplätze gewährleisten (vgl. *Schneider*, 1995).

Normalfälle (Routinefälle). Fälle, die im Aufgaben- und Kompetenzbereich des Stelleninhabers durchaus „üblich“ bzw. bereits programmiert sind. Situationen und Vorgänge, die im normalen täglichen Arbeitsablauf vorkommen. Der Stelleninhaber kann und muß Normalfälle im Rahmen seiner Kompetenzen selbst entscheiden; er darf diese Entscheidungsbefugnis nicht zurückdelegieren an den Vorgesetzten, wie der Vorgesetzte seinerseits in Normalfällen nicht eingreifen darf.

Organigramm. Die graphische Darstellung der formell geregelten Beziehungs- und Kompetenzstruktur. Es zeigt nicht den funktionalen Zusammenhang der Arbeitsabläufe oder den Grad der Kooperation, sondern es gibt nur eine Übersicht über die Grobstruktur der mehrstufigen Über- und Unterordnung und über das Gefüge der verschiedenen Abteilungen und Funktionsbereiche der Unternehmung.

Organisation. Zur Erklärung des Begriffs sind drei unterschiedliche Wortbedeutungen auseinanderzuhalten:

- Organisation als ziel- und zweckgerichtetes, *strukturiertes Sozialgebilde,* ein in eine feste Form gebrachter „Zusammenschluß von Menschen, die gemeinsam handeln wollen" – der *institutionelle* Organisationsbegriff;
- Organisation als Struktur, Ordnungsgefüge oder *arbeitsteilige Gliederung* von Institutionen, zu verstehen als System der Verteilung der Gesamtaufgabe (z. B. der eines Unternehmens auf einzelne Abteilungen und Stellen unter Zuordnung von Kompetenzen und Verantwortlichkeiten gemäß dem sachbezogenen Zusammenhang der Teilaufgaben) und auch als System von Dauerregelungen, wodurch die effektive und effiziente Zusammenarbeit von Mensch und Mensch sowie das reibungslose Zusammenwirken von Mensch und Sachmitteln gewährleistet wird – der *instrumentelle* Organisationsbegriff;
- Organisation als *bewußter Prozeß* des Strukturierens, der ordnenden Gestaltung, der dauerhaften Festlegung, somit ein sinn- und planvoll gestaltetes Handeln im Hinblick auf die Herbeiführung von Strukturen und Systemen zur Erfüllung von Daueraufgaben und zur Erreichung bestimmter Ziele – der *funktionelle* Organisationsbegriff.

Bezüglich der Objekte des Organisierens und der Funktionsbereiche des Organisators sind zu unterscheiden:

- *Aufbauorganisation* (Strukturorganisation): die Struktur von ganzen Institutionen, z. B. eines Unternehmens, oder von bestimmten organisatorischen Einheiten, z. B. einer Abteilung (s. dort) sowie deren Strukturierung, z. B. Bildung, Gliederung und Koordinierung von Abteilungen, Instanzen und Stellen, Personalbemessung, Zuteilung von Aufgaben und Kompetenzen, Bestimmung der Führungsspannen sowie der Stellvertretung. Ein- bzw. Ausgliederung von Stäben und Fachinstanzen, Dezentralisation des Entscheidungsprozesses bei Mehrstufigkeit in der Organisationsstruktur.
- *Ablauforganisation:* die zeitliche, räumliche und mittelbezogene Struktur von Entscheidungs-und Leistungsprozessen innerhalb von ganzen Institutionen oder von bestimmten organisatorischen Einheiten, z. B. Betriebs-, Vertriebs-, EDV- oder Projektorganisation, sowie deren Strukturierung, z. B. Koordinierung und Rationalisierung der Entscheidungs-und Arbeitsabläufe, sinnvoller und aufgabengerechter Personaleinsatz, Regulierung und Optimierung des Informationsflusses und Kommunikationssystems. Aufbau- und Ablauforganisation stehen nicht beziehungslos nebeneinander, sondern hängen eng zusammen.
- *Arbeitsorganisation:* die Verfahren der Arbeitsgestaltung in Betrieb und Büro, das Einrichten von Arbeitsräumen, die Gestaltung von Arbeitsmitteln, die Anordnung und Ausstattung der Arbeitsplätze (Layout-Planung), die Bildung von Teams sowie die *Arbeitsstrukturierung*, d. h. die menschengerechte Gestaltung von Arbeitssystemen und Arbeitsinhalten, z. B. Einführung von Job Enrichment (s. dort), Anwendung von Job Rotation (s. dort), Einsatz teilautonomer Arbeitsgruppen.
- *Sachmittelorganisation:* Einsatz der in Verwaltung oder Betrieb in Betracht kommenden organisatorischen Hilfsmittel, z. B. Büromaschinen, Formulare, Ordner, Dateien, Registraturen, Mikrofilme u. ä.

Hinsichtlich des Formalisierungsgrads der Organisation, der Regelungsweise von Beziehungszusammenhängen in Organisationsstrukturen, sind zu unterscheiden:

- *formelle* Organisation: das (abstrakte) System der offiziell geregelten Beziehungen, z. B. die Abteilungsgliederung, der Anordnungs- und Informationsweg, also die objektiv notwendige, von der Unternehmensleitung in bestimmter Richtung beabsichtigte und unter rationalen Gesichtspunkten verfaßte Organisationsstruktur;

- *informelle* Organisation: die Gesamtheit der ungeschriebenen, „heimlichen" Regelungen und Arrangements, die von den Mitarbeitern ohne Zutun der Unternehmensleitung spontan getroffen worden sind, somit das Netzwerk jener zwar konkreten, aber unsichtbaren Beziehungen zwischen Mitarbeitern, die von der formellen Organisation nicht abhängig oder vorgeschrieben sind, sondern über diese hinausgehen, diese überlagern oder dieser zuwiderlaufen. Sie sind zur Erreichung der Unternehmensziele nicht vorausgeplant oder absichtsvoll geschaffen worden, aber gleichwohl für den zielentsprechenden Ablauf des Führungs- und Leistungsprozesses von erheblicher funktionaler Bedeutung.

Die *Stellenbeschreibung* eignet sich als Mittel zur exakten Festlegung der formellen Organisation. Sie vermag zwar nicht informelle Beziehungen in formelle Regelungen umzuwandeln, sie kann aber dadurch, daß sie die Organisation transparenter macht, entscheidend dazu beitragen, daß, wenn alle Mitarbeiter gegenseitig ihre Kompetenzen kennen, Bevorzugungen bei der Kompetenzzuteilung abgebaut werden, und daß Konflikte, die sich aus der Nichtübereinstimmung von Führungsentscheidung und Gruppenwillen ergeben, verhindert oder eingeschränkt werden (vgl. *Hill/Fehlbaum/Ulrich,* 1994).

Organisationshandbuch. In größeren, gut organisierten Betrieben eine Lose-Blatt-Sammlung, die der zweckmäßigen Zusammenfassung mehrerer, für die Organisationsarbeit wichtiger Organisationsmittel dient, z. B. der Organisationspläne, Funktionen-Diagramme, Führungsrichtlinien, auch der *Stellenbeschreibungen*, besonders, wenn eine größere Zahl davon ausgegeben wird (vgl. *Schwarz*, 1995).

Organisationsmittel. Die bei der organisatorischen Gestaltung anzuwendenden organisatorischen Ordnungsmittel (Strukturierungsinstrumente). Konkret handelt es sich um Verfahren der praktischen Organisationsarbeit, z. B. Organisationspläne, Organigramme, *Stellenbeschreibungen*, Funktionendiagramme, um Techniken der Darstellung von Strukturen und Abläufen sowie um Techniken der Erhebung, Methoden der Bestandsaufnahme (*Ist-Aufnahme*, s. dort) sowie der *Aufgabenanalyse* (s. dort).

Organisationsplan. Als Instrument der praktischen Organisationsarbeit ein relativ einfaches Schaubild, das die vorhandene oder für die Zukunft vorgesehene betriebliche Aufbauorganisation übersichtlich darstellen und die für die Aufbauorganisation getroffenen Regelungen fixieren soll. Es läßt folgendes erkennen:

- das Verteilungssystem der Aufgaben;
- das Gefüge der Stellen und ihre horizontale Zusammenfassung zu Abteilungen;
- die Rangordnung der Instanzen sowie die Unterstellungsverhältnisse;
- die Ein- bzw. Ausgliederung von Stäben, Fachvorgesetzten, Fachinstanzen und Zentralstellen;
- das System der vertikalen und diagonalen Kommunikations- und Anordnungswege und die Arbeitsflußgestaltung;
- die personelle Besetzung von Stellen;
- die Regelung der Stellvertretung.

Sofern und soweit der Organisationsplan den zwischen den einzelnen Stellen sich ergebenden Zusammenhang aufweist, ist er Voraussetzung und Vorstufe für das Projekt *Stellenbeschreibung* (vgl. *Schwarz*, 1995).

Organisationsverschulden (Nichterfüllung der Organisationspflichten). Für jedes Unternehmen besteht die Pflicht, sich zu organisieren, und es ist gehalten, seine Organisation zu optimieren, zu dokumentieren und zu aktualisieren. Organisationsfehler können zur Haftung und zum Imageverlust des Unternehmens führen. Die Verantwortung für Organisationsversagen muß jeweils feststellbar sein; dafür sind in der Rechtsprechung und juristischen Literatur Grundsätze des Organisationsverschuldens entwickelt worden. Der Begriff „Organisationsverschulden" (BGB § 31) läßt sich zivilrechtlich untergliedern in körperschaftliches und betriebliches Organisationsverschulden. Betriebliches Organisationsverschulden (fehlende Sorgfalt gegenüber innerbetrieblichen Organisationsmängeln und -schwachstellen) liegt vor, wenn ein Unternehmer bei der Organisation seines Betriebs seine ihm obliegenden Organisationspflichten (BGB §§ 823 oder 831) verletzt. Kann jedoch der Unternehmer eine hinreichend gute Organisation, Klarheit über die seinem Mitarbeiter übertragenen Kompetenzen sowie Erfüllung seiner Personalauswahl-, Anordnungs-, Anleitungs- und Überwachungspflichten nachweisen, entfällt in den Fällen, wo einem Dritten durch Organisationsmängel ein Schaden entstanden ist, die Haftung. *Stellenbeschreibungen* können dem Unternehmer dazu verhelfen, diese Pflichten durch die exakte schriftliche und verbindliche Festlegung der Aufgaben, Kompetenzen und Verantwortung für die einzelnen Stelleninhaber auf allen Ebenen wahrzunehmen (vgl. *Adams*, 1990).

Parallelstellen. Zwei oder mehrere *gleichartige Stellen* im Stellengefüge, die für eine einzelne Teilaufgabe geschaffen werden (z. B. im Verkauf: mehrere Sachbearbeiter für einen einzelnen Kunden); oder verschiedene Teilaufgaben (z. B. Buchstabengruppen) einer größeren Aufgabe (z. B. Registraturführung), die von mehreren sich ergänzenden Stellen erfüllt und zumeist in Arbeitssälen räumlich zusammengefaßt werden (z. B. Bürobereich von Versicherungsbetrieben). Die *Stellenbeschreibung* von Parallelstellen wird weitgehend einheitlich sein (Standard-Stellenbeschreibung; vgl. *Schwarz*, 1995; *Hill/Fehlbaum/Ulrich*, 1994).

Partizipation, innerbetriebliche. Ein Führungsprinzip, wonach auf den verschiedenen Ebenen der Organisation die Mitarbeiter nach Maßgabe ihres Sachverstandes über die im Rahmen ihres Aufgaben- und Kompetenzbereichs gegebenen Entscheidungsbefugnisse hinaus zusätzlich durch die Übermittlung ihrer Vorstellungen und Vorschläge zur Lösung der Führungsaufgaben ihres unmittelbaren Vorgesetzten tatsächlich beitragen und legitimiert Einfluß nehmen sollen. Dies bedeutet konkret Beteiligung (Mitwirkung) der Mitarbeiter – innerhalb von Abteilungsausschüssen oder Arbeitsgruppen oder aber durch unmittelbaren Kontakt – an den Prozessen der Zielbestimmung, der Problemlösung und der Vorbereitung von Entscheidungen, speziell jener, die sie direkt oder indirekt berühren und sich stark auf ihre Stelle auswirken, z. B. in außergewöhnlichen Fällen. Ein Ansatz zur so verstandenen innerbetrieblichen Partizipation findet sich im „Anhörungs- und Erörterungsrecht“ (§ 82 BetrVG);

Vorbedingung und Rahmen für deren Funktionieren ist die *Stellenbeschreibung*.

Personalauswahl. Der Funktionsbereich der betrieblichen Personalarbeit, der die Vorbereitung und den Vollzug der Entscheidung über die Besetzung einer neu geschaffenen oder frei gewordenen bzw. frei werdenden Stelle (s. dort) aus einer externen und/oder internen Angebot an Bewerbern betrifft. Die Entscheidung über die Stellenbesetzung stützt sich einerseits auf die Auswahlkriterien, die speziell in der *Stellenbeschreibung* und dem *Anforderungsprofil* (s. dort) verankert sind, und andererseits auf die Informationen über die Eignung des Bewerbers aus schriftlichen Unterlagen, Foto, Vorstellungsgesprächen (s. dort), psychologischen Tests, Assessment-Center-Diagnose u. ä. Entsprechend den Anforderungen der jeweils zu besetzenden Stelle lassen sich die Auswahlkriterien einteilen in: fachliche Kriterien (z. B. Ausbildung, Berufserfahrung), psychologische Kriterien (z. B. Intelligenz, Persönlichkeitsmerkmale) und sozialpsychologische Kriterien (z. B. soziale Qualifikation, Kooperations- und Verantwortungsbereitschaft, Teamfähigkeit).

Personaleinsatz. Im Rahmen der betrieblichen Personalarbeit eine zentrale Funktion, in der sich alle diejenigen Maßnahmen und Aktivitäten konzentrieren, die mit der Einstellung, der Einführung, dem Einsatz, der Versetzung und Umsetzung von Mitarbeitern verbunden sind. Wesentliche Voraussetzung für den Personaleinsatz ist eine gut aufgebaute Personalplanung, speziell Personalbedarfsplanung, sowie ausführliche Informationen über geplante personelle Veränderungen aufgrund der Veränderungen der Betriebsstruktur, der Änderungen der Kapazitätsausnutzung sind daher folgende Unterlagen: mittel- und kurzfristige Personalpläne, flexible Stellenpläne, aktuelle *Stellenbeschreibungen* mit Anforderungsprofilen, analytische Arbeitsbewertung, Statistiken über Personalbestand (Personalausstattung) und Personalveränderungen, Fehlzeitenstatistik sowie Lebensaltersstatistik (vgl. *Knebel,* 1975).

Personalorganisation. Der institutionelle Rahmen, in dem die Mitarbeiter zur Wahrnehmung ihrer Funktion tätig werden. Es geht darum festzulegen, was der einzelne Mitarbeiter oder ein Team an Arbeitsaufgaben zu erfüllen hat, welche Kompetenzen,

Vollmachten und Handlungsspielräume ihm dafür zugeteilt sind, wem er unterstellt ist, von wem er bzw. es Informationen und Anordnungen bekommt, wem er bzw. es überstellt ist und wem er bzw. es folglich Informationen und Anordnungen zu bringen hat. Darüber hinaus liefert die Personalorganisation im allgemeinen Anhaltspunkte und Rahmenbedingungen für die Anforderungen an die verschiedenen Stellen. Das wiederum sind wesentliche Daten für die Unternehmens-Teilfunktionen Personalbeschaffung, Personalbemessung, Personaleinsatz, Stellenumbesetzungen und Stellenabbau. Daraus resultiert, daß das Instrument Stellenbeschreibung mit Anforderungsprofil zu den wichtigsten Grundlagen und Hilfsmitteln der Personalorganisation gehört.

Personalplanung. Aufgabe aller Führungskräfte im Unternehmen, deren Ziel es ist, das für das Unternehmen zu festgelegten Zeitpunkten erforderliche Personal nach Zahl und Qualität bereitzustellen und es rationell einzusetzen. Auch ins Betriebsverfassungsgesetz (§ 92 Abs. 1 Satz 1) ist die Personalplanung aufgenommen, und zwar als Maßnahme des Arbeitgebers, über die er den Betriebsrat zu unterrichten hat. Die vorausschauenden Überlegungen im personellen Bereich finden ihren Niederschlag im *Personalplan,* der eng mit den anderen Plänen des Unternehmens verknüpft bzw. auf sie orientiert sein muß. Hiervon ausgehend gibt der Personalplan einen Überblick über den zu erwartenden Personalbedarf (Personalbedarfsplanung). Je größer der Betrieb, desto dringender wird die *Personalbedarfsplanung.* Die Betriebsgröße kann zur Folge haben, daß die Übersicht über die notwendigen Mitarbeiter in den einzelnen Betriebsbereichen erschwert ist, weil für die Beurteilung der Anforderungen an den Arbeits-bzw. Führungsplätzen die unmittelbare Anschauung oder die Besprechung mit den Vorgesetzten nicht mehr ausreicht. Wenn dieser kritische Fall eintritt, sind *Stellenbeschreibungen* für das Unternehmen unabdingbar.

Pflichtenblatt (Pflichtenheft). In der Schweiz gebräuchliche Bezeichnung für *Stellenbeschreibung* als Mittel zur Festlegung des Aufgaben- und Kompetenzbereichs. Vom direkten Vorgesetzten genehmigt, enthält das Pflichtenblatt die wesentlichen Aufgaben und die besonderen Pflichten sowie die entsprechend notwendigen Kompetenzen. Es gibt in knapper Form Auskunft darüber, *was* gemacht werden muß, während das *Wie* in den *Leistungsstandards* (s. dort) umschrieben wird. Dabei muß deutlich zum Ausdruck gebracht werden, ob eine Arbeit geplant, veranlaßt, ausgeführt, kontrolliert oder überwacht wird. Das Pflichtenblatt gliedert sich in zwei Teile:

1. *Aufgabe:* gemeint ist die Beschreibung des Aufgabenbereichs so, daß jedermann eine möglichst klare Vorstellung über das entsprechende Aufgabengebiet erhält;
2. *besondere Pflichten:* gemeint ist die Festlegung wichtiger Details, die nicht ohne weiteres aus der Aufgabenbeschreibung abgeleitet werden können, z. B. bestimmte Informationspflichten.

   Das Pflichtenblatt wird ergänzt u. a. durch Unterschriftenregelung, Leitfaden für Vorgesetzte, Leistungsstandards, Organisationsplan.

Prinzip der Ausschließlichkeit der Kompetenzzuteilung. Grundsätzlich soll eine Kompetenz, wenn sie einer Stelle zugeteilt ist, keiner anderen Stelle mehr eingeräumt werden. Andernfalls entstehen Kompetenzüberschneidungen mit entsprechenden Doppelspurigkeiten, Störungen im Ablauf des Führungs- wie des Leistungsprozesses und Reibungen in den zwischenmenschlichen Beziehungen.

Prinzip der Einheit der Führung und des Auftragsempfangs. Die von *H. Fayol* aufgestellte Forderung, daß der unterstellte Mitarbeiter nur von einem einzigen direkten Vorgesetzten Aufgaben und Kompetenzen zugewiesen erhält und ihm allein für die richtige Erfüllung der Aufgaben verantwortlich ist. Jeder Vorgesetzte hat sich streng an die Grenzen seines Kompetenzbereiches zu halten und soll – außer in Notfällen – keine Zwischeninstanzen überspringen („Kurzschluß in der Linie"), denn für den Mitarbeiter ist nur die unmittelbar überstellte Instanz anordnungsberechtigt (vgl. *Hill/ Fehlbaum/Ulrich,* 1994).

Prinzip der Entsprechung von Fachkompetenz und Führungskompetenzen. Grundsätzlich sollen die *Fachkompetenzen* eines Stelleninhabers und die formell geregelten Führungskompetenzen (wie auch die Durchführungskompetenzen) seiner Stelle im Gleichgewicht sein. Dieser organisatorische Grundsatz ist ein Kriterium dafür, wie stark und wie tief hinunter Kompetenzen delegiert werden können (vgl. *Hill/Fehlbaum/Ulrich,* 1994).

Prinzip der Kongruenz von Aufgaben, Kompetenzen und Verantwortung (Kongruenzprinzip). Grundsätzlich sollen Aufgaben, Kompetenzen und Verantwortung eines jeden Mitarbeiters einander im Umfang immer genau entsprechen; sie müssen auch inhaltlich deckungsgleich (kongruent) sein. Diese drei Delegationselemente bilden eine untrennbare Einheit, ein Ganzes, dessen Teile genau aufeinander abgestimmt zu sein haben. Das bedeutet konkret: keine Verantwortung ohne entsprechende Kompetenzen (s. dort). Nur derjenige Mitarbeiter kann für die mangelhafte Erfüllung einer Aufgabe verantwortlich gemacht werden, der zuvor auch die dafür notwendigen Kompetenzen übertragen bekommen hat. Andererseits darf es keine Kompetenzen für autonomes Handeln und Entscheiden geben ohne entsprechende *Verantwortung* (s. dort; *Hill/Fehlbaum/Ulrich,* 1994).

Prinzip der Wahrung der Wirkzusammenhänge. Grundsätzlich ist in einer Organisation die enge fachliche Verflochtenheit und der Funktionalzusammenhang zwischen bestimmten Teilaufgaben, die auf mehrere Instanzen und Stellen verschiedener Ebenen verteilt sind, zu berücksichtigen. Deswegen ist es häufig unumgänglich, daß z. B. Stellen mit reinen Durchführungsaufgaben auf den unteren hierarchischen Ebenen außer einem Hauptvorgesetzten zwei oder mehreren Stellen (Fachvorgesetzten) mit fachtechnischen Entscheidungs- und funktionalen Anforderungsbefugnissen unterstellt sind und im Interesse der Anpassungs- und Problemlösungsfähigkeit das *Prinzip der Einheit der Führung und des Auftragsempfangs* (s. dort) durch eine geregelte Einheitlichkeit der mehrfachen (doppelten) Unterstellung ersetzt wird (vgl. *Schwarz,* 1995).

Prinzip des kürzesten (direkten) Weges. Ein organisatorischer Grundsatz, verwirklicht im *Mehrliniensystem* (s. dort) sowie in der *Matrix-Organisation* (s. dort), der davon ausgeht, daß von einem „Universalisten" als Vorgesetzten die ganze Breite anspruchsvoller Funktionen heute nicht mehr zu bewältigen ist; er kann nicht mehr in allen Fragen ausreichend fachkompetent sein. Deshalb sollte bei einer fachtechnischen Entscheidung jene Stelle, die fachlich dafür am kompetentesten ist, nicht bloß im Einzelfall eine Mitsprachebefugnis haben, sondern es sollte allgemein zur beschleunigten Herbeiführung solcher Entscheidungen eine direkte Verbindung von der Stelle, an der immer wieder die fachtechnische Entscheidung getroffen werden muß, zum fachkompetenten Spezialisten geschaffen werden, und dies in Form einer Doppel- oder einer Mehrfachunterstellung (s. dort; vgl. *Hill/ Fehlbaum/Ulrich,* 1994).

Process Reengineering. Radikale Durchforstung aller im Unternehmen ablaufenden Prozesse, insbesondere nach Kostensenkungs- und Effizienzsteigerungsmöglichkeiten mit nachfolgender Um- und Neugestaltung der Strukturen und Abläufe. Zentrale Zielsetzungen sind im einzelnen:

- Abflachung der Hierarchie (s. dort) (Enthierarchisierung, „Devertikalisation“);
- Erweiterung der Entscheidungsbefugnisse der Mitarbeiter („Empowerment“);
- Einbindung der Mitarbeiter in den Entscheidungsprozeß („Partizipation“, s. dort);
- ständige Optimierung der Organisation (durch organisatorische Innovationen).

Rangbezeichnung (Dienstbezeichnung). Die Bezeichnung der Rangstufe des Mitarbeiters (z. B. Hauptabteilungsleiter, Abteilungsleiter, Gruppenführer), die auch in der *Stellenbeschreibung* festgehalten wird. Mit ihrer Rangbezeichnung wird jede Stelle im Betrieb einer bestimmten Rangstufe zugeordnet. Als Rangbezeichnungen sollten keine Tätigkeitsbezeichnungen (z. B. Personalleiter, Betriebsingenieur) und keinesfalls handelsrechtliche Vollmachtbezeichnungen gewählt werden. Auch sollte für das ganze Unternehmen nur eine einzige Bezeichnungen je Rangstufe angestrebt werden; jedenfalls müssen sich Vergleiche ziehen lassen, quer über alle Bereiche und Abteilungen im Betrieb.

Rückdelegation von Kompetenzen und Verantwortung. Zurückschieben von Kompetenzen und Verantwortung an den Vorgesetzten, der sie dem Mitarbeiter übertragen hat. Im kooperativen Führungssystem gehört es zu den *Rechten und Pflichten des Mitarbeiters,* daß er im Rahmen seines Aufgaben- und Kompetenzbereichs in allen *Normalfällen* (s. dort) aus eigener Initiative selbständig handelt und entscheidet. Es ist daher nicht nur unerwünscht, sondern, soll die *Delegation* (s. dort) ernstgenommen werden, unzulässig, wenn der Mitarbeiter dem Vorgesetzten ständig wieder Vorgänge zur Entscheidung überbringt. Daß dies dennoch vorkommt, kann im folgenden begründet liegen:

- Der Mitarbeiter löst aus mangelnder Selbstsicherheit und immer wiederkehrendem Zweifel über die Zweckmäßigkeit und Richtigkeit seines Vorgehens bei der Aufgabenerfüllung Rückfragen beim Vorgesetzten aus und sucht dessen Rückendeckung. (Rückfragen der Sachbearbeiter an die Vorgesetzteninstanz sind allerdings in der öffentlichen Verwaltung oft nötig und können durchaus geboten sein.)
- Der Vorgesetzte neigt dazu, in den Aufgaben- und Kompetenzbereich des ihm unterstellten Mitarbeiters hineinzureden und diesen nach jeder seiner Entscheidungen zu kritisieren, so daß der Mitarbeiter schließlich das Risiko scheut und sich deswegen beim Vorgesetzten rückversichert.

Nicht als Rückdelegation zu bezeichnen sind Fälle, in denen die Kompetenzen des Mitarbeiters – mangels (aktueller) *Stellenbeschreibung* – nicht eindeutig und klar festgelegt sind und/oder in denen er nicht alle Informationen, die für die Erfüllung der Aufgaben erforderlich sind, besitzt; in diesen Fällen ist die Rückfrage über Einzelheiten beim Vorgesetzten notwendig, ebenso dann, wenn seine Unsicherheit über das richtige Vorgehen daher rührt, daß er noch nicht in ausreichendem Umfang in seine Stellenaufgabe eingearbeitet ist (vgl. *Höhn/Böhme,* 1983; *Schwarz,* 1995).

Rücknahme von Kompetenzen und Verantwortung (Eingreifmethode). Unzulässiges Eingreifen des Vorgesetzten in den Aufgaben- und Kompetenzbereich des ihm unterstellten Mitarbeiters. Das ist der Fall, wenn ein delegations-undisziplinierter Vorgesetzter zwar – zum Schein – Aufgaben und Kompetenzen überträgt, sich aber aus starkem „Kompetenzhunger" alle Vorgänge weiter zur endgültigen Entscheidung vortragen läßt. Es kann auch sein, daß der Vorgesetzte in der *Delegation von Aufgaben, Kompetenzen und Verantwortung* (s. dort) lediglich eine Entlastung sieht; besonders in Zeiten erheblicher Belastung kann er sich auf diese Weise ersparen, im Aufgaben- und Kompetenzbereich des Mitarbeiters Informationen aufzuarbeiten und Entscheidungen zu treffen; hat er jedoch später weniger zu tun, übernimmt er die Handlungen und Entscheidungen, die sonst sein Mitarbeiter vorzunehmen hätte, wieder selbst. Bei konsequenter Anwendung des Delegationsprinzips ist die willkürliche Kompetenzrücknahme nicht gestattet; mit Ausnahme in *außergewöhnlichen Fällen* (s. dort) darf der Vorgesetzte prinzipiell in den Aufgaben- und Kompetenzbereich seines Mitarbeiters nicht eingreifen. Die „Eingreifmethode" gehört zu den typischen Verhaltensweisen von autoritären Vorgesetzten, und die Stellenbeschreibung ist die organisatorische Absicherung gegen die Gefahr, daß derartige überholte autoritäre Verhaltensschablonen wieder durchschlagen.

Sachbearbeiter. Eine nicht mehr weiter zu untergliedernde Funktion innerhalb einer Abteilung, Gruppe oder Untergruppe des Bürosektors: Bearbeitung von Unter- oder Teilaufgaben im Sachgebiet; reine Ausführungsfunktion mit Befugnis zur Arbeitsanleitung für Hilfskräfte und/oder Auszubildende.

Schnittstellen. Das Sich-Berühren bzw. Überlappen der unterschiedlichen Aufgaben- und Kompetenzbereiche der einzelnen Mitarbeiter. Probleme können häufig dadurch entstehen, daß z. B. bestimmte, in den jeweils persönlichen Aufgaben- und Kompetenzbereich übergreifende Aktivitäten zunächst als Einmischung betrachtet werden. Eine dynamische *Stellenbeschreibung* behindert nicht, sondern fördert die Entwicklung des Bewußtseins bei den Mitarbeitern, daß zum eigenen Aufgaben- und Kompetenzbereich auch ein Verantwortungsbereich gehört, der noch über das eigene Tätigkeitsfeld hinausgeht, und daß ein Stelleninhaber Mitverantwortung an der Arbeit und den Aufgaben benachbarter, in einem Wirkungszusammenhang befindlichen Stellen und Bereiche des Unternehmens trägt.

Selbstkontrolle (Eigenkontrolle). Durch die *Stellenbeschreibung* ist dem Mitarbeiter die Möglichkeit gegeben, mit weniger Fremdkontrolle durch den Vorgesetzten rechnen zu müssen und statt dessen mit wachsender Erfahrung sich selbst daraufhin zu prüfen, ob seine Leistungen den Anforderungen der Stelle und in fachlicher und führungsmäßiger Hinsicht dem vorgegebenen realisierbaren Ziel entsprechen. Er besitzt eine Grundlage, selbst einen Soll-Ist-Vergleich vorzunehmen und durch die direkte Rückkoppelung zu einer rechtzeitigen Korrektur seines Verhaltens zu kommen.

Selbstkoordination (Koordination durch Selbstabstimmung, horizontale Koordination, „Koordination von innen"). Gemeint ist die Delegation von Koordinierungsfragen an die Mitarbeiter bzw. Arbeitsgruppen so, daß diese ihre Maßnahmen und Aktivitäten, ohne Einschaltung übergeordneter Instanzen, durch direkten Kontakt selbständig untereinander in Einklang bringen können. Das bedeutet, sie arrangieren sich selbst, stimmen sich, dem vorgegebenen oder vereinbarten Ziel entsprechend, untereinander ab, fassen ihre Aktivitäten zusammen und richten ihre Maßnahmen so aufeinander aus, daß sie sich gegenseitig nicht widersprechen, sondern ergänzen und verstärken. Die Vorgesetzten sollen nur in übergeordneten Fragen koordinierend eingreifen oder dann, wenn sich die Mitarbeiter einmal tatsächlich nicht einigen können. Das Begreifen und die Anwendung des *Prinzips der Selbstkoordination* sind fundamentale Bedingungen dafür, daß die *Stellenbeschreibung* auf die Dauer nicht der Dynamik des Unternehmens abträglich ist; vielmehr soll die Rolle der *Stellenbeschreibung*, das kooperative Führungssystem abzusichern und die nötige Beständigkeit der Organisationsstruktur zu gewährleisten, von der Möglichkeit der Selbstkoordination der Mitarbeiter maßgeblich unterstützt werden.

Soll-Zustand, organisatorischer. Vorstellung einer Idealstruktur, die sich entwickelt, wenn innerhalb der Stellenbeschreibungen allen Stellen auf jeder hierarchischen Ebene klar abgegrenzte Aufgaben und eindeutig festgelegte Kompetenzen zugewiesen sind. Es kann sich jedoch im ganzen immer nur um eine mehr oder weniger starke Annäherung an diese Idealstruktur handeln. Die Einflüsse des Menschen und die Dynamik der Organisation führen ständig zu gewollten oder ungewollten Abweichungen des Ist vom Soll. Wenn Soll-Vorstellungen wirklich als Bestandteil von Stellenbeschreibungen angestrebt sind, müssen sie – nach Beseitigung aller Unklarheiten, Widersprüche und Überschneidungen von Aufgaben und Kompetenzen – kurzfristig realisiert werden. Auf diese Weise wird erreicht, daß die

Stellenbeschreibungen nicht nur „deskriptiv“ sind, also lediglich vorhandene Aufgaben- und Kompetenzverteilungen übernehmen und durch die Beschreibung „zementieren“, sondern daß sie, sich am Optimum der Aufgabenerfüllung orientierend, als Richtschnur dienen auf dem Weg zum organisatorischen Soll-Zustand und jeden Stelleninhaber dazu auffordern, sich der in seiner Stellenbeschreibung enthaltenen Soll-Vorstellung anzuschließen.

Stab-Liniensystem (Stab-Linienorganisation). Ein Modell der Aufbauorganisation, das vermittelnd zwischen (Ein-)*Liniensystem* (s. dort) und *Mehrliniensystem* (s. dort) steht und sich die Vorzüge dieser beiden Modelle zunutze macht. Es wird das Prinzip der *Einheit der Führung und des Auftragsempfangs* (s. dort) eingehalten. Wie beim Einliniensystem empfängt hier ein Mitarbeiter grundsätzlich nur von einem Vorgesetzten Anordnungen, der aber unterstützt und entlastet wird von einer besonderen Stelle – „Stab“ –, die aus der *Linie* (s. dort) ausgegliedert ist und Aufgaben erfüllen soll, die aus den Entscheidungsaufgaben der Führungsinstanz herausgelöst sind. Das bedeutet konkret: Auf allen Instanzenebenen werden den Führungsstellen Spezialisten – Stabsmitarbeiter – einzeln oder in Gruppen zugeordnet, die als „Führungshilfsstellen“ durch Erarbeitung der nötigen Unterlagen und Vorschläge mit der Entscheidungs-Vorbereitung und mehrfach auch mit der Überwachung der Entscheidungs-Durchsetzung beauftragt sind. In diesem Organisationsmodell hat der *Linienvorgesetzte Entscheidungs- und Anordnungsbefugnisse,* daneben auch Informations- und Beratungsbefugnisse. *Stabsmitarbeiter* hingegen haben nur *Informations- und Beratungsbefugnisse;* sie sind verantwortlich für die richtige Erfassung der Informationen und für die Sachgerechtigkeit der Beratung. Obwohl somit über die Linie die einheitliche Willensbildung gewährleistet ist und obwohl reinen Stabsstellen in der Regel keine Entscheidungs-und Anordnungsbefugnisse gegenüber anderen Stellen zugeteilt sind, haben Stabsmitarbeiter erfahrungsgemäß dennoch häufig eine nicht unerhebliche Macht (die „Macht der Experten“), weil ihnen ihr Informationsvorsprung und ihre *Fachkompetenz* in nicht ganz problemfreier Weise großen Einfluß auf die Entscheidungen der Führungsinstanzen, aber auch auf das Verhalten anderer Mitarbeiter im Betrieb, verschaffen.

In der betrieblichen Praxis hat sich erwiesen, daß das ranghierarchisch strukturierte und daher tendenziell starre Stab-Liniensystem in Richtung auf problemlösungs- und anpassungsfähige Modelle weiterzuentwickeln ist, sofern man die Aufbauorganisation des Unternehmens den sich ständig verändernden Verhältnissen, vor allem der zunehmenden Komplizierung der sozio-ökonomischen Vorgänge, anpassen will. In der *Stellenbeschreibung* kann und muß jedenfalls dargestellt werden, in welchem Funktionszusammenhang eine Stelle Entscheidungen und Anordnungen zu treffen sowie in welchem Funktionszusammenhang beratend tätig zu sein hat (vgl. *Hill/Fehlbaum/Ulrich,* 1994; *Höhn/Böhme,* 1983).

Stabsmitarbeiter. Ein vom Vorgesetzten beauftragter Mitarbeiter, der als Spezialist die Befugnis hat, informierend und beratend bei der Erfüllung seiner Aufgaben (Führungsaufgaben, s. dort) tätig zu werden. „Unterstellung in Stabsfunktion" bedeutet: Der so unterstellte Mitarbeiter wirkt auf der Basis seiner Spezialkenntnisse und Spezialerfahrungen an der Entscheidungsvorbereitung des Vorgesetzten mit, sei es durch Sammeln und Aufbereiten von Informationen, sei es durch Untersuchung von Problemen, durch Unterbreitung von Vorschlägen oder durch die Darstellung von Alternativen.

Status im Betrieb. Die Wertschätzung, das Prestige und die damit eng verbundene Rangstellung, die ein Mitarbeiter im Verhältnis zu anderen Mitarbeitern innerhalb der Unternehmung, der Abteilung oder Arbeitsgruppe durch persönliche Qualitäten erworben hat oder die ihm als Inhaber einer bestimmten, mit Machtbefugnissen angereicherten Position zugeschrieben werden.

Es ist davon auszugehen, daß das Stellenbeschreibungsprojekt, womit bewußt eine weitgehende Neustrukturierung und Neuverteilung der Aufgaben und eine weitgehende Neuzuweisung von Kompetenzen an die Mitarbeiter primär nach sachlichen und funktionalen Gesichtspunkten angestrebt wird, kaum je ohne erhebliche Auswirkungen auf das Verhalten der Mitarbeiter, also auch der Vorgesetzten auf allen Ebenen, bleibt. Bei derartigen organisatorischen Änderungen befürchten sie, ihren Status mit seinen bisherigen Vorteilen zu verlieren; es löst bei ihnen Abwehrreaktionen aus, sobald sie aufgefordert werden oder man mit ihnen vereinbaren will, an nachgeordnete Mitarbeiter die zur zielentsprechenden Erfüllung ihrer Aufgaben notwendigen Kompetenzen abzutreten. Die *Stellenbeschreibung* bewährt sich gerade in diesem Zusammenhang als wertvolles Instrument:

- durch klar abgegrenzte Aufgaben- und Kompetenzbereiche verbunden mit Anforderungsprofilen und vorgegebenen Leistungsstandards schafft die *Stellenbeschreibung* die fairen Bedingungen, die dem Betrieb die optimale Besetzung der Stellen sichern;
- *Stellenbeschreibungen* tragen dazu bei, das Prestigebedürfnis von Führungskräften dadurch zu befriedigen, daß ihnen eine bestimmte Qualifikation durch Aufstiegsattribute, z. B. Rangbezeichnungen und *„besondere Befugnisse"*, ausdrücklich bestätigt wird;
- *Stellenbeschreibungen*können sich auch dadurch günstig auswirken, daß sie nicht nur Befürchtungen der Statusminderung abbauen, sondern einen zusätzlichen Anreiz bieten, wenn bei ihrer Erarbeitung von der Unternehmensspitze stufenweise nach unten zunächst die jeweiligen Vorgesetzten in den Besitz einer *Stellenbeschreibung* kommen und auf diese Weise die *Stellenbeschreibung* in den Augen der Mitarbeiter zum *Statussymbol* (s. dort) aufgewertet wird (vgl. *Schwarz*, 1995).

Statussymbole. Äußerlich erkennbare Zeichen, die bezeugen sollen, welchen *Status* (s. dort) die damit ausgestatteten Mitarbeiter im Verhältnis zu anderen in der Rangordnung eines Betriebes einnehmen; sie dienen zur Kennzeichnung und Betonung der Statusdifferenzen, somit der Verschiedenheit der betrieblichen Rangstufen. Statussymbole können z. B. sein: die Zahl der unterstellten Mitarbeiter, ein Betriebstitel, die Berufskleidung, Beschaffenheit der Schreibtischmöbel, Höhe der Etage, ein Einzelzimmer, eigenes Telefon, das Verfügen über eine Schreibkraft, nur eng begrenzte Sprechstunden. Sollen Statussymbole ihren Sinn und ihr Motiv behalten, übertrieben hierarchisches Denken nicht verfestigen und eine sachliche und funktionale Strukturierung des betrieblichen Führungs- und Leistungsprozesses nicht erschweren, müssen rechtzeitig Vorkehrungen getroffen werden, die z. B. durch die *Stellenbeschreibung* als Möglichkeit formalorganisatorisch rationaler Regelung der Beziehungen zwischen Vorgesetzten und Mitarbeitern dargeboten werden (vgl. *Schwarz*, 1995; *Wunderer/Grunwald,* 1980).

Stelle. Die kleinste organisatorische Handlungs- und zugleich Dispositions-, Planungs-, Kontroll- und meist örtliche Einheit, der im Rahmen der Gesamtorganisation bzw. von deren Subsystemen, z. B. den Abteilungen, auf Dauer ein bestimmter Aufgabenkomplex oder *Aufgabenbereich* (s. dort) zur selbständigen Erfüllung übertragen ist. Dieser Aufgabenbereich stellt eine Kombination von einzelnen sachlich zusammengehörigen, d. h. entweder fachlich verwandten oder funktionell verbundenen, Teilaufgaben dar; es ist die gegen andere Stellen sinnvoll abgrenzbare Stellenaufgabe, die mit den zu ihrer zielentsprechenden Erfüllung notwendigen *Kompetenzen* (s. dort), der entsprechenden *Verantwortung* (s. dort) und den für *Kommunikation* (s. dort) und *Koordination* (s. dort) zu anderen Stellen erforderlichen Kontakten ausgestattet ist.

Weil nur Menschen Kompetenzen und Verantwortung haben können, muß jede Stelle durch mindestens einen Mitarbeiter als Aufgabenträger – den *Stelleninhaber* – besetzt sein (Ein-Personen-Stelle). Es können auch gelegentlich *mehrere Mitarbeiter* eine Stelle als Aufgabenträger besetzen (Mehr-Personen-Stellen, z. B. ein Team, s. dort). Als Aufgabenträger kommt ferner eine Kombination von einem oder mehreren Mitarbeitern mit einer oder mehreren Maschinen in Betracht (Mensch-Maschinen-Stellen). Für jede einzelne Stelle ist unter Mitwirkung des Stelleninhabers eine *Stellenbeschreibung* zu erarbeiten.Besteht der Aufgabenbereich einer Stelle aus ausführenden Aufgaben auf der operativen, somit der untersten hierarchischen Ebene, spricht man von *ausführenden* oder *Dienstleistungsstellen* (s. dort), besteht er aus Führungsaufgaben, spricht man von *Führungsstellen* oder *Instanzen* (s. dort); besteht er ausschließlich aus Beratungs- und Informationsaufgaben, spricht man von *Führungshilfs-* oder *Stabsstellen* (vgl. *Hill/Fehlbaum/Ulrich,* 1994; *Schwarz,* 1995).

Stellenausschreibung, innerbetriebliche. Innerhalb des Betriebes vorgenommene Ausschreibung freigewordener oder neugeschaffener Arbeitsplätze, ein Mittel im Rahmen der Personalbeschaffungsplanung, um fähige Mitarbeiter aus dem eigenen Unternehmen zu gewinnen. Der Betriebsrat kann nach § 93 BetrVG die Einführung der innerbetrieblichen Stellenausschreibung verlangen für Arbeitsplätze, die mit Arbeitnehmern im Sinne des Betriebsverfassungsgesetzes besetzt werden. Die interne Ausschreibung offener Stellen wird durch Stellenbeschreibungen mit Anforderungsprofil erleichtert, weil diese die verschiedenen Anforderungen an den Arbeitsplätzen allgemein sichtbar machen.

Stellenbesetzung. Im Rahmen der betrieblichen Personalarbeit die Funktion, welche die Frage der personellen Besetzung der Stellen regelt. Diese Funktion ist in folgende Teilfunktionen zu gliedern:

1. *Anwerbung,* das bedeutet die Aufgabe, passende Bewerber für die freiwerdenden oder neugeschaffenen Stellen zu bekommen, und zwar durch das Mittel der außerbetrieblichen wie innerbetrieblichen *Stellenausschreibung* (s. dort);
2. *Auswahl,* das bedeutet die Aufgabe, aus den Bewerbern den qualifizierten Träger für eine bestimmte Stellenaufgabe herauszufinden.

Weitere wichtige Faktoren, um geeignete Aufgabenträger zu bekommen oder zu halten, sind die in einem Unternehmen gegebenen Möglichkeiten der Beförderung, der Weiterbildung, des innerbetrieblichen Stellenwechsels sowie die Art der Gehalts- bzw. Lohnfestlegung. Die *Stellenbeschreibung* (mit Anforderungsprofil) kann als organisatorisches Hilfsmittel der Stellenbesetzung gute Dienste leisten.

Stellenbesetzungsplan. Eine listenförmige und/oder schaubildliche Darstellung, die, ausgehend von den tatsächlichen Verhältnissen, eine Übersicht geben soll über die anzahlmäßige Besetzung der Soll-Stellen (Planstellen) und speziell darüber, welche einzelne Stelle von welchem Mitarbeiter derzeit besetzt wird, wer also gegenwärtiger Stelleninhaber ist. Mit einem Blick kann auch abgelesen werden, ob eine vorhandene Stelle derzeit nicht besetzt ist oder ob Mitarbeiter vorhanden sind, für die es keine Soll-Stelle gibt. Es ist durchaus möglich, daß in einem Betrieb die Zahl der vorhandenen und der besetzten Arbeitsplätze einerseits mit der Zahl der Soll-Stellen sowie der besetzten Stellen andererseits nicht übereinstimmt. Aus dem überprüften Ist-Zustand der Stellenbesetzung entwickelt sich der Stellenplan (s. dort) für das nächste Jahr (vgl. *Kolvenbach,* 1978).

Stellenbezeichnung. Die Kennzeichnung der Stelle, die der Stelleninhaber einnimmt, z. B. Leiter der Betriebstechnischen Abteilung, Leitung der Unterabteilung Verkauf Ausland, Personalstatistik-Sachbearbeiterin in der Personalabteilung, Betriebsschlosser in der Reparaturwerkstatt. Die Stellenbezeichnung soll grundsätzlich so lauten, daß sie mit der *Tätigkeitsbezeichnung* (s. dort) des betreffenden Stelleninhabers übereinstimmt. Dies trifft inhaltlich dort auch zu, wo dieser diejenige Tätigkeit ausübt, für welche die Stelle geschaffen worden ist. Sind Abweichungen festzustellen, so müssen sie durch eine Änderung entweder der Tätigkeit, der *Stelle* (s. dort) oder der *Stellenbesetzung* (s. dort) bereinigt werden.

Stellenbezeichnungsordnung. Festlegung der geltenden *Stellenbezeichnungen* (s. dort) für die ganze Unternehmung. In Form einer Tabelle wird die Zuordnung der Stellenbezeichnungen zu den formellen Rangstufen vorgenommen. Die Entsprechung von Rangstufe und Stellenbezeichnung ist erforderlich, damit

- die *Kompetenzen* (s. dort) und *Vollmachten* (s. dort) zwischen den einzelnen *Stellen* (s. dort) sinnvoll und zweckmäßig abgegrenzt werden können;
- die chaotische Vielfalt der Bezeichnungen beseitigt sowie die Aussagefähigkeit und Klarheit der Stellen- und Organisationspläne sichergestellt werden kann (vgl. *Schwarz*, 1995).

Stellenplan. Ein organisatorisches Instrument der Personalplanung, das der (listenförmigen und/oder schaubildlichen) Darstellung des für das nächste Jahr ermittelten Bedarfs an Stellen (nach Zahl, Art und formeller Rangstufe) zur Durchführung der geplanten Aufgaben dient. Als Ergebnis von Personalbedarfsberechnungen, gegliedert nach Abteilungen, haben Stellenpläne den Vorteil, daß sie den rationellen Personaleinsatz erleichtern. Mit den Stellenplänen sind bereits gewisse Abgrenzungen von Aufgaben in qualitativer und quantitativer Hinsicht gegeben; daher sind sie mit eine Voraussetzung für die Erarbeitung von *Stellenbeschreibungen*, die wiederum geeignet sind, bisherige Stellenpläne zu korrigieren und zu verbessern.

Stellvertretung. Das Vorgehen bei projekt- oder persönlich bedingter Abwesenheit oder bei Ausfall des Stelleninhabers. Dabei ist das Problem zu lösen, ob und auf welche Art und Weise die ständig und/oder dringlich anfallenden Aufgaben im Verhinderungsfall von einer oder mehreren anderen Personen übernommen werden sollen. Sinn und Zweck der Stellvertretung soll die Aufrechterhaltung der Kontinuität des Entscheidungsablaufs sein, und dies in bezug auf Tempo, Qualität und Vollzug der Entscheidungen.

- Arten der Regelung der Vertretung:
  1. *Ersatzmann* (i. d. R. Vertretung lediglich auf der operativen Ebene, jedenfalls ohne vorausgehende Kontaktnahme; er ist für begrenzte Zeit selbst Stelleninhaber und handelt somit im eigenen Namen, nach eigenen Vorstellungen und in eigener Verantwortung);
  2. *Platzhalter* (Vertreter, der keine eigene Entscheidungsbefugnis bezüglich der Aufgaben des Abwesenden besitzt, jedoch genaue Kenntnis der Sachgebiete benötigt, um im Sinne des Abwesenden zu handeln, z. B. Sekretärin);
  3. *Springer* („Ausfüller“, „nebenamtlicher Stellvertreter von Beruf“, geeignet zur vollen Übernahme von Vertretungen an verschiedenen Arbeitsplätzen in fachlicher und führungsmäßiger Hinsicht);
  4. *echte Stellvertretung.*
- Reichweite der echten Stellvertretung:
  1. *Vollständige Stellvertretung:* Der Stellvertreter übernimmt den Aufgaben- und Kompetenzbereich des zu Vertretenden voll und ganz einschließlich der damit verbundenen Führungspflichten.
  2. *Fachlich begrenzte Stellvertretung:* Es geht nur ein fest umrissener Teil der Befugnisse und Pflichten auf den Stellvertreter über; ausgeklammert wird für die Zeit der Vertretung z. B. die Regelung von Personalfragen.
  3. *Geteilte Stellvertretung:* Der Aufgaben- und Kompetenzbereich z. B. eines übergeordneten Vorgesetzten wird während seiner Abwesenheit auf seine Kollegen in der

gleichen Ebene und/oder auf die ihm unterstellten Zwischenvorgesetzten (und dies evtl. in der Form eines Stellvertreter-Teams) aufgeteilt.

– Funktionstypen der Stellvertretung:
  1. *Hauptamtliche* (ständige) *Stellvertretung:* Der Stellvertreter ist dauernd in Tätigkeit; auch bei Anwesenheit des Stelleninhabers kann der Stellvertreter entscheiden und fungiert gewissermaßen als „Kopilot".
  2. *Nebenamtliche* (zeitlich begrenzte) *Stellvertretung:* Der Stellvertreter hat einen eigenen Aufgaben- und Kompetenzbereich mit eigener *Stellenbeschreibung* und nimmt jeweils nur für die Zeit der Abwesenheit des zu Vertretenden dessen Aufgaben- und Kompetenzbereich wahr.

– Formen der Stellvertretung:
  1. *Multiple Stellvertretung* (Mehrfachvertretung): Die Vertretung wird für verschiedene Aufgaben durch verschiedene Personen wahrgenommen, z. B. die Abteilungsleiter vertreten in ihren Fachbereichen ihren Hauptabteilungsleiter, während dieser in allen Personalfragen vom Leiter der Hauptabteilung Personal vertreten wird.
  2. *Singulare Stellvertretung* (Einheitsvertretung): Die Vertretung wird in der Entscheidungs- und Anordnungsbefugnis durch nur eine Person wahrgenommen, z. B. ein Abteilungsleiter vertritt den Hauptabteilungsleiter.

– Herkunft und Richtung der Stellvertretung:
  1. *Stellvertretung von oben nach unten:* Vorgesetzter vertritt Mitarbeiter; weil jedoch dessen Aufgaben- und Kompetenzbereich zum Kontrollbereich des Vorgesetzten gehört, sollte dies die Ausnahme sein.
  2. *Stellvertretung von unten nach oben:* Unterstellter, selbst leitend tätiger Mitarbeiter, vertritt den ihm übergeordneten Vorgesetzten; diese Regelung sollte wegen der ihr innewohnenden Vorteile (Förderung, Bewährungschancen für die Mitarbeiter) überwiegen.
  3. *Stellvertretung von unten nach oben:* Unterstellter, aber sonst lediglich ausführend tätiger Mitarbeiter, vertritt den ihm übergeordneten Vorgesetzten; auch diese Regelung ist positiv.

4. *Stellvertretung von der Seite:* Gleichgeordneter Mitarbeiter vertritt gleichgeordneten Mitarbeiter, also Quervertretung in der gleichen Ebene von Kollege zu Kollege, eine Regelung nur für den Ausnahmefall.
5. *Stellvertretung durch eine eigene Führungshilfsstelle* (Assistent oder Stabsmitarbeiter), eine Regelung, die nicht sehr positiv einzuschätzen ist.
6. *Stellvertretung von außerhalb der Linien- und Stabsbeziehung:* Speziell ausgebildete Springer, die von Fall zu Fall eingesetzt werden, und dies in Sachgebieten und Ebenen, für die sie auch *Fachkompetenz* besitzen.

– Rollen der Stellvertretung:
  1. *Aktive Stellvertretung:* Bezeichnung der Stellen, die der Stelleninhaber zu vertreten hat (in der Stellenbeschreibung: „Der Stelleninhaber vertritt . . .“).
  2. *Passive Stellvertretung:* Bezeichnung der Stelleninhaber, von denen der in Betracht kommende Stelleninhaber vertreten wird (in der Stellenbeschreibung: „Der Stelleninhaber wird vertreten von . . .“). (Vgl. *Höhn,* HWO 1980).

Tätigkeitsanalyse. Systematische Untersuchung der Arbeitsplätze zur Vorbereitung und Veränderungen in der Aufgabenverteilung und zum Zwecke eines Vergleichs organisatorischer Gestaltungsmöglichkeiten je Arbeitsplatz und zusammengefaßt je Abteilung. Dadurch kann auf der Grundlage des ermittelten Zeitbedarfs je Tätigkeit und Mitarbeiter festgestellt werden, wie groß der prozentuale Anteil der Tätigkeiten ist, die z. B. beim Aufbau eines EDV-Systems dem Computer übertragen werden können, und wie groß der Anteil ausfällt, der für die manuelle Datenverarbeitung verbleibt (vgl. *Schwarz*, 1995).

Tätigkeitsbereich. Ein Unterscheidungsmerkmal im Hinblick auf die Anwendbarkeit der *Stellenbeschreibung* für die prinzipiell nur ausführende Ebene. Hauptsächlich sind zwei Tätigkeitsbereiche, von denen jeder die Art der ausschließlich ausführenden Arbeit entscheidend prägt, zu unterscheiden und gegeneinander abgrenzbar:

– *der Bürosektor:* Tätigkeiten, welche die Fixierung, Übermittlung oder Auswertung betrieblicher Daten bezwecken;
– *der Fertigungssektor* (z. B. in der Industrie): Tätigkeiten im Werk bzw. in der Werkstatt.

Darüber hinaus gibt es noch Tätigkeitsbereiche, die branchenunabhängig und von den anderen Sektoren zu unterscheiden sind, z. B. Labor, Lager, Transport, Verkauf (vgl. *Schwarz*, 1995).

Tätigkeitsbeschreibung. Unter dieser Benennung können zwei in der betrieblichen Praxis gebräuchliche Formen voneinander unterschieden werden:

1. Eine *Kurzbeschreibung* für jede (Haupt-)Tätigkeit, der eine *Tätigkeitsbezeichnung* (s. dort) entspricht, unter kurzer, stichwortartiger Schilderung des Inhalts der betreffenden Tätigkeit, so daß sie von anderen Tätigkeiten abgegrenzt werden kann. Derartige Tätigkeitsbeschreibungen gehen nicht ins Detail, sondern liefern einen Überblick und sind somit allgemeiner gehalten als *Stellenbeschreibungen*; es kann u. U. daraus auch ein *Anforderungsprofil* (s. dort) abgeleitet werden.
2. Eine *ausführliche Darstellung* des zeitlichen und räumlichen Ablaufs von Tätigkeiten im Sinne von Arbeitsverrichtungen und Arbeits- oder Teilvorgängen zur Erfüllung bestimmter Aufgaben. Sie ist daher nahezu identisch mit der *Arbeitsablaufbeschreibung* (s. dort). In Betrieben, in denen keine vollständigen *Stellenbeschreibungen* erarbeitet worden sind, verzichtet man i. d. R. nicht auf Anleitungen, die unter Bezeichnungen wie Arbeitsanleitung, Dienstvorschrift o. ä. in übersichtlicher und knapper Form die Art und Weise angeben, wie die einzelnen Verrichtungen auszuführen sind. Sofern jedoch die detaillierte Tätigkeitsbeschreibung (zusammen mit der ihr übergeordneten *Aufgabenbeschreibung)* als Kernstück der *Stellenbeschreibung* für die ausführende Ebene in Betracht kommen soll, kann sie dies nicht als Beschreibung des „Wie" der Arbeit, sondern nur als ausführliche Beschreibung dessen, *was* der Stelleninhaber im Hinblick auf die Aufgabenerfüllung im einzelnen zu tun hat. Auf eine solche Ausführlichkeit sollte auf der ausführenden Ebene im Interesse der Aussagefähigkeit der *Stellenbeschreibung* Wert gelegt werden (vgl. *Schwarz*, 1995).

Tätigkeitsbezeichnung. Bezeichnung der (Haupt-)Tätigkeit eines Stelleninhabers. Bei den einfacheren Tätigkeiten ist die Tätigkeitsbezeichnung häufig zugleich die *Berufsbezeichnung*.

Für die Wahl der Tätigkeitsbezeichnungen ist von folgenden grundsätzlichen Forderungen auszugehen, die soweit wie möglich und zweckmäßig auch für die Stellenbeschreibung gelten sollten:

- Die Tätigkeitsbezeichnung soll aussagekräftig, differenzierend und verständlich sein.
- Die (Haupt-)Tätigkeit jedes einzelnen Mitarbeiters im Betrieb bekommt eine Tätigkeitsbezeichnung.
- Gleiche Tätigkeiten erhalten die gleiche Bezeichnung, unterscheidbare Tätigkeiten – nach ihrer Art und/oder ihrer Wertigkeit – erhalten unterschiedliche Bezeichnungen.
- Jede Tätigkeit ist einer Rangstufe mit Dienstbezeichnung und Gehalts- oder Lohngruppe zuzuordnen.
- Die *Stellenbezeichnung* (s. dort) soll mit der Tätigkeitsbezeichnung des Stelleninhabers übereinstimmen.

Die *Zahl der Tätigkeitsbezeichnungen* im Betrieb wird i. d. R. kleiner sein als die Zahl der vorhandenen Arbeitsplätze und Mitarbeiter. Beispiele für Tätigkeitsbezeichnungen: Personalleiter, Fertigungsleiter, Teilekonstrukteur, Verkaufsassistent im Export, Laborgehilfe, Maschinenschreiberin, Akkordlohnrechner, Maschinenschlosser (vgl. *Goossens,* 1975).

Team. Als Gruppe besonderer Art, Form und Qualifikation – kraft Organisationskompetenz des Managements und meist auf dessen Veranlassung – zusammengestellt und eingesetzt entweder als ständige Einrichtung über einen längeren Zeitraum hinweg („Langzeit-“ oder „institutionalisiertes Team“, z. B. in Stabsabteilungen) oder zur Lösung temporärer Einzelprobleme vielfach nur für eine begrenzte Dauer in Form eines „ad-hoc-Teams“, und dies vorzugsweise in den Funktionsbereichen Planung, Forschung, Projektierung, Entwicklung, Konstruktion, Marketing, Vertrieb, Umweltschutz, Personalentwicklung und Führungsorganisation. Vorwiegend unter den Aspekten der Hauptaufgabe, der Zusammensetzung, der Arbeitsweise und der Verantwortlichkeit finden Team und Teamarbeit ihre Anwendung unter den Bezeichnungen „Entscheidungsteams“, Gremien, welche Alternativen durchdiskutieren und entscheiden, „Beratungs-“ oder „Vorschlag-Teams“, Arbeitskreise, die auf der Basis empirischer Erhebungen und Analysen Stellungnahmen erarbeiten und mit Lösungsvorschlägen die Grundlagen schaffen für Entscheidungen der Führungskräfte, sowie „Ausführungsteams“, Ad-hoc-Kommissionen oder Sonderausschüsse, die auf meist unbegrenzte Dauer für zwar laufende, aber weitgehend innovative Aufgaben eingesetzt werden, z. B. Sicherheitsausschuß, Arbeitsbewertungsausschuß, und welche die Durchführung der beschlossenen Maßnahmen einzuleiten und zu beaufsichtigen haben.

In jedem dieser Fälle steht das Team in einem organisatorischen Freiraum, d. h. einem Tätigkeitsfeld mit weitreichender Selbststeuerungskompetenz neben der vorhandenen Hierarchie oder zwischen verschiedenen, das Team personell beschickenden Hierarchien. Es bietet die Möglichkeit, sorgfältig ausgesuchte Mitarbeiter aus unterschiedlichen Fach- bzw. Funktionsbereichen und von unterschiedlichen hierarchischen Ebenen der Organisation (u. U. auch von außerhalb) zu einer zahlenmäßig begrenzten, funktionsgegliederten Gruppe mit gemeinsamer Zielsetzung zusammenzufassen. Als Mehr-Personen-Stelle bildet das Team die geeignete Organisationsform für die auf ein meist befristetes Ziel gerichtete enge und intensive Zusammenarbeit verschiedenartiger Spezialisten und Experten. Dem Team kann die Lösung einer wichtigen und besonders komplizierten Aufgabe übertragen werden, die einzelne als Alleingänger kaum lösen könnten oder nicht lösen sollten. Für solche von einem Team zu bearbeitenden konkreten Sonderaufgaben kommen einmalige Projekte, unvorhergesehene Probleme, umfassende Expertisen oder auch fach(bereichs)übergreifende Planungs- bzw. Koordinierungsaufgaben in Betracht. Entsprechend können dem Team Handlungskompetenzen mit mehr oder weniger großer Reichweite und Bedeutung, in bestimmten Fällen aufga-bebezogene Entscheidungsbefugnisse, zugeteilt werden (vgl. *Brocks*, 1979; *Schneider/Knebel*, 1995; *Schneider*, 1996).

Telearbeit. Bürofernarbeit, unterstützt durch moderne Sachmittel der Büroarbeit sowie durch die Technik der Telekommunikation. Organisatorisch bedeutet dies eine besondere Form dezentraler Bürokonzeption, wobei Büroarbeitsplätze in private Haushaltungen verlagert werden. Bisher bestehen keine festen Sonderregelungen, um die Beziehungen der Telearbeit-Nutzer zur Unternehmung rechtlich zu fixieren. Drei Möglichkeiten der rechtlichen Gestaltung können genannt werden:

1. Die Telearbeit-Nutzer tragen den normalen Arbeitnehmerstatus (Telearbeitnehmer); es handelt sich um teil- oder vollzeitbeschäftigte Telemitarbeiter, welche die tariflichen Bedingungen und volle soziale Absicherung genießen.
2. Die Telearbeit-Anbieter sind im rechtlichen Sinne Heimarbeiter und unterliegen den Vorschriften des Heimarbeitsgesetzes (1974). Ein Heimarbeiter untersteht nicht dem Weisungsrecht des Arbeitgebers; somit hat er keine feste Arbeitszeit einzuhalten.
3. Die Telearbeit-Anbieter fungieren als selbständige Kleinunternehmer, die über Werk- oder Dienstverträge mit der Unternehmung in Beziehung stehen. Für sie gibt es weder arbeits- noch sozialrechtlichen Schutz; dafür sind sie rechtlich völlig betriebsunabhängig. Diese Selbständigkeit bedingt zwangsläufig auch die Übernahme des Marktrisikos.

Überstellungsverhältnis. Angabe in der *Stellenbeschreibung*, wer dem Stelleninhaber untersteht, wem er also in seiner Eigenschaft als Hauptvorgesetzter, Fachvorgesetzter oder Disziplinarvorgesetzter gegenübertritt und wem gegenüber er die „Rechte und Pflichten des Vorgesetzten“ wahrzunehmen hat. Zusammen mit dem *Unterstellungsverhältnis* (s. dort) zeigt dies die organisatorische Eingliederung des Stelleninhabers an (vgl. *Höhn/Böhme,* 1971).

Umfeld-Stellenbeschreibung. Eine Variante der Stellenbeschreibung, die dazu dienen soll, die Aufgaben der Stelle im Beziehungsnetz einerseits der Leistungserstellung, andererseits des Informationsflusses aufzuzeigen. Die eigene Stelle wird als Teil des Beziehungsnetzes verstanden. Die organisatorische Unterstellung unter den direkten Vorgesetzten wird ebenfalls als Umfeld-Beziehung aufgefasst. Die Umfeld-Stellenbeschreibung zeichnet sich dadurch als Instrument zur Optimierung der Prozesse aus, dass sie Wert darauf legt, dass neben der Auflistung der Hauptaufgaben auch noch die Qualitätsstandards angegeben werden, nach welchen diese Aufgaben ausgeführt werden sollen. Auf diese Weise werden Kunden- und Qualitätsorientierung in der einzelnen Stelle und beim einzelnen Mitarbeiter verankert (vgl. *Burkhardt/Sager*, 1993).

Unterrichtungspflicht (Informationspflicht). Eine nicht delegierbare grundsätzliche Führungspflicht, seinen Mitarbeitern aufgabenbezogene Informationen zu geben, d. h. er ist verpflichtet, seine einzelnen Mitarbeiter – regelmäßig und bei Veränderungen in ihrem Arbeitsbereich bzw. Ausnahmefällen rechtzeitig wieder neu – unaufgefordert und umfassend mit den Informationen zu versorgen, die wichtig sind, damit sie die ihnen übertragenen Aufgaben sach- und termingerecht erfüllen können. Die Information kann mündlich erfolgen; sofern sie nachhaltige (u. U. arbeitsrechtliche) Bedeutung erlangen kann, ist es jedoch vorteilhafter, sie schriftlich zu formulieren. Dies gilt gerade dann, wenn und weil (nach § 81 Abs. 1 Satz 1 BetrVG) die „Unterrichtung" den primären Zweck hat, den Aufgabenbereich des einzelnen Mitarbeiters („dessen Aufgabe und Verantwortung" sowie „die Art seiner Tätigkeit") und seine Eingliederung in die Aufbauorganisation wie auch in Arbeitsablauf und Informationsfluß („Einordnung in den Arbeitsablauf des Betriebes") aufzuzeigen. Daraus ist zu folgern, daß die *Stellenbeschreibung* auch für die Erfüllung der Unterrichtungspflicht einen entscheidenden Beitrag liefert.

Unterschriftenordnung. Regelung der Unterschriftenberechtigungen. Die mit dem Unterschriftswesen (Zeichnungsrecht) im Schriftverkehr, speziell in allen Angelegenheiten von grundsätzlicher Bedeutung, nach außen und innerhalb des Unternehmens verbundenen Befugnisse (Endzeichnung und Mitzeichnung) werden namentlich in Unternehmen, die noch ohne *Stellenbeschreibungen* arbeiten, in besonderen Richtlinien festgehalten. Wenn im kooperativen Führungssystem der Mitarbeiter in seinem Aufgaben- und Kompetenzbereich selbständig entscheiden und dafür die entsprechende Verantwortung tragen soll, dann dürfen die Unterschriftsberechtigungen nicht mehr primär nach ranghierarchischer Einstufung zuerkannt werden, sondern dann muß ihm folgerichtig das nach außen und innen geltende Zeichnungsrecht entsprechend dem Bedürfnis der zugeteilten Aufgaben und somit als Ausdruck der daran gekoppelten Verantwortung zustehen.

Unterstellungsverhältnis. Angabe in der Stellenbeschreibung, wem der Stelleninhaber untersteht, wer ihm also als Hauptvorgesetzter, Fachvorgesetzter oder Disziplinarvorgesetzter gegenübertritt und wer dem Stelleninhaber gegenüber die „Rechte und Pflichten des Vorgesetzten“ wahrzunehmen hat. Zusammen mit dem evtl. gegebenen *Überstellungsverhältnis* (s. dort) zeigt dies die organisatorische Eingliederung des Stelleninhabers an (vgl. *Höhn/Böhme,* 1971).

Verantwortung. Verpflichtung des Stelleninhabers, persönlich Rechenschaft zu übernehmen für das autonome Handeln, und dies in erster Linie gegenüber der übergeordneten Instanz, von der die Kompetenzen für die Erfüllung der ihm zugewiesenen Aufgaben übertragen worden sind, in zweiter Linie aber auch gegenüber Personen, die vom Handeln des Aufgabenträgers berührt werden. Zur Übernahme der Verantwortung gehören die entsprechend delegierten *Kompetenzen,* die erforderlich sind, sollen die klar umgrenzten Aufgaben zielentsprechend erfüllt werden. Es gibt keine Auferlegung von Verantwortung ohne vorausgehende Übertragung der entsprechenden Kompetenzen. Die Verantwortung des Mitarbeiters gegenüber dem Vorgesetzten entsteht in dem Zeitpunkt, wo der Mitarbeiter die für ihn vorgesehenen Aufgaben und Kompetenzen (durch Unterschreiben seiner *Stellenbeschreibung*) übernimmt und dabei mit ihrem Inhalt und ihrer Reichweite ausdrücklich einverstanden ist. Sie ist eine natürliche Rechtsfolge mit der Maßgabe, daß der Stelleninhaber für sein Handeln zivilrechtlich, strafrechtlich, arbeitsrechtlich, disziplinär und moralisch einzustehen hat, d. h. es resultiert daraus Haftung oder Belangbarkeit für fahrlässige und vorsätzliche Fehler, für die mißbräuchliche oder Nicht-Ausübung von Kompetenzen und für Mißerfolge. Unter dem Gesichtspunkt der Motivation kann man hier sagen: Wenn der Stelleninhaber für die voraussehbaren Konsequenzen seines Handelns aufkommen muß, also gegebenenfalls negative Sanktionen zu erwarten hat, kann dies für ihn ebenso als Leistungstriebfeder wirksam sein wie die gegebene Chance, den ihm zugestandenen Handlungsspielraum mittels der ihm übertragenen Kompetenzen selbständig auszuschöpfen. Es sind zu unterscheiden:

- *Entscheidungsverantwortung:* Verpflichtung (bzw. Bereitschaft) zum Einstehen für die getroffene Auswahl zwischen vorliegenden Alternativen und
- *Beratungs- und Stabsverantwortung:* Verpflichtung (bzw. Bereitschaft) zum Einstehen für die sachlich richtige Information und Beratung.

Darüber hinaus sind auseinanderzuhalten:

- *Führungsverantwortung:* Verpflichtung (bzw. Bereitschaft) des Vorgesetzten zur Wahrnehmung seiner Führungsaufgaben (nichtdelegierbare *Gesamtverantwortung*) und
- *Handlungsverantwortung* (*Durchführungs-* oder *Sachverantwortung*): Verpflichtung (bzw. Bereitschaft) des Mitarbeiters (auch Vorgesetzten) zum Einstehen für das, was er bei selbständiger Wahrnehmung der Sachaufgaben im eigenen Aufgaben- und Kompetenzbereich tut oder zu tun unterläßt *(Unterlassungsverantwortung)* (vgl. *Hill/Fehlbaum/Ulrich*, 1994; *Höhn/Böhme*, 1983).

Verkehrsweg, innerbetrieblicher. Der Weg der Informationen unmittelbar von Stelle zu Stelle; es handelt sich um Quer- und Schrägverbindungen zwischen Mitarbeitern zur Übermittlung von Nachrichten zumeist unterrichtender und beratender Art, wodurch eine interfunktionale, vom schwerfälligen Instanzenweg über den jeweiligen Vorgesetzten unabhängige Zusammenarbeit ermöglicht wird. Solche Quer- und Schrägverbindungen sind vor allem dann von Bedeutung, wenn eine für den Betriebsablauf wesentliche Information, die den dafür offiziell angeordneten Kanal nicht oder zu spät erreicht hätte, auf dem informellen Verkehrsweg weitergegeben werden kann. Wegen der auf diese Weise bewirkten Verkürzung und Beschleunigung des Informationsflusses können nichtformell geregelte Verkehrswege (Kommunikationswege) eine wichtige, lückenfüllende Unterstützungsfunktion für die formelle Kommunikation ausüben.

Wenn es auch unmöglich und keinesfalls zweckmäßig wäre, die ganze Vielfalt solcher informeller Informationskanäle organisieren oder „wegorganisieren" zu wollen, so ist es doch notwendig, den Dschungel informeller, dienstwegunabhängiger Informationskanäle einzugrenzen und die Transparenz zu wahren. Hier leistet die *Stellenbeschreibung* gute Dienste dadurch, daß sie den Bedarf an bestimmten Informationsinhalten und -formen sowie die nötigen Kontakte zwischen bestimmten Stellen zu bestimmten Zwecken ausdrücklich regelt, mit dem Ziel, den formellen Verkehrsweg zu verbessern, ohne dabei die informellen Informationskanäle, die sich dadurch weitgehend erübrigen, bekämpfen zu wollen (vgl. *Schwarz*, 1995).

Vollmachten. Zu unterscheiden sind nach dem Inhalt und der Bedeutung für das Stellenbeschreibungsprojekt *folgende Arten* der Vollmachten (Vertretungskompetenzen, speziell Verpflichtungskompetenzen):

- *Unterschriftsvollmacht* (Zeichnungsrecht): Die Berechtigung eines Mitarbeiters auf einer bestimmten Führungsebene, seine ausgehende Post, soweit sie Vorgänge betrifft, die in dem ihm zugewiesenen Aufgabenbereich vorkommen und die im Rahmen der ihm übertragenen Kompetenzen erledigt werden können, rechtsverbindlich zu unterschreiben *(s. Unterschriftenordnung).*
- *Finanzielle Vollmacht:* Die Berechtigung eines Mitarbeiters auf einer bestimmten Führungsebene, entsprechend den Notwendigkeiten seiner Stellenaufgabe, finanzielle Entscheidungen (z. B. ein Kostenbudget aufstellen und/oder einhalten, einen Entwicklungskredit beschaffen, eine Bestellmenge festlegen, Reise- und/oder Bewirtungsspesen machen) bis zu einer bestimmten Höhe zu treffen.
- *Personelle Vollmacht:* Die Berechtigung eines Mitarbeiters auf einer bestimmten Führungsebene (unter Beteiligung höherer Vorgesetzter sowie der Personalabteilung und des Betriebsrats), Entscheidungen in personellen Angelegenheiten der ihm direkt unterstellten Mitarbeiter zu treffen, z. B. Genehmigung des Personalbedarfs, Einstellung, Übernahme in das feste Arbeitsverhältnis nach der Probezeit, Beurteilung, Versetzung, Beförderung, Leistungszulagen, Entlassung.

Derartige Vollmachten können im Unternehmen durch generelle Regelungen schriftlich festgelegt werden, sollten aber dann ausreichend flexibel und anpassungsfähig sein, um die Delegation weiterer Aufgaben und Kompetenzen an befähigte nachgeordnete Mitarbeiter nicht durch zu starre Vorschriften aufzuhalten. Die bessere Lösung im Interesse der Einführung bzw. Absicherung des kooperativen Führungssystems wäre jedoch, für jeden Mitarbeiter, entsprechend den jeweiligen Aufgaben und besonderen Erfordernissen seiner Führungsstelle, diese Vollmachten individuell in der Stellenbeschreibung festzulegen.

Vorgesetzte – Führungskräfte. Unter Führungskräften sind Mitarbeiter zu verstehen, die anderen Mitarbeitern organisatorisch übergeordnet sind und spezifische Aufgaben für das Unternehmen zu erfüllen haben; dies entweder als Stabsmitarbeiter (Personen, die, ausgestattet mit Informations- und Beratungskompetenzen, sich mit Führungsproblemen befassen, ohne selbst zu führen) oder als Vorgesetzte (Personen, die zur Umsetzung des Weisungsrechts des Arbeitgebers vor Ort und zur Ausübung der Führungsfunktionen gegenüber den nachgeordneten Mitarbeitern in jeweils vereinbarter Reichweite über die erforderlichen Führungskompetenzen verfügen). Der Übergang zu einem kooperativen Führungssystem verlangt von einem Vorgesetzten, dem offiziell Führenden, die Änderung der inneren Einstellung zu seiner Rolle. Dazu gehören insbesondere:

- die Bereitschaft zur Delegation (s. dort) von Aufgaben, Kompetenzen und Verantwortung auf die nachgeordnete Ebene;
- die Bereitschaft, Vertrauen in seine Mitarbeiter zu setzen und sich nicht zu viel um sachliche Details zu kümmern;
- die Bereitschaft, gewisse Unvollkommenheiten in der Aufgabenerledigung durch den einzelnen Mitarbeiter in Kauf zu nehmen;
- die Bereitschaft, die Mitarbeiter rechtzeitig mit den erforderlichen Informationen zu versorgen und die Gründe für seine Entscheidungen und Maßnahmen zu erläutern;
- die Bereitschaft, aktiv Kontakt auf eine Verständigung, zumindest auf einen Gedanken- und Erfahrungsaustausch mit den Mitarbeitern, aufzunehmen;
- die Bereitschaft, die Leistungsmotive und die Kreativität seiner Mitarbeiter zu aktivieren und dabei Anreger und Moderator zu sein;
- die Bereitschaft zur Selbstbeschränkung seiner Aktionschancen, indem er sich damit abfindet, grundsätzlich nicht direkt, sondern nur indirekt durch den Mitarbeiter in dessen fachlichen und führungsmäßigen Aufgaben- und Kompetenzbereich eingreifen zu dürfen;
- die Bereitschaft, besonders qualifizierte Mitarbeiter zu fördern, indem er sie fordert und Leistungshemmnisse beseitigt;
- die Bereitschaft zum ständigen Hinzulernen, d. h. sich nicht nur im eigenen Fachgebiet fortzubilden, sondern sich auch Kenntnisse und Fähigkeiten in Nachbargebieten zu erwerben.

Als Führungsverantwortlicher fungiert der Vorgesetzte neuer Prägung für seine Mitarbeiter nicht als „Chef“ oder „Boss“, vielmehr als Coach, als Konfliktlöser und Verhaltenssteuermann; sein eigenes Verhalten in der Praxis ist als „Manager“ nicht primär fachorientiert, sondern in erster Linie problemlösungsorientiert (vgl. *Hill/Fehlbaum/Ulrich*, 1994; *Wunderer/Grunwald*, 1980).

Vorstellungsgespräch (Bewerberauswahlgespräch, Einstellungsinterview). Ein Zwei- oder Mehrpersonengespräch, dessen Zielsetzung darin besteht, im Rahmen des Bewerbungs- und Personalauswahlvorgangs das durch die Vorauswahl (aufgrund von Bewerbungsschreiben, Lebenslauf, Foto, Schul- und Arbeitszeugnissen) gewonnene Bild vom Bewerber durch einen unmittelbaren Eindruck über wichtige Persönlichkeitsmerkmale zu vervollständigen und gegebenenfalls zu korrigieren. Eine *Stellenbeschreibung* mit *Anforderungsprofil* ist dabei sowohl für den Personalleiter bzw. dessen Vertreter wie auch für den Bewerber insofern von großem Nutzen, als es gilt, die anforderungsgerechte Eignung und zugleich die wesentlichen Punkte für die Gestaltung des Arbeitsvertrags abzuklären (vgl. *Knebel*, 1995).

Weisungsrecht s. Direktionsrecht des Arbeitgebers.

Wunsch-Soll. Unbefangene Darlegung (auf einem vorbereiteten Fragebogen) zunächst dessen, was nach Meinung des Stelleninhabers im Bereich der Stelle verbesserungs- oder änderungswürdig wäre, ferner seiner Vorstellungen von den künftigen Verhältnissen sowie seiner Vorschläge zur Überwindung vorhandener Schwierigkeiten und Fehler durch eine Reorganisation in Form der *Stellenbeschreibung*. Bei den Resultaten dieser Ermittlungsaktion handelt es sich zumeist um organisatorische Verbesserungsvorschläge, die als solche schon einen gewissen Eigenwert haben.

Ziel der Stelle (Stellenziel). Das in der *Stellenbeschreibung* festgelegte Ziel, das die im Kurzstil zusammengefaßte Hauptaufgabe des Stelleninhabers darstellt. Es handelt sich um ein im Rahmen der Unternehmenszielsetzung gegebenes konkretes *Funktionsziel*, nicht um ein Leistungsziel (s. *Leistungsstandards*), vielmehr gewissermaßen um einen *„Dauerauftrag“* der Unternehmensleitung für die beschriebene Stelle, wonach dem Stelleninhaber bekannt ist, was von ihm verlangt wird.

IV. Literaturverzeichnis

Abkürzungen:

HWO Handwörterbuch der Organisation, 2. Aufl., Hrsg. E. Grochla, Stuttgart, 1980

HWP Handwörterbuch des Personalwesens, 2. Aufl., Hrsg. E. Gaugler/W. Weber, Stuttgart, 1992

PE Personal-Enzyklopädie, Band 1–3, München, 1977/78

ZfO Zeitschrift für Organisation, Wiesbaden

Adams, H. W. (Hrsg.) — Sicherheitsmanagement, Die Organisation der Sicherheit im Unternehmen, Frankfurt/M., 1990

Bembenek, W. — Stellenbeschreibungen für Führungskräfte, Personalführung 10/1993

Berthel, J./Koch, H.-E. — Job Sharing und die Strukturen von Arbeitsplatz-Anforderungen und Mitarbeiter-Qualifikationen, in: H.-H.Heymann/L. Seiwert (Hrsg.): Job Sharing, Grafenau, 1982

Bieding, F. — Die Stellenbeschreibung – optimale Grundlage der Stellenbewertung, management heute 3/1977

Bisani, F. — Das Funktionendiagramm, eine leistungsfähige Alternative zur Stellenbeschreibung, Der Betrieb 30/1982

ders. — Flexible Organisation durch das Funktionendiagramm, Personalwirtschaft 1/1985

Brocks, W. — Teamarbeit für Ingenieure, Düsseldorf, 1979

Burkhardt, K./Sager, O. — Lean Production – auch in Dienstleistungsbetrieben, io management 2/1993

Dressler, W./ Keßler, A./ Köhler, H.D./ Widmann, U.	Funktionendiagramme oder Stellenbeschreibungen? Eine vergleichende Analyse der Ziele und Anwendungsmöglichkeiten, ZfO 4/1975
Freilinger, Ch.	Die Stellenbeschreibungen – Grundlage einer flexiblen Organisation, Management-Praxis 10/1975
Freimuth, J.	Analytische Arbeitsplatzbeschreibungen, Teil 1: Geschichtliche Entwicklung und aktuelle Kritik, Personal 4/1992
ders.	Analytische Arbeitsplatzbeschreibungen, Teil 2: Künftige Anforderungen, Personal 5/1992
Golombek, G./ Roßbauer, W.	Stellenbeschreibungen für den Pflegedienst, Stuttgart/Berlin/Köln, 1998
Grandel, K.	Stellenbeschreibungen und Führungsorganisation für den Einzelhandel, Köln, 1983
Grimm, W.	Kleingruppengespräche zur Unterstützung beim Einsatz personalorganisatorischer Hilfsmittel, Personalführung 1/82
Grimmer, J.	Stellenbeschreibung im Bereich der Informationstechnologie, Sonderdruck, Freiburg, 1996
Grochla, E./ Vahle, M./ Puhlmann, M./ Lehmann, H.	Entlastung durch Delegation – Leitfaden zur Anwendung organisatorischer Maßnahmen in mittelständischen Betrieben, Berlin, 1981
Gutwein, O. G.	Was kostet die Stellenbeschreibung? Organisationspraxis-Bürotechnik 4/1974
Harmsen, C.	Die Mitbestimmung des Betriebsrates nach § 87 Abs. 1 Nr. 1 BetrVG bei Stellenbeschreibungen, Betriebs-Berater 23/1980
Häseler, I.	Stellenbeschreibungen für Einrichtungen der Altenpflege, Hannover, 1997
Hill, W./ Fehlbaum, R./ Ulrich, P.	Organisationslehre, Band 1, 5. Aufl. 1995, Band 2, 4. Aufl., Bern/Stuttgart, 1992

Höhn, R.	Stellvertretung, HWO
ders.	Die Tücken der Stellenbeschreibung, management heute + marktwirtschaft 12/1974, 2, 3, 5 und 6/1975
ders.	Betriebsverfassungsgesetz – Stellenbeschreibung und Führungsrichtlinie, Bad Harzburg, 1978
ders.	Die Bedeutung von Stellenbeschreibung und Führungsrichtlinie für das Beschwerderecht des Arbeitnehmers, management heute 6/1977
Höhn, R./ Böhme, G.	Führungsbrevier der Wirtschaft, 11. Aufl., Bad Harzburg, 1983
dies.	Stellenbeschreibung und Führungsanweisung, 6. Aufl., Bad Harzburg, 1971
Hub, H./ Fischer, W.	Funktionendiagramm und/oder Stellenbeschreibung, bürotechnik 12/1976
Institut für Betriebswirtschaft an der Universität St.Gallen	Organisationsbrevier, Schriftenreihe Praktische Betriebswirtschaft, 5. Aufl., Bern, 1968
Jope, R.	Die Stellenbeschreibung I und II, Rationalisierung 8 und 9/1972
Karg, P./ Staehle, W. H.	Analyse der Arbeitssituation: Verfahren und Instrumente, Freiburg, 1982
Knebel, H.	Das Vorstellungsgespräch, 16. Aufl., Köln, 1999
ders.	Wie bewerbe ich mich richtig? 16. Aufl., Landsberg, 1995
ders.	Taschenbuch für Bewerberauslese, 7. Aufl., Heidelberg, 1996
ders.	Einführung von Stellenbeschreibungen, Bürotechnik + Organisation 3/1971
ders.	Personaleinsatz, Personal 4/1975
ders.	Probleme und Chancen von Stellenbeschreibungen und Arbeitsbewertung, Personal 1 und 2/1975

ders.	Stellenbeschreibung als Impulsgeber für mehr Dynamik und Innovation im Arbeitsprozeß, Personal 1/1985
ders.	Taschenbuch für Personalbeurteilung, 10. Aufl., Heidelberg, 1999
ders.	Die hierarchiearme Organisation, Personal 7/1992
Knebel, H./ Schneider, H.	Führungsgrundsätze, 2. Aufl., Heidelberg, 1994
Knebel, H./ Zander, E.	Neue Entwicklungen bei Arbeit, Entgelt und Führung, Freiburg, 1984
dies.	Arbeitszeit-Flexibilisierung und Entgelt-Differenzierung, Freiburg, 1986
dies.	Arbeitsbewertung und Eingruppierung, 2. Aufl., Heidelberg, 1989
dies.	Kleine Führungspraxis, 2. Aufl., Heidelberg, 1996
Kolvenbach, H.	Stellenbesetzungsplan, PE, Band 3
Kramer, R./ Bechthold, T.	Stellenbeschreibungen, Marketing + Verkauf, 1975
Krasemann, B.-J.	Grundlagen, Möglichkeiten und Grenzen der Stellenbeschreibung als Führungsinstrument des kooperativen Führungsstils, Burgbrohl, 1972
Kreikebaum, H.	Stellen- u. Arbeitsplatzbeschreibung, HWO
Krüger, W.	Stellenbeschreibung als Führungsinstrument, HWP
Lang, K./ Meine, H./ Ohl, K. (Hrsg.)	Arbeit, Entgelt, Leistung, Handbuch Tarifarbeit im Betrieb, Köln, 1990
Lattmann, Ch.	Leistungsbeurteilung als Führungsmittel, Bern/Stuttgart, 1975
Lorenz, K.	Welchen Zweck haben Stellenbeschreibungen? RKW (Hrsg.): Arbeits- und Leistungsbewertung für Angestellte, Band 34, Bonn, 1975

Maier, W.	Arbeitsanalyse und Lohngestaltung, 2. Aufl., Stuttgart, 1988
Menzl, A./ Nauer, E.	Das Funktionendiagramm – ein flexibles Organisations- und Führungsmittel, 2. Aufl., Bern, 1974
Michels, K.-H.	Die Stellenbeschreibung als organisatorisches Hilfsmittel, Personal 4/1980
Oehler, O.	Stellenbeschreibungen, 2. Aufl., Landsberg, 1981
Pahlberg, K. M.	Job Sharing und Personalplanung, in: H.-H. Heymann/L. Seiwert (Hrsg.): Job Sharing, Grafenau, 1982
Paschen, K.	Job Sharing und Personalentwicklung, in: H.-H. Heymann/L. Seiwert (Hrsg.): Job Sharing, Grafenau, 1982
REFA	Methodenlehre der Organisation für Büro und Verwaltung, Teil 4: Aufbauorganisation, Darmstadt, 1981
Reiss, M.	Defekte Stellenbildung – Organisatorische Wirklichkeit für das Personalmanagement, ZfO 2/1984
ders.	Varianten der Stellenbeschreibung, 1. Teil, ZfO 5–6/1984, 2. Teil, ZfO 7/1984
ders.	Stellenbeschreibung, HWP
Richter, M.	Personalführung im Betrieb, 3. Aufl., Stuttgart, 1994
Sagl, W.	Erfahrungen mit Stellenbeschreibungen, ZfO 5–6/1984
Schneider, H.	Auseinandersetzung mit negativen Vorurteilen gegen die Stellenbeschreibung, Personal 2/1976
ders.	Stellenbeschreibung – gesetzlich vorgeschrieben? management heute 3/1977
ders.	Ohne Angst in Urlaub gehen, Stellenbeschreibungen regeln auch die Stellvertretung, Chefbüro 12/1978

ders.	Stellenbeschreibung, in: Hoppenstedt (Hrsg.): Werkstattblatt 782, 2. Aufl., Darmstadt, 1991
ders.	Führungsspanne – Führungserfolg, Personalwirtschaft 9/1990
ders.	Mobbing. Tatort Arbeitsplatz, in: Personalwirtschaft 8/1995
ders.	Lexikon zu Team und Teamarbeit, Köln, 1996
ders.	Endlich Ordnung im Dschungel der Kompetenzen, in: Management & Qualität, Nr. 7 + 8, 1998
Schneider, H./ Knebel, H.	Team und Teambeurteilung, Köln, 1995.
Schwarz, H.	Arbeitsplatzbeschreibungen, 13. Aufl., Freiburg, 1995
Seel, G.	Stellenbeschreibungen für die Pflege im Krankenhaus, Hannover, 1995
Siepmann, H./ Siepmann, K.	Verwaltungsorganisation, Stuttgart, 1980
Siller, E./ Schliephacke, J.	Arbeitsschutz: Muster und Modelle für die Praxis, 3. Aufl., Köln, 1986
Simm, A.	Führen durch Stellenbeschreibungen, Personalwirtschaft 4/1992
Steinbichler, E./ Laber H.	Einführung einer flachen Aufbauorganisation, Personal 8/1992
Steinherr, L.	Stellenbeschreibungen als Führungs- und Organisationshilfsmittel, Ein Wegweiser zu ihrer Einführung in Klein- und Mittelbetrieben, Frankfurt, 1979
Struwe, W.	Ergebnisorientierte Stellenbeschreibungen und Funktionsdiagramme im Führungsbereich, Grafenau, 1980
Thies, A./ Weber, A.	Führungsinstrumente für mittelständische Industrieunternehmen, Personal, Heft 7/1993

Thom, N./ Strombach, M. E.	Fallstudien zur Personalentwicklung in Mittelbetrieben, 2. Aufl., Köln, 1985
Weber, H.-J.	Praxishandbuch Stellenbeschreibungen und Anforderungsprofile als moderne Führungsinstrumente und ihr Einsatz im Personalmanagement, Wien, 1991
Wunderer, R. (Hrsg.)	Führungsgrundsätze in Wirtschaft und öffentlicher Verwaltung, Stuttgart, 1983
Wunderer, R./ Grunwald, W.	Führungslehre, Band I, Grundlagen der Führung, Berlin/New York, 1980
Zander, E.	Handbuch der Gehaltsfestsetzung, 5. Aufl., München, 1990
Zander, E./ Knebel, H.	Praxis der Leistungsbeurteilung, 3. Aufl., Heidelberg, 1993
Zimmer, D.	Die Motivationskraft von Stellenbeschreibungen, Personal 3/1978
ders.	Das personale Element bei der Planung von Stellenbeschreibungen, Personal 5/1979

V. Sachregister